Meyers Weltatlas kompakt

Meyers
Weltatlas kompakt

MEYERS

Bibliografische Information der Deutschen Nationalbibliothek
Die Deutsche Nationalbibliothek verzeichnet diese Publikation in der Deutschen Nationalbibliografie; detaillierte bibliografische Daten sind im Internet über http://dnb.ddb.de abrufbar.

Printed in Germany

ISBN 978-3-411-10091-0

Projektleitung Dr. Rainer Aschemeier
Redaktion Ulrike Emrich M. A., Heiko Linnemann M. A.
Kartografische Leitung Dipl.-Ing. (FH) Jörg Radtke
Kartografische Bearbeitung Hammond World Atlas Corporation, Spingfield (New Jersey): Theophrastos E. Giouvanos (Datenverarbeitung), Walter H. Jones Jr., Sharon Lightner, Thomas Rubino, Tom Scheffer, John DiGiorgio (Kartografie)
Herstellung Jutta Herboth
Layout Sigrid Hecker, Mannheim
Umschlaggestaltung glas ag, Seeheim-Jugenheim
Satz Sigrid Hecker, Mannheim; Heiko Linnemann M. A., futurweiss kommunikationen, Wiesbaden
Druck und Bindung MOHN Media Mohndruck GmbH, Gütersloh

Bildquellenverzeichnis

Umschlag GEOSPACE, Austria, 2000, Original Date Eurimage: Satellitenbild Neusiedler See; Giga Bildcollection, lightstone design, Lichtenstein: Pyramiden; © Hammond World Atlas Corporation, Union (New Jersey): physische Karte; MEV Verlag, Augsburg: Gletscher; Photo Library, London: Weltkugel
Titelei GEOSPACE/NASA/NOAA, 2006: Weltkugel
Introseite Kartenteil Bibliographisches Institut & F. A. Brockhaus, Mannheim: 1
Karten GEOSPACE/World Sat International Corp. 2000: 6; © Hammond World Atlas Corporation 2009, Springfield (New Jersey)
Satellitenbilder © GEOSPACE; Austria, Spot Image, 2007: 12, 70, 96, 122, 140, 170
Kontinentporträts Bibliographisches Institut & F. A. Brockhaus, Mannheim: 73, 124, 142, 143, 172; © CORBIS/Royalty-Free: 15, 72, 73, 98, 99, 124, 143, 173; Prof. W. Fritz, Köln: 125; Kwesi Rainer Denkyem-Naa: 125; MEV Verlag, Augsburg: 14, 15, 99, 142, 172; The Orient Impressions Photo Stock, Peking: 72; Polnisches Fremdenverkehrsamt, Berlin: 14; Prof. Dr. Dietrich Wildung, Berlin: 98

Inhalt

70 Asien

96 Afrika

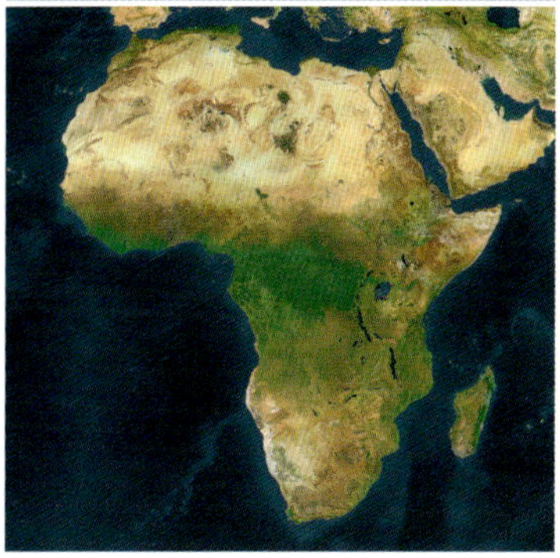

122 Australien, Neuseeland und Ozeanien

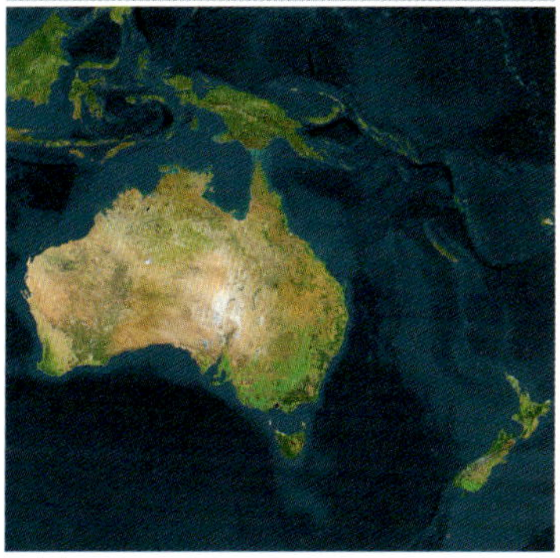

Inhalt

140 Nord- und Mittelamerika

170 Südamerika und Polargebiete

Die Bezeichnungen OL2, OL3 und OL4 weisen darauf hin, dass bei entsprechend markierten Karten jeweils eine spezielle Ortsgrößenlegende zu berücksichtigen ist. Details dazu finden sich im Anschluss in der Zeichenerklärung.

Kartenteil

Zeichenerklärung

Kartenbeschriftung:

LUXEMBURG	selbstständiger Staat
Sachsen-Anhalt	wichtige politische Einheit / abhängiges Gebiet
VÄRMLAND	Verwaltungseinheit
Anjou	historische Region
Norfolk Sumter Messel	Orte
BIGGIN HILL	Stadtteil
SCHLOSS HERRENCHIEMSEE	Sehenswürdigkeit
L. Elsinore	Gewässer
Pt. La Jolla	Kap
Mt. Rainier	Gipfel
Col d'Iseran	Pass
Cape Breton I.	Insel / Halbinsel
Serra do Norte	Gebirge / Hochebene
San Fernando Valley	Wüste / Ebene / Tal

Die Schreibung der geografischen Namen richtet sich nach den jeweiligen Amtssprachen eines Landes. Wenn die Amtssprache in lateinischer Schrift geschrieben wird, wurde die Schreibung mit diakritischen Zeichen und modifizierten Buchstaben direkt übernommen. Bei Ländern mit nichtlateinischer Schrift, z. B. China oder arabischsprachigen Ländern, wurde eine international verwendete Umschrift herangezogen, die teilweise von einer gängigen deutschen Umschrift abweichen kann. Für das Kyrillische wurde die deutsche Transkription verwendet.

Internationale Grenzen:

Staatsgrenze

Staatsgrenze in Wasserflächen

umstrittene Grenze

Waffenstillstandslinie

De-facto-Grenze

Grenze nicht festgelegt

Innerstaatliche Grenzen:

Grenze eines Landesteiles / Verwaltungsgebietes

entsprechende Grenze in Gewässer

Grenze eines nachgeordneten Verwaltungsgebietes

entsprechende Grenze in Gewässer

Orte und ihre Bedeutung:

2 000 000 und mehr Einwohner
1 000 000 und mehr Ew.
500 000 und mehr Ew.
250 000 und mehr Ew.
100 000 und mehr Ew.
30 000 und mehr Ew.
10 000 und mehr Ew.
unter 10 000 Ew.

BERLIN Hauptstadt eines souveränen Staates

Dresden Hauptstadt eines Landesteils / Verwaltungsgebietes

Stadtteil

städtischer Ballungsraum

Ortsgrößenlegende OL2:

2 000 000 und mehr Einwohner
1 000 000 und mehr Ew.
500 000 und mehr Ew.
100 000 und mehr Ew.
50 000 und mehr Ew.
unter 50 000 Ew.

Ortsgrößenlegende OL3:

3 000 000 und mehr Einwohner
1 000 000 und mehr Ew.
500 000 und mehr Ew.
100 000 und mehr Ew.
unter 100 000 Ew.

Ortsgrößenlegende OL4:

5 000 000 und mehr Einwohner
2 000 000 und mehr Ew.
500 000 und mehr Ew.
unter 500 000 Ew.

Karten, bei denen spezielle Ortsgrößenlegenden zu verwenden sind, haben vorne im Inhaltsverzeichnis die entsprechenden Markierungen OL2, OL3 bzw. OL4.

Höhen- und Tiefenstufen:

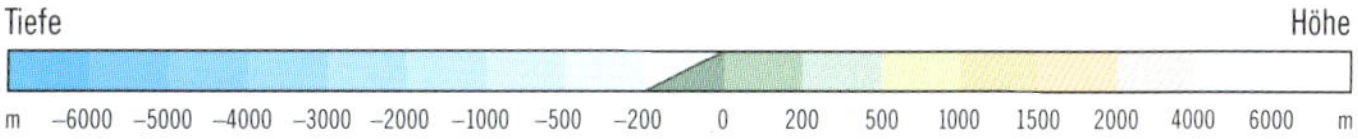
Tiefe
Höhe
m –6000 –5000 –4000 –3000 –2000 –1000 –500 –200 0 200 500 1000 1500 2000 4000 6000 m

Die Farbabstufungen dieser Leiste repräsentieren sowohl die Höhen des Festlandes als auch die Tiefen des Meeres. Die einzelnen Farbwerte können mithilfe der seitlich abgetragenen Höhen- bzw. Tiefenangaben (in Meter) zugeordnet werden. Eine vereinfachte Leiste ist zusätzlich auf jeder Karte zu finden.

Zeichenerklärung

Gewässer:

Küstenlinie / Fluss

zeitweiliger Wasserlauf

Kanal

See

zeitweiliger See

Trockensee

Sumpf / Moor

Salzpfanne

Besondere geografische Objekte:

Berg

Pass

Wasserfall

Stromschnelle

Wüste / Sandfläche

Lavagebiet

Gletscher / Schelfeis

Verkehr:

Autobahn / Hauptverkehrsstraße

Eisenbahn

Fährlinie

Tunnel (Straße, Eisenbahn)

Internationaler Flughafen

Flughafen

Sonstige wichtige Objekte:

archäologische Stätte / Ruine

Staudamm

Park

Tierschutzgebiet

Sehenswürdigkeit

Brunnen

Luftwaffenstützpunkt

Marinestützpunkt

Datumsgrenze

Mauer / Wall

Indianerreservation / Aboriginesreservation

militärisches Gebiet

staatlicher Park / Erholungsgebiet

Nationalpark / Naturschutzgebiet / Erholungsgebiet

In den Karten verwendete Abkürzungen:

Abor. Rsv.	Aboriginal Reserve	**IR**	Indian Reservation	**NWR**	National Wildlife Refuge
AFB	Air Force Base	**Jct.**	Junction	**Passg.**	Passage
AK	Autonomer Kreis	**K.**	Kap	**Pen.**	Peninsula (Halbinsel)
Arch.	Archipelago, Archipel	**KP**	Kansallispuisto (Nationalpark)	**Pk.**	Peak
Aut.	Autonom(e, es)	**L.**	Lake, Lago	**Plat.**	Plateau
B.	Bay, Bucht	**Lag.**	Lagoon, Laguna	**PN**	Parc National, Parco Nazionale, Parque Nacional, Park Narodowy
Bk.	Brook	**Mem.**	Memorial		
Br.	Branch	**Mil.**	Military, Militär-	**Prsv.**	Preserve
C.	Cape	**Mon.**	Monument	**Pt.**	Point
Can.	Canal	**Mt.**	Mount	**R.**	River, Río
C.G.	Coast Guard	**Mtn.**	Mountain	**Rec.**	Recreation(al)
Chan.	Channel	**Mts.**	Mountains	**Ref.**	Refuge
Co.	County	**Nat.**	Natural	**Reg.**	Region
Cord.	Cordillera	**Nat'l**	National	**Rep.**	Republik
Cr.	Creek	**Nat'l Wild. Ref.**	National Wildlife Refuge	**Res.**	Reservoir (Stausee)
Dep.	Depot	**Nav.**	Naval	**Res.**	Reservat, Réserve
Dist.	District	**NCA**	National Conservation Area	**Sa.**	Sierra
Fed.	Federal	**NHP**	National Historical Park	**Sd.**	Sound, Sund
Fk.	Fork	**NHS**	National Historic Site	**SHS**	State Historic Site
For.	Forest	**NL**	National Lakeshore	**SM**	State Monument
Ft.	Fort	**NM**	National Monument	**So.**	Southern
G.	Gulf, Golf	**NMEM**	National Memorial	**SP**	State Park
Gd.	Grand	**NMILP**	National Military Park	**Spr., Sprgs.**	Spring, Springs
Geb.	Gebirge	**No.**	Northern	**SRA**	State Recreation Area
Gt.	Great	**NP**	Nationalpark, National Park, Nasjonalpark	**St.**	State
Har.	Harbor			**Sta.**	Station
H.-I.	Halbinsel	**NPP**	Nationalpark and Preserve	**Str.**	Straße
Hist.	Historic(al)	**NPRSV**	National Preserve	**Terr.**	Territory
Hts.	Heights	**NRA**	National Recreation Area	**Tun.**	Tunnel
I.	Island, Insel	**NRSV**	National Reserve	**Val.**	Valley
Is.	Islands	**NS**	National Seashore	**Vill.**	Village
Ind. Res.	Indian Reservation	**NSG**	Naturschutzgebiet	**Wild.**	Wildlife
Int'l	International	**NSP**	Naturschutzpark	**WMA**	Wildlife Management Area

Suchen und Finden: Das Auffinden eines Ortes in der Karte wird mithilfe des Registers erleichtert. Es umfasst in alphabetischer Reihenfolge mehr als 50 000 Namenseinträge von Orten und geografischen Objekten, die in den Karten vermerkt sind. Anhand der Seitenzahl und den angegebenen Suchkoordinaten findet sich das gesuchte Objekt in dem entsprechenden Koordinatenfeld der Karte, zu erkennen an den mit einem roten Quadrat unterlegten Buchstaben und Zahlen.

Grenzen und Namen: Der Atlas enthält die international anerkannten Staatsgrenzen. Grenzstreitigkeiten, Waffenstillstandslinien und De-facto-Grenzen sind an gegebener Stelle in der Karte erwähnt. Ortsnamen und geografische Objekte sind weitgehend in der Sprache des jeweiligen Landes angegeben.

Da der vorliegende Atlas für deutschsprachige Benutzer konzipiert wurde, finden sich darin auch Namen, die in unserem Sprachraum noch gebräuchlich sind. Diese werden in Klammern den landessprachlichen Ortsnamen beigestellt. Die Verwendung eines Namens schwankt allerdings je nach kulturellem Umfeld und ändert sich im Laufe der Zeit, nicht zuletzt aus politischen Gründen. Die Auswahl der Namensformen ist also keine systematische, sie versucht vielmehr dem Sprachgebrauch Rechnung zu tragen.

Die Erde, physisch

Maßstab 1 : 107 000 000

0 | 1500 | 3000 | 4500 km

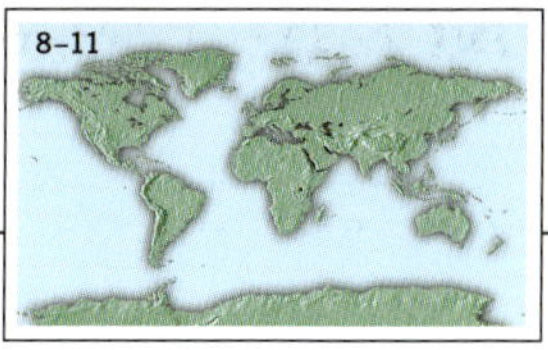

8–11

20°
40°
60°
80°
100°
120°
140°
160°
180°
NORDPOLARMEER
Svalbard
Franz-Josef-Land
Sewernaja Semlja
Neusibirische Inseln
Spitzbergen
BARENTSSEE
Nowaja Semlja
Karasee
Nordkap
Halbinsel Kola
Weißes Meer
Kjølen
Stockholm
Ostsee
Ladogasee
Moskau
Berlin
Paris
Donau
EUROPA
Karpaten
Alpen
Dnjepr
Wolga
Ural
West-sibirisches Tiefland
Ob
Jenissei
Untere Tunguska
Mittel-sibirisches Bergland
Lena
Angara
Baikalsee
Aldan
Nördlicher Polarkreis
Kolymagebirge
Beringmeer
Ochotskisches Meer
Kamtschatka
Sachalin
Amur
IMPERATORRÜCKEN
Kurilen
Hokkaidō
NORDWEST-PAZIFISCHES BECKEN
Japanisches Meer (Ostmeer)
Seoul
Tokio
Honshū
Gelbes Meer
Beijing
Gobi
Mongolischer Altai
ASIEN
Irtysch
Balchaschsee
Aralsee
Kaspisches Meer
Kaukasus
Elbrus 5642 m
Schwarzes Meer
Istanbul
Rom
Athen
Taurus
MITTELMEER
Sizilien
Zypern
Tigris
Euphrat
Teheran
Zagrosgebirge
Amudarja
Hindukusch
Tienschan
Takla-Makan
Kunlun Shan
Indus
Himalaja
Mt. Everest 8850 m
Delhi
Karatschi
Ganges
Salween
Hwangho
Shanghai
Ost-chinesisches Meer
Ryūkyū-Inseln
NORD-PAZIFIK
Nördlicher Wendekreis
Taiwan
PHILIPPINEN-SEE
Kairo
Nil
Sahara
Ahaggar
Hidjas
Rotes Meer
Arabische Halbinsel
Rub al-Khali
Red Sea Hills
AFRIKA
Arabisches Meer
Narmada
Bombay (Mumbai)
Golf von Bengalen
Irawadi
Roter Fluss
Mekong
Hainan
Süd-chinesisches Meer
Luzon
Manila
Marianen
Challengertiefe -11 033 m
ZENTRAL-PAZIFISCHES BECKEN
Marshallinseln
Tschadsee
Sudan
Niger
Golf von Aden
Socotra
Blauer Nil
Weißer Nil
Äthiopisches Hochland
Lagos
CARLSBERGRÜCKEN
C. Comorin
Andamanen
Sri Lanka
Isthmus von Kra
Bangkok
Palawan
Sulusee
Mindanao
Karolinen
Malaiische Halbinsel
Malediven
Kongo
Kongobecken
SOMALI-BECKEN
Äquator
INDISCHER OZEAN
Celebessee
Halmahera
MELANESISCHES BECKEN
Victoriasee
Kilimandscharo 5892 m
Kinshasa
Tanganjikasee
Seychellen
Chagos Arch.
Sumatra
Borneo
Celebes (Sulawesi)
Bismarckarchipel
Jakarta
Javasee
Java
Bandasee
Neuguinea
New Britain
Salomon-inseln
Malawisee
Komoren
ZENTRALINDISCHER RÜCKEN
ÖSTLICHER INDISCHER RÜCKEN
SUNDAGRABEN
Planettiefe -7450 m
Cocos Is.
Arafurasee
Torresstraße
Timorsee
KORALLEN-SEE
ANGOLA-BECKEN
Lusaka
Sambesi
Straße von Moçambique
Madagaskar
Réunion
Mauritius
Kap York-H.I.
Großes Barriereriff
Neue Hebriden
Fidschi
Namib
Johannesburg
Oranje
Drakensberge
AUSTRALIEN
Große Victoriawüste
Neukaledonien
WESTAUSTRALISCHER RÜCKEN
Darling
Great Dividing Ra.
Sydney
Mt. Kosciuszko 2228 m
Melbourne
Kap der Guten Hoffnung
C. Leeuwin
Große Australische Bucht
North Cape
Nordinsel
TASMAN-SEE
Tasmanien
Südinsel
WESTLICHER INDISCHER RÜCKEN
INDISCH-ANTARKTISCHER RÜCKEN
Kerguélen
McDonald Is.
KERGUELEN-PLATEAU
INDISCH-ANTARKTISCHES BECKEN
ENDERBURY-TIEFSEEEBENE
SÜDLICHER OZEAN
Südlicher Polarkreis
C. Batterbee
C. Adare
ROSSMEER
ANTARKTIS

–6000 m | 0 | 6000 m

Die Erde, politisch

Maßstab 1 : 107 000 000

0 1500 3000 4500 km

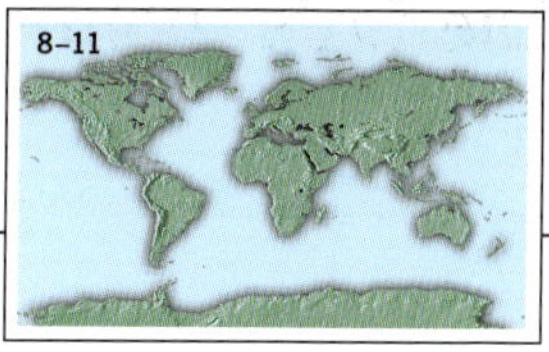

Europa

1 **größter Staat nach Fläche** Russland (3 999 100 Mio. km², europäischer Teil)
2 **bevölkerungsreichster Staat** Russland (103,7 Mio. Einw., europäischer Teil)
3 **bevölkerungsreichste Stadt** Moskau (10,47 Mio. Einw.; Kernbereich, ohne Agglomeration)
4 **höchster Berg** Montblanc (4 809 m)
5 **längster Fluss** Wolga (3 531 km)
6 **Größter See nach Fläche** Ladogasee (17 700 km²)

Europa, politisch

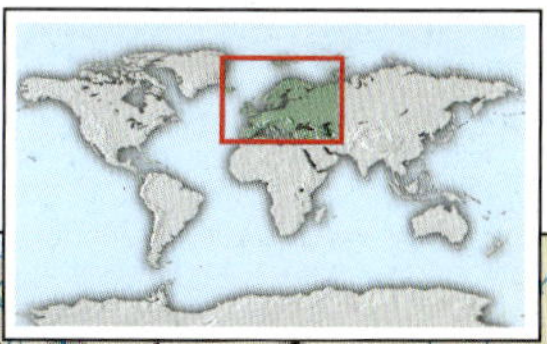

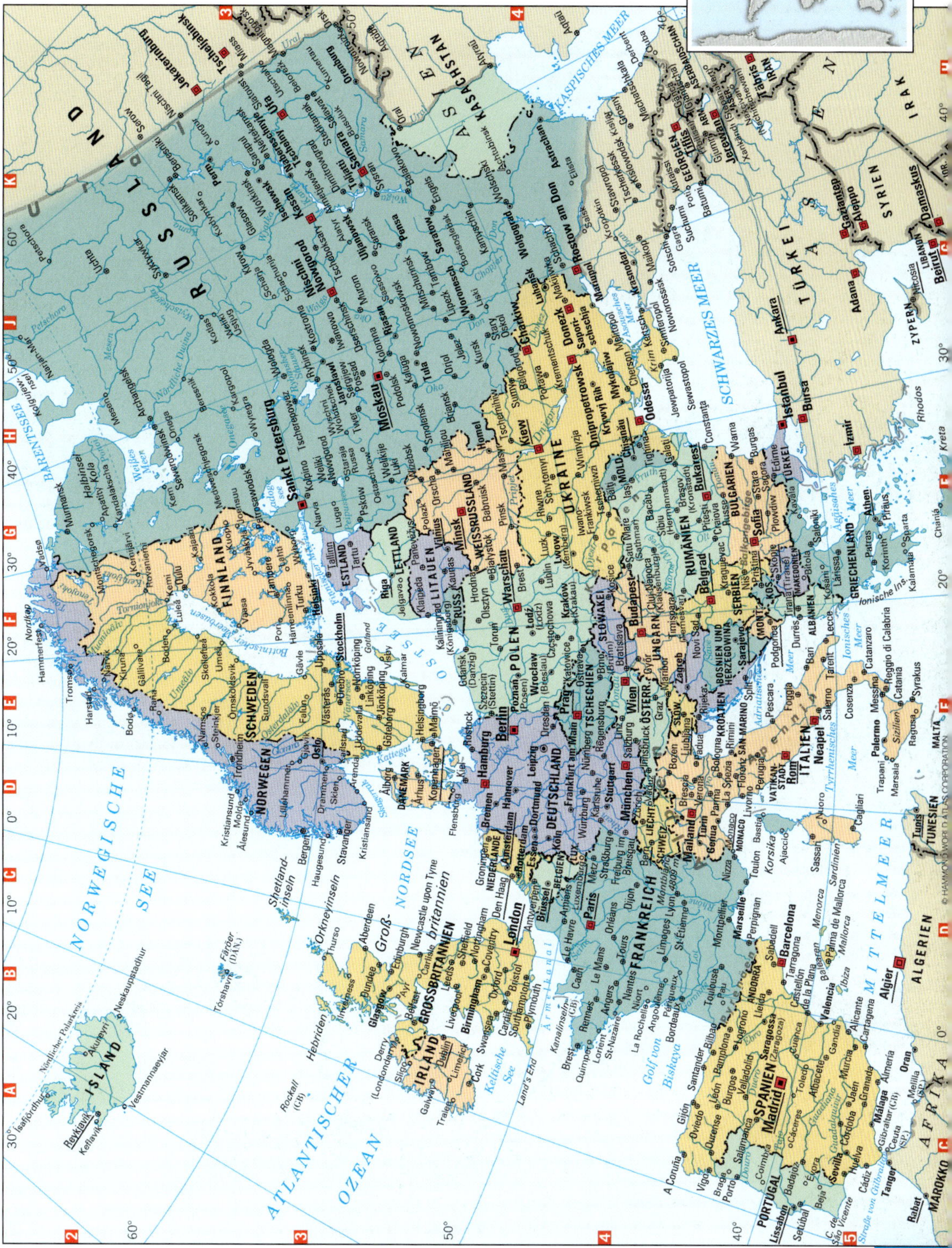

Maßstab 1 : 26 400 000

0 300 600 900 1200 km

Europa

Vielseitiger Erdteil

Mit einer Fläche von rund 9,9 Mio. km^2 ist Europa der zweitkleinste Erdteil; rund 7 % der Landfläche entfallen auf Inseln. Seiner Bevölkerung nach ist Europa mit rund 12 % der Erdbevölkerung der drittgrößte Erdteil. Europa ist die stark gegliederte westliche Halbinsel Asiens.

Grenzen gegen Asien im Osten sind Fluss und Gebirge Ural, das Kaspische Meer und die Manytschniederung im Norden des Kaukasus. Von Vorderasien im Süden bzw. Südosten und Afrika trennen Europa das Schwarze Meer, der Bosporus, das Marmarameer, die Dardanellen, das Mittelmeer und die Straße von Gibraltar. Im Westen und Nordwesten bildet der Atlantische Ozean die Grenze. Die größten Inseln sind Großbritannien, Island und Irland. Größte Halbinseln sind die Skandinavische, die Iberische, die Apennin- und die Balkanhalbinsel.

Polen. Der Fischsee in der hohen Tatra ist einer der bekanntesten Karseen Polens; er liegt nordwestlich der Meeraugspitze, des höchsten Bergs Polens.

Gebirge und Tiefländer: Das Relief wird westlich des Uralgebirges von einem breiten Tiefland geprägt, der Osteuropäischen Ebene, die ohne scharfe Grenze in das mitteleuropäische, an Ost- und Nordsee angrenzende Tiefland übergeht, das keilförmig bis nach Nordfrankreich reicht. Skandinavien wird von den fast 2 500 m hohen Skanden durchzogen, einem sehr alten Gebirge der Kaledonischen Gebirgsbildungsphasen, das sich in den Höhenzügen der Britischen Inseln fortsetzt. Den Landschaftscharakter im Südosten Skandinaviens bestimmen Ebenen und Mittelgebirge.

Mittel- und Westeuropa sind reich an Mittelgebirgen (unter 2 000 m). Im Süden begrenzt diesen Landschaftsraum ein Zug junger Gebirge, deren Auffaltung überwiegend noch nicht abgeschlossen ist: Vom Atlantischen Ozean bis zum Schwarzen Meer folgen die Pyrenäen, die Alpen mit dem 4 809 m hohen Montblanc, dem höchsten Berg Europas, die Karpaten und der Balkan aufeinander. In Südeuropa sind jungvulkanische Bildungen häufig, unter anderem Vesuv, Ätna, Liparische Inseln und Santorin.

Flüsse und Seen: Der längste Fluss ist mit 3 531 km die Wolga, die ins Kaspische Meer mündet, gefolgt von der Donau mit 2 850 km, die zum Schwarzen Meer fließt. Bedeutende Zuflüsse des Mittelmeers sind Po, Rhone und Ebro, der Ostsee Weichsel und Oder, der Nordsee Elbe, Rhein und Themse und des offenen Atlantiks Loire, Duero und Tajo. Seen sind be-

Frankreich. Die mächtigen Kreideplateaus, die die Landschaft großer Teile der Normandie im Nordwesten des Landes charakterisieren, brechen in mächtigen Steilküsten in den Ärmelkanal ab.

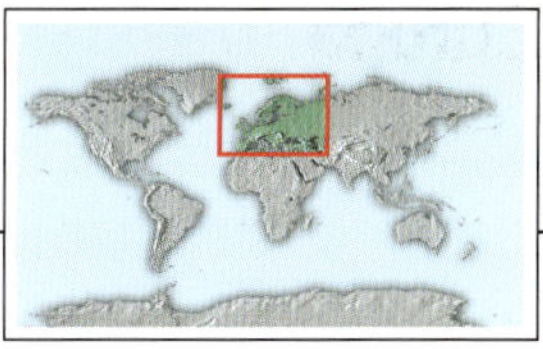

Italien. Das Bild der Altstadt von Florenz wird bestimmt von der Kuppel des Doms Santa Maria del Fiore, die Brunelleschi 1419/20–36 erbaute.

sonders im Norden zahlreich, die größten sind Ladoga- und Onegasee.

Klima und Vegetation: Das Klima wird überwiegend durch die Lage im Westwindgürtel der gemäßigten Breiten geprägt. Nur der hohe Norden mit seinem arktischen Klima und der äußerste Südosten an der unteren Wolga, wo sommerheißes Kontinentalklima herrscht, weichen stark ab.

Infolge warmer Meeresströme, vor allem der Ausläufer des Golfstroms, und der vorherrschenden Westwinde hat Europa ein milderes Klima, als es seiner geografischen Breitenlage entsprechen würde. Drei umfangreiche Luftdrucksysteme steuern das Klima: das Islandtief, das Azorenhoch und das jahreszeitlich wechselnde Druckgebiet über Asien: Hier bilden sich im Sommer ein Wärmetief und im Winter ein ausgedehntes Kältehoch.

In Südeuropa ist der Sommer heiß und trocken, in den nördlicheren Lagen fallen im Sommer die meisten Niederschläge. In Nord- und Osteuropa erhöhen sich landeinwärts die jahreszeitlichen Gegensätze. Die Vegetation wird durch die Wärmezunahme von Norden nach Süden und den Übergang von ozeanischem zu kontinentalem Klima von Westen nach Osten bestimmt.

Im nördlichsten Teil Europas, in den Hochlagen der Skanden und in Island herrscht Tundra mit Moosen, Flechten und Zwergstrauchheiden vor. Darauf folgt südwärts von Finnland und Nordrussland bis zu den Gebirgen Südeuropas ein breiter Waldgürtel, im Norden vorwiegend Nadelwälder, in Mitteleuropa und Westeuropa Laub- und Mischwälder, die durch Kulturland stark auf die Gebirge und unfruchtbare Böden zurückgedrängt worden sind. Der Süden Osteuropas von der unteren Donau bis zur unteren Wolga gehört zum pontischen Steppengebiet, das bis zum Schwarzen Meer, dem Kaukasus und der Halbwüste der Kaspischen Senke reicht. Die Hochgebirge tragen über der Waldgrenze, die zwischen 1 000 m und 2 500 m liegt, alpine Gehölze und Matten. Im Mittelmeerraum sind die immergrünen hartlaubigen Eichen- und Kiefernwälder weitgehend durch Macchien und Gariden (Garrigue) ersetzt.

Staatliche Gliederung

Albanien	Kosovo	Portugal
Andorra	Kroatien	Rumänien
Belgien	Lettland	Russland (mit asiatischem Teil)
Bosnien und Herzegowina	Liechtenstein	San Marino
Bulgarien	Litauen	Schweden
Dänemark	Luxemburg	Schweiz
Deutschland	Makedonien	Serbien
Estland	Malta	Slowakische Republik
Finnland	Moldawien	Slowenien
Frankreich	Monaco	Spanien
Griechenland	Montenegro	Tschechische Republik
Großbritannien und Nordirland	Niederlande	Ukraine
Irland	Norwegen	Ungarn
Island	Österreich	Vatikanstadt
Italien	Polen	Weißrussland

Deutschland. In der Gemeinde Schwangau im Allgäu steht das weltbekannte Schloss Neuschwanstein, das sich der bayrische König Ludwig II. nach den Plänen des Theatermalers Christian Jank bauen ließ.

Europa, physisch

Maßstab 1 : 13 600 000

0 200 400 600 km

FINNLAND
Helsinki
Espoo (Esbo)
Turku (Åbo)
Bottnischer Meerbusen
Finnischer Meerbusen
Wyborg
Ladogasee
SANKT PETERSBURG
Tscherepowez
Wologda
Rybinsker Stausee
Rybinsk
Kostroma
Kineschma
Jaroslawl
Iwanowo
Nischni Nowgorod
Kasan
Nischnekamsk
Tschistopol
Almetjewsk
Uppsala
Ålandinseln
Sollentuna
Stockholm
Tallinn (Reval)
Kohtla-Järve
Narva
ESTLAND
Tartu
Pärnu
Hiiumaa
Saaremaa
Kuressaare
Peipussee
Pskower See
Pskow
Luga
Welikij Nowgorod
Staraja Russa
Borowitschi
Wyschni Wolotschek
Waldaihöhen
Twer
Kimry
Teikowo
Wladimir
Dserschinsk
Kowrow
Tscheboksary
Selenodolsk
Ulijanowsk
Samara
Nyköping
Gotska Sandön
Visby
Gotland
Ventspils
Rigaer Bucht
Riga
Jūrmala
LETTLAND
Valga
Võru
Ostrow
Welikije Luki
Toropez
Rschew
Sergijew Possad
Selenograd
MOSKAU
Kolomna
Rjasan
Murom
Wyksa
Arsamas
RUSSLAND
Saransk
Toljatti
Nowokuibyschewsk
Sysran
Tschapajewsk
Liepāja
Jelgava
Rēzekne
Daugavpils
Šiauliai
Panevėžys
LITAUEN
Telšiai
Klaipėda (Memel)
Kaunas
Vilnius (Wilna)
Nawapolazk
Polazk
Wizebsk (Witebsk)
Wjasma
Obninsk
Podolsk
Serpuchow
Nowomoskowsk
Pensa
Safonowo
Smolensk
Kaluga
Tula
Uslowaja
Jefremow
Morschansk
Mitschurinsk
Tambow
Kamenka
Serdobsk
Balakowo
Saratow
Engels
Pugatschew
OSTSEE
RUSSLAND
Kaliningrad (Königsberg)
Alytus
Baryssau
Orscha
Mahiljou (Mogiljow)
Roslawl
Brjansk
Ljudinowo
Orjol
Mittelrussische Platte
Jelez
Lipezk
Rtistschewo
Balaschow
Krasnyj Kut
Gdynia
Gdańsk (Danzig)
Elbląg
Ełk
Hrodna (Grodno)
Minsk
WEISSRUSSLAND
Baranawitschy
Swetlahorsk
Klinzy
Nowosybkow
Potschep
Schelesnogorsk
Kursk
Stary Oskol
Woronesch
Uwarowo
Krasnoarmeisk
Kamyschin
KAS.
Olsztyn
Bydgoszcz
Toruń
Płock
Łomża
Białystok
Salihorsk
Pripjet
Homel (Gomel)
Schostka
Gubkin
Liski
Ostrogoschsk
Rossosch
Urjupinsk
Michailowka
Frolowo
Wolschski
Achtubinsk
Poznań
POLEN
Warschau
Brest
Pinsk
Masyr
Tschernihiw
Konotop
Sumy
Belgorod
Romny
Charkiw
Kupjansk
Donrücken
Wolgograd
Łódź
Radom
Lublin
Łuków
Kowel
Sarny
Nowohrad-Wolynskyj
KIEW
Krementschuker Stausee
Ochtyrka
Poltawa
Dnjeprniederung
Luhansk
Zimljansker Stausee
Kielce
Zamość
Luzk
Riwne
Schytomyr
Fastiw
Tscherkassy
Dnipropetrowsk
Horliwka
Nowoschachtinsk
Wolgodonsk
Wrocław
Częstochowa
Opole
Sosnowiec
Katowice
Kraków
Bielsko-Biała
Olomouc
Galizien
Lwow (Lemberg)
Berdytschiw
Ternopil
Chmelnyzkyj
Iwano-Frankiwsk
Winnyzja
Dnjeprplatte
UKRAINE
Krementschuk
Kirowohrad
Dniprodserschynsk
Donezk
Saporischschja
Schachty
Rostow am Don
Elista
Wolhynisch-Podolische Platte
Kryvyi Rih
Nikopol
Taganrog
Mariupol
Salsk
Manytsch-Gudilo-See
SLOWAKEI
Žilina
Prešov
Košice
Trenčín
Uschhorod
Kalusch
Kamjanez-Podilskyj
Tscherniwzi
Bălţi
MOLDAWIEN
Chişinău
Rîbniţa
Mykolajiw
Kachowkaer Stausee
Berdjansk
Bucht von Taganrog
Jejsk
Tichorezk
Kropotkin
Swetlograd
Stawropol
Bratislava (Pressburg)
Miskolc
Győr
Debrecen
Satu Mare
Baia Mare
Botoşani
Suceava
Iaşi
Tiraspol
Odessa
Cherson
Asowsches Meer
Slawjansk am Kuban
Krasnodar
Newinnomyssk
Prikumsk
Pjatigorsk
Kislowodsk
Naltschik
BUDAPEST
UNGARN
Kecskemét
Cluj-Napoca
Piatra-Neamţ
Bacău
Tighina
Bilhorod-Dnistrowskyj
Dschankoi
Kertsch
Krymsk
Maikop
Tscherkessk
Kaukasus
Elbrus 5642 m
Wladikawkas
Szeged
Arad
Târgu Mureş
Focşani
Karkinitbucht
Krim
Feodossija
Noworossijsk
Tuapse
Sotschi
Gagra
Suchumi
Zchinwali
Pécs
Subotica
Timişoara
Sibiu
Braşov
Galaţi
Buzău
Donaumündungen
K. Tarchankut
Jewpatorija
Simferopol
Jalta
K. Sarytsch
Sewastopol
Otschamtschire
Kutaissi
GEORGIEN
Gori
Poti
Batumi
Osijek
Novi Sad
RUMÄNIEN
Südkarpaten
Drobeta-Turnu Severin
Piteşti
Ploieşti
BUKAREST
Constanţa
SCHWARZES MEER
Artvin
Kars
Doboj
Belgrad
SERBIEN
Craiova
Slatina
Walachei
Alexandria
Russe
Dobritsch
BOS. UND HERZ.
Zenica
Sarajevo
Niš
Montana
Plewen
Schumen
Warna
K. Sinop
Sinop
Bafra
Samsun
Trabzon
Rize
Giresun
Ordu
Ünye
Gümüşhane
Erzurum
Mostar
MONT.
Peć
Priština
KOSOVO
Sofia
BULGARIEN
Sliwen
Burgas
Burgasbucht
Bartın
Kastamonu
Merzifon
Amasya
Tokat
Erzincan
Dubrovnik
Podgorica
Skopje
MAKEDONIEN
Plowdiw
Chaskowo
Kırklareli
Edirne
Zonguldak
Karabük
Çankırı
Çorum
Sivas
Bingöl
Muş
Bitlis
Batman
Durrës
Tirana
ALBANIEN
Bitola
Serres
Drama
Kavála
Alexandrúpoli
Tekirdağ
ISTANBUL
Adapazarı
Gebze
İzmit
ANKARA
Kırıkkale
Yozgat
Elâzığ
Silvan
Bari
Lecce
Vlorë
Véria
Saloniki
Thássos
Gelibolu
Çanakkale
Bursa
Eskişehir
Kırşehir
Kayseri
Malatya
Diyarbakır
Adıyaman
Mardin
Gallipoli
Kosáni
Katerini
Olymp 2917 m
Límnos
TROJA (ILIUM)
Edremit
Balıkesir
Kütahya
TÜRKEI
Aksaray
Niğde
Elbistan
Kahramanmaraş
Gaziantep
Şanlıurfa
Golf von Tarent
Korfu
Ioánnina
Lárissa
Nördliche Sporaden
Vólos
Lesbos
Bergama
Akhisar
Manisa
Uşak
Bolvadin
Akşehir
Konya
Ereğli
Osmaniye
Nizip
Al Hasakah
Crotone
Kérkira
Paxí
Lefkáda
GRIECHENLAND
Euböa
Skíros
Ägäisches Meer
Chalkis
İZMIR
Salihli
Dinar
Isparta
Beyşehir
Karaman
Taurus
Tarsus
Adana
Kilis
Mambij
Ar Raqqah
Aleppo
Dayr az Zawr
Ionische Inseln
Agrinio
Patras
DELPHI
Korinth
Athen
Chios
Samos
Aydın
Söke
Denizli
Burdur
Seydişehir
Mersin
İskenderun
Antakya
Idlib
Madinat ath Thawrah
IONISCHES MEER
Kefallonía
OLYMPIA
Sákinthos
Pírgos
Strofádes
Argos
Piräus
Kéa
Kithnos
Tinos
Ikaría
Mykonos
Kykladen
Náxos
Kos
Muğla
Antalya
Manavgat
Alanya
Silifke
Anamur
SYRIEN
Latakia
Hama
Salamiyah
Al Mayadin
Kalamáta
Sparta
Sífnos
Páros
Amorgós
Rhodos
Kale
ZYPERN
K. Akritas
K. Ténaron
K. Maléa
Kithira

Britische Inseln

Europa

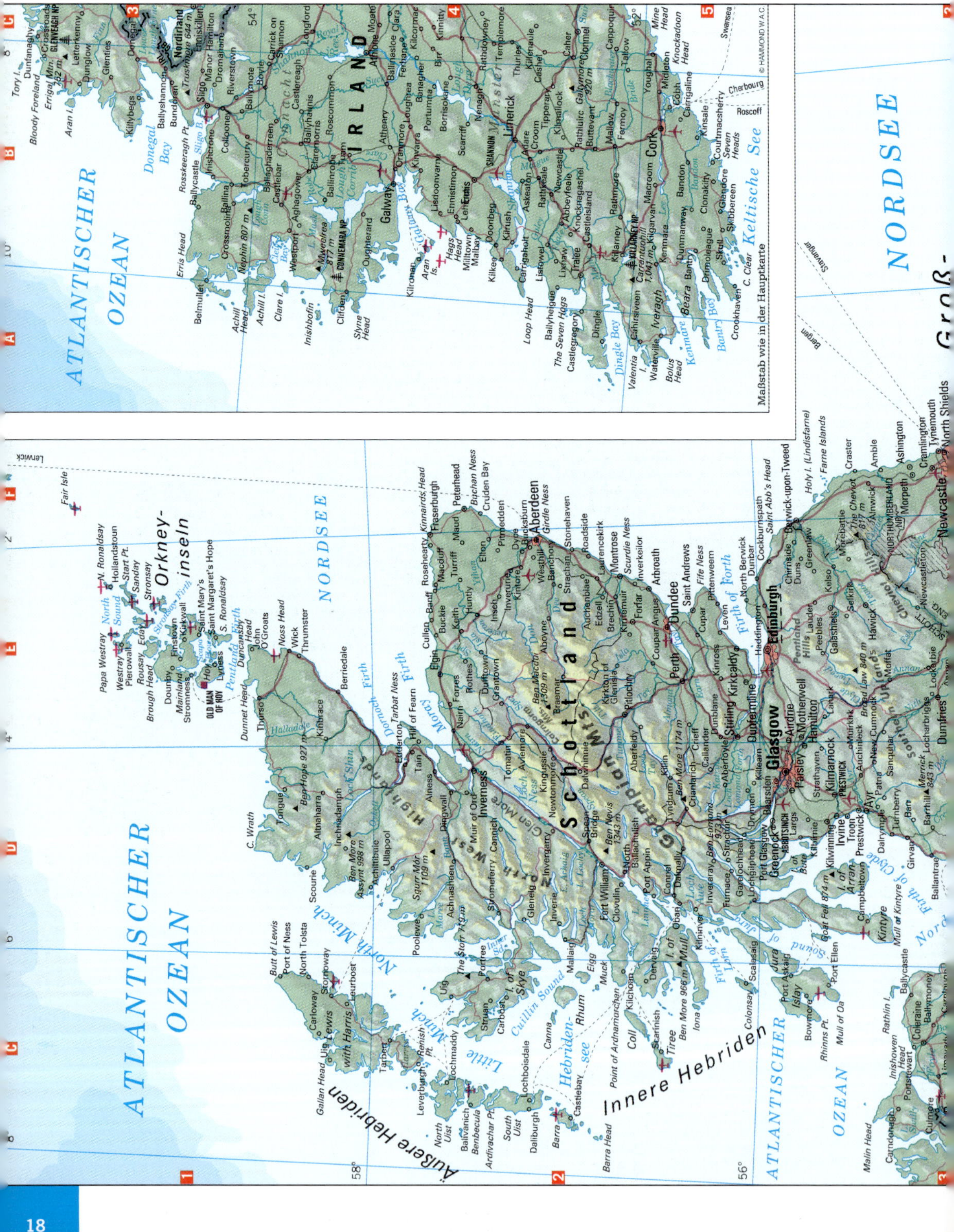

Maßstab 1 : 3 300 000

0 50 100 150 km

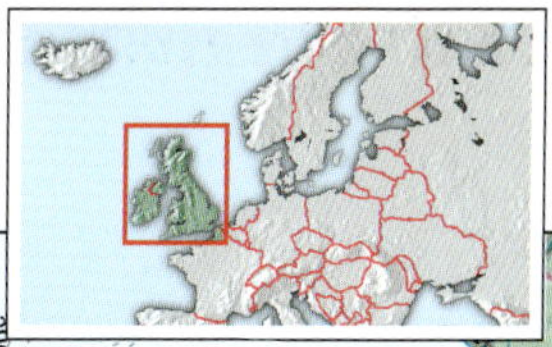

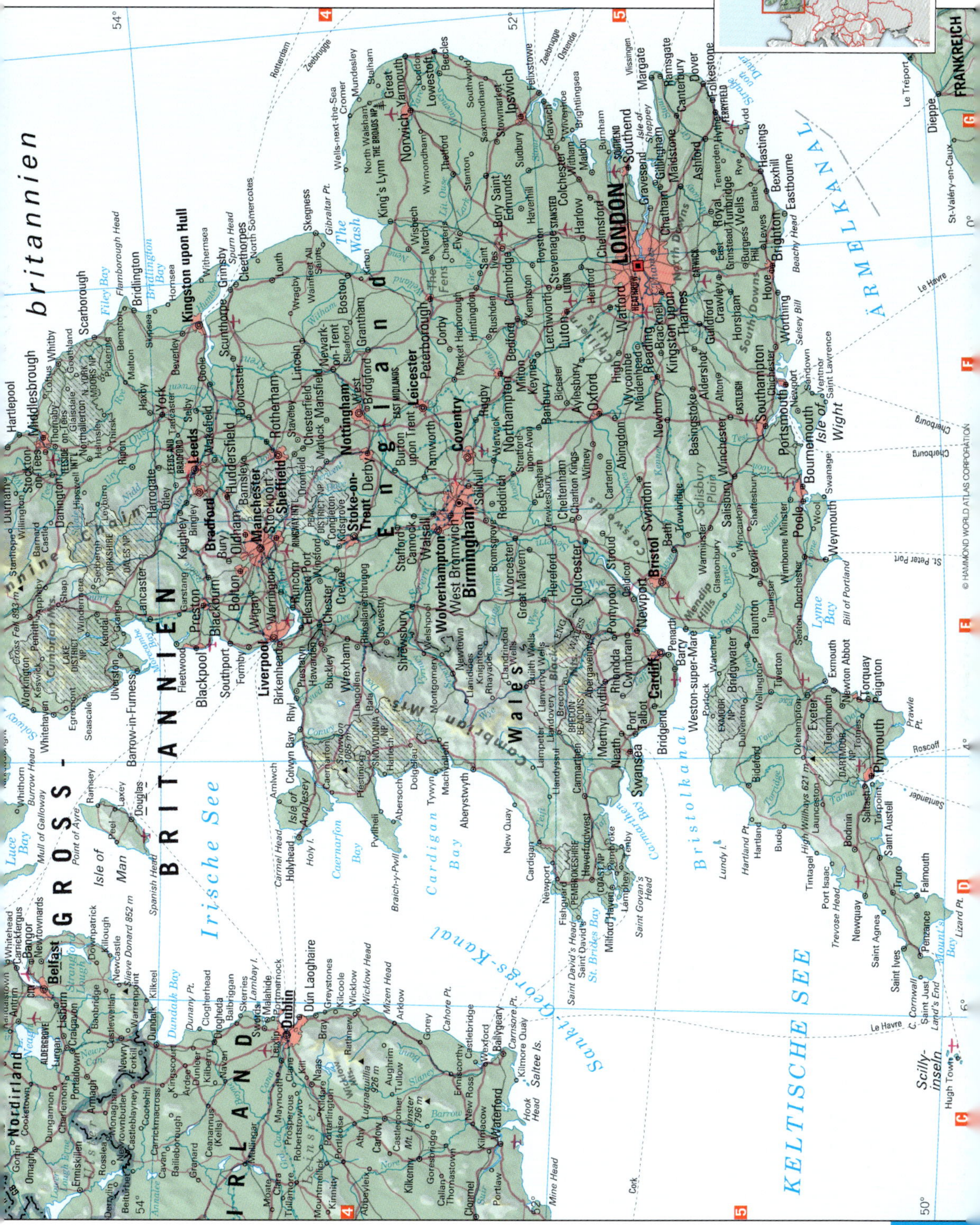

−6000 m 0 6000 m

Skandinavien, Finnland, Island

Europa

Maßstab 1 : 6 700 000

0 100 200 300 km

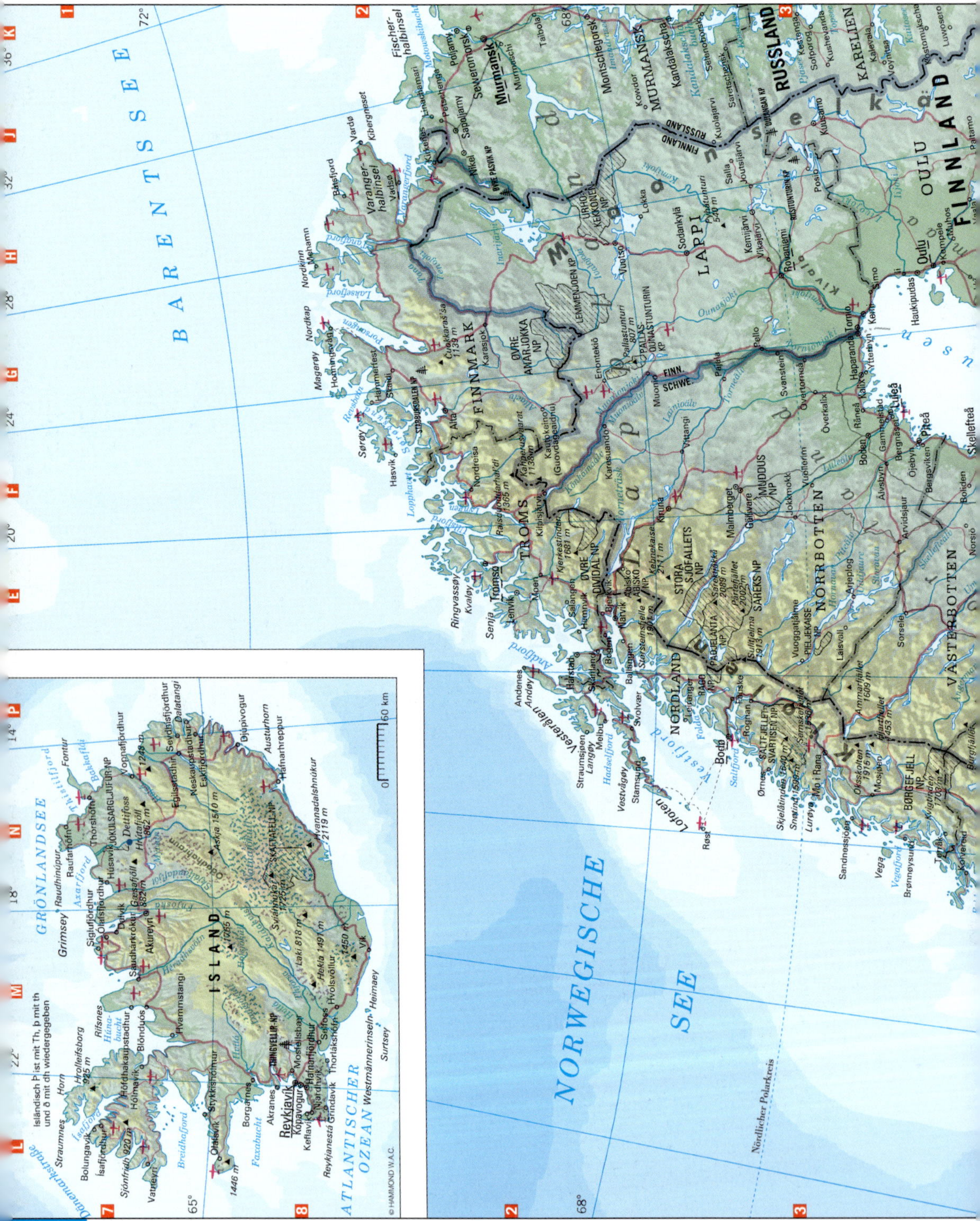

-6000 m 0 6000 m

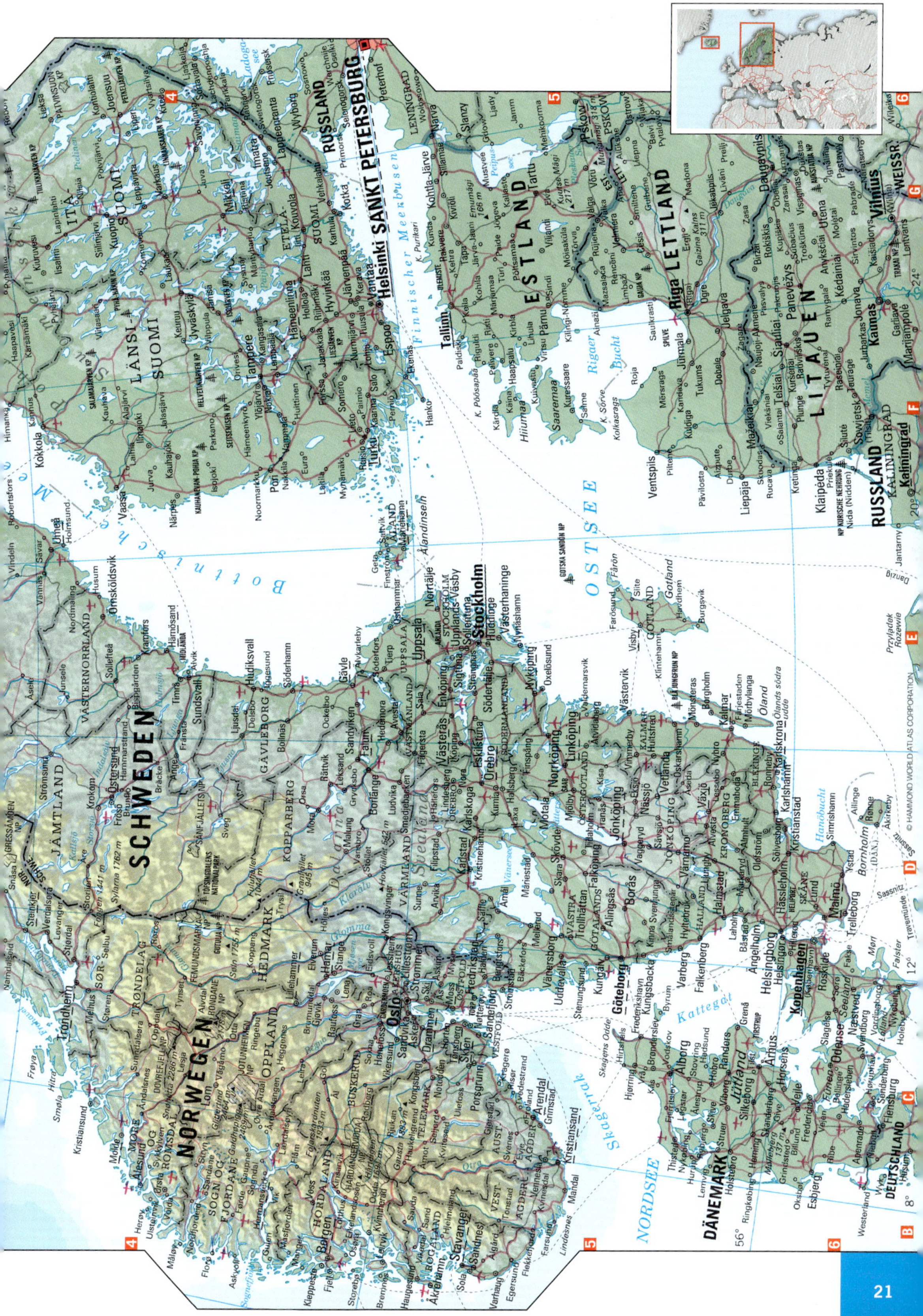

NORWEGEN
SCHWEDEN
SUOMI
LÄNSI-SUOMI
ITÄ-SUOMI
ETELÄ-SUOMI
RUSSLAND
ESTLAND
LETTLAND
LITAUEN
WEISSR.
DÄNEMARK
DEUTSCHLAND
RUSSLAND KALININGRAD
OSTSEE
NORDSEE
Skagerrak
Kattegat
Bottnischer Meerbusen
Finnischer Meerbusen
Rigaer Bucht
Gotland
Öland
Bornholm (DÄN.)
Jütland
Seeland
Fünen
Oslo
Stockholm
Helsinki
SANKT PETERSBURG
Tallinn
Riga
Vilnius
Kopenhagen
Göteborg
Malmö
Bergen
Stavanger
Trondheim
Kristiansand
Ålesund
Uppsala
Västerås
Örebro
Norrköping
Linköping
Jönköping
Karlskrona
Kalmar
Visby
Gävle
Sundsvall
Umeå
Vaasa
Tampere
Turku
Pori
Kuopio
Joensuu
Lahti
Kotka
Tartu
Pärnu
Narva
Liepāja
Ventspils
Jelgava
Daugavpils
Kaunas
Klaipėda
Šiauliai
Panevėžys
Kaliningrad
Aalborg
Århus
Odense
Esbjerg
Flensburg
JÄMTLAND
DALARNA
VÄRMLAND
SKÅNE
HEDMARK
OPPLAND
HORDALAND
ROGALAND
TELEMARK
BUSKERUD
© HAMMOND WORLD ATLAS CORPORATION

Deutschland

Europa

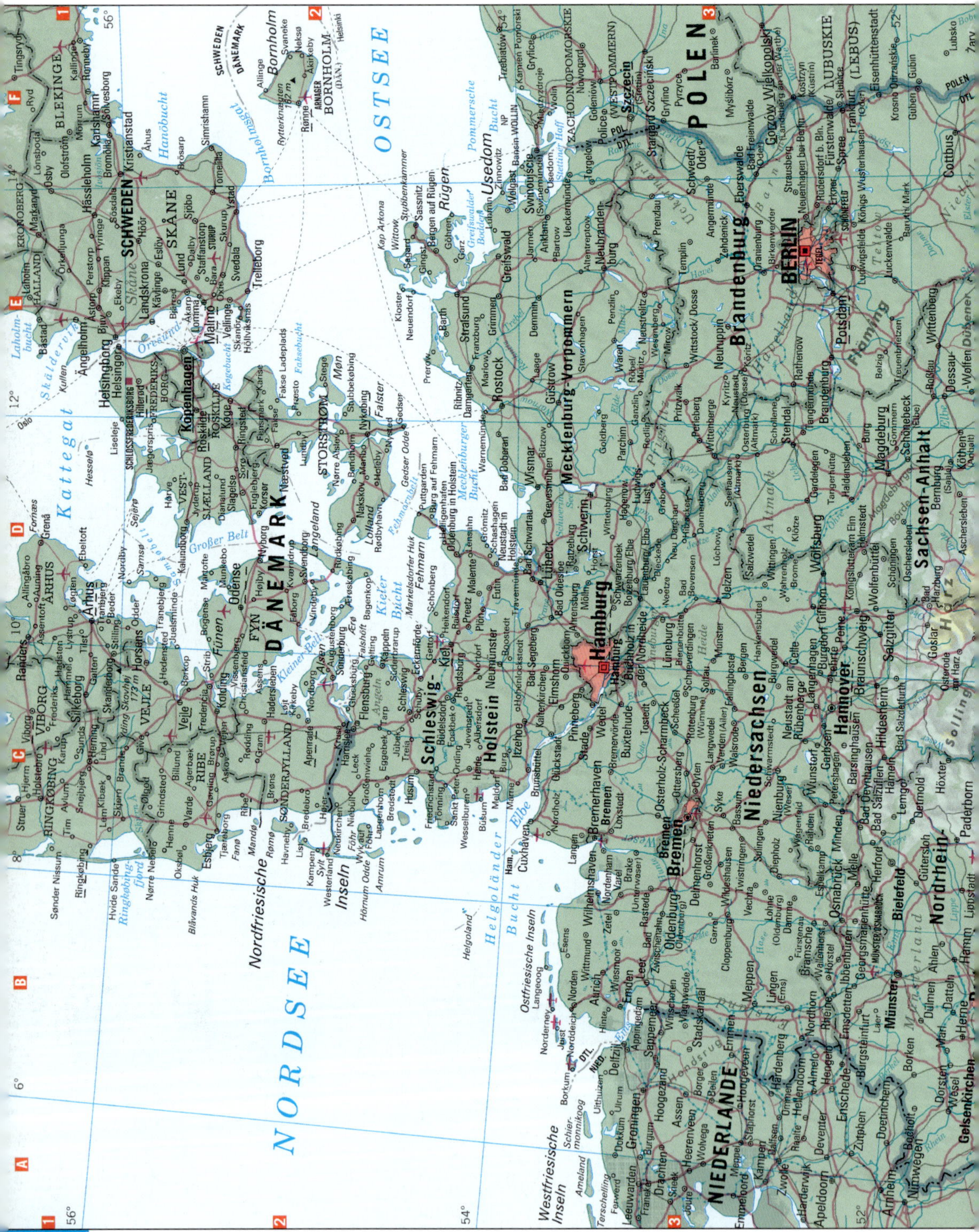

Maßstab 1 : 3 300 000

0 50 100 150 km

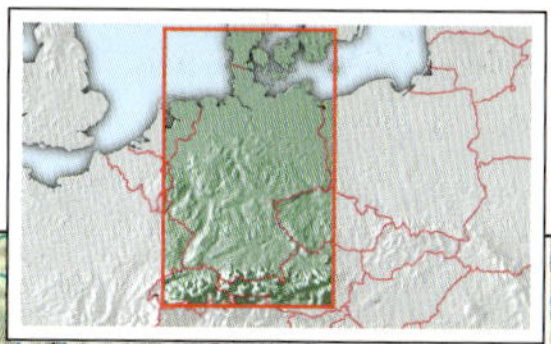

-6000 m 0 6000 m

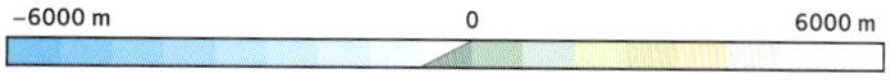

Norddeutschland – westlicher Teil

Europa

B
C
D
E
6°
7°
8°
54°
53°
2
3
4
5
6
Kampen
Westerland
Sylt
Keitum
Rantum
Nordfriesische
Hörnum
Hörnum Odde
Norddorf
Amrum
Süddorf
Inseln
Die
Norderoog
Halligen
Süderoog
N O R D S E E
Helgoländer
Düne
Helgoland
Bucht
Scharhörn
(Hamburg)
Helgoländer
Großer Knechtsand
Bucht
Ostfriesische Inseln
Norderney
Baltrum
Langeoog
Spiekeroog
Wangerooge
Minsener Oog
Oldoog
Mellum
Juist
Norderney
NP NIEDERSÄCHSISCHES WATTENMEER
Memmert
Borkum
Osterems
Lütje Hörn
Schillighörn
Esens
Norddeich
Norden
Westerholt
Rottumerplaat
Oude Westerems
Rottumeroog
Schiermonnikoog
Ameland
Buren
Nes
Pinkegat
Westgat
Lauwers
Simonszand
Engelsmanplaat
Waddenzee
Wittmund
Blomberg
Marienhafe
Jever
Schortens
Wilhelmshaven
Weser
Jade
Aurich
(Ostfriesland)
Ems-Jade-Kanal
Sande
Nordenham
Jadebusen
Friedeburg
Wiesmoor
Zetel
Varel
Bockhorn
Hinte
Großes Meer
Emden
Ostfriesland
Wierum
Oostmahorn
Holwerd
Ferwerd
Anjum
Lauwersmeer
Ulrum
Zoutkamp
Warffum
Uithuizen
Eemshaven
Bierum
GRONINGEN
Hallum
Dokkum
Winsum
Delfzijl
Ems
Damwoude
Kollum
Reitdiep
Bedum
Zwaagwesteinde
Grijpskerk
Ten Boer
Appingedam
Termunten
Dollart
Zuidhorn
Burgum
Grootegast
Groningen
Schildmeer
Slochteren
NIEDERLANDE
Sappemeer
Scheemda
Marum
Leek
Haren
Eelde-Paterswolde
Hoogezand
Zuidlaardermeer
Grou
Drachten
Ureterp
Akkrum
FRIESLAND
Norg
Vries
Zuidlaren
DRENTHE
Veenhuizen
Anloo
Gorredijk
Oosterwolde
Assen
Gieten
Veendam
Wildervank
Winschoten
Muntendam
Nieuweschans
Oude Pekela
Nieuwe Pekela
Bellingwolde
Vlagtwedde
Leer
(Ostfriesland)
Bunde
Weener
Rhede (Ems)
Aschendorf
Papenburg
Hesel
Holtland
Filsum
Jümme
Leda
Detern
Ostrhauderfehn
Westerstede
Apen
Wiefelstede
Zwischenahner Meer
Bad Zwischenahn
Barßel
Edewecht
Küstenkanal
Oldenburg
(Oldenburg)
Wardenburg
Rastede
Jade
Brake
(Unterweser)
Elsfleth
Nied
Hunte
Berne

Maßstab 1 : 1 100 000

0 10 20 30 40 50 km

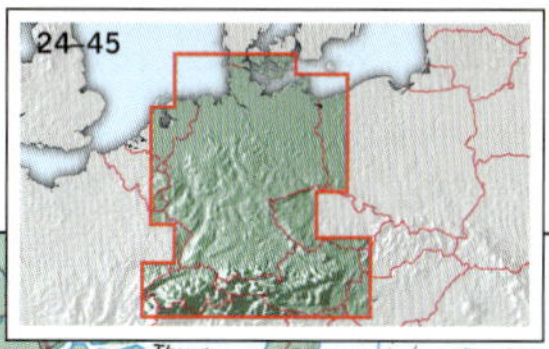
24–45

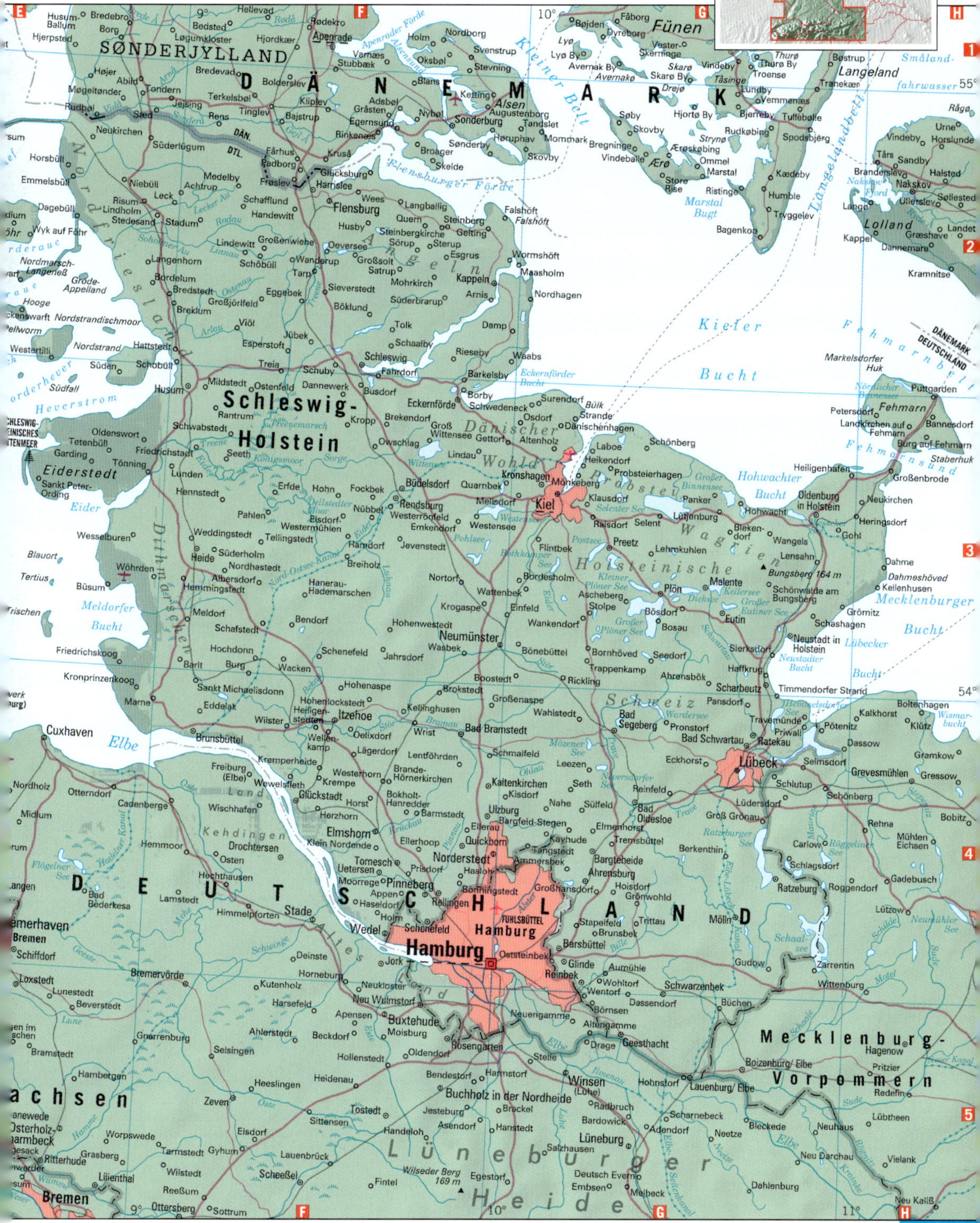
SØNDERJYLLAND
DÄNEMARK
Fünen
Langeland
Lolland
Fehmarn
Schleswig-Holstein
Nordfriesland
Dithmarschen
Angeln
Eiderstedt
Kieler Bucht
Mecklenburger Bucht
Lübecker Bucht
Flensburger Förde
Kleiner Belt
Fehmarnbelt
Fehmarnsund
Langelandbelt
Elbe
Flensburg
Schleswig
Husum
Kiel
Neumünster
Lübeck
Itzehoe
Cuxhaven
Hamburg
Stade
Lüneburg
Bremen
Niedersachsen
DEUTSCHLAND
Mecklenburg-Vorpommern
Lüneburger Heide
Holsteinische Schweiz
Bungsberg 164 m
Wilseder Berg 169 m

−6000 m 0 6000 m

Norddeutschland – östlicher Teil

Europa

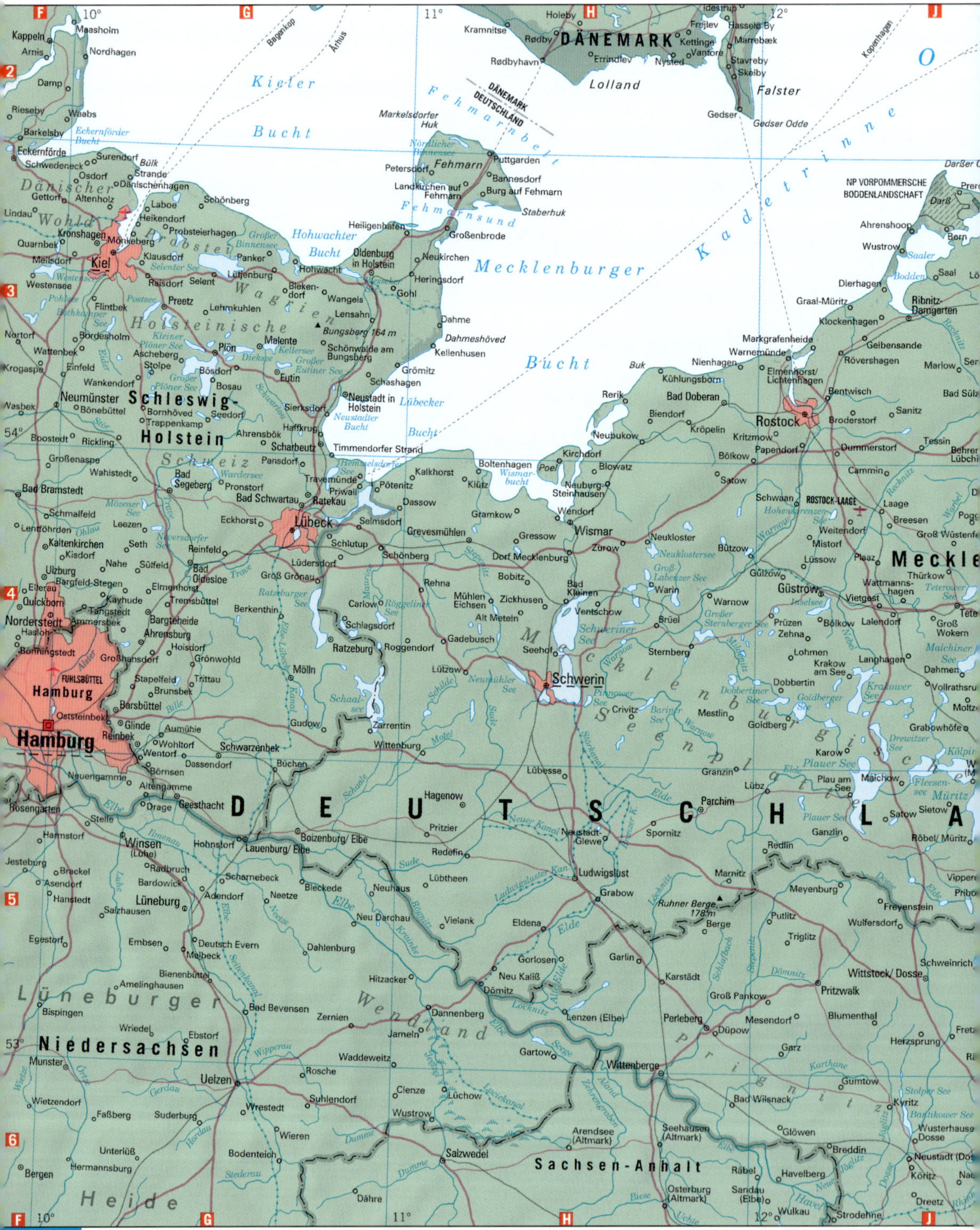

Maßstab 1 : 1 100 000

0 10 20 30 40 50 km

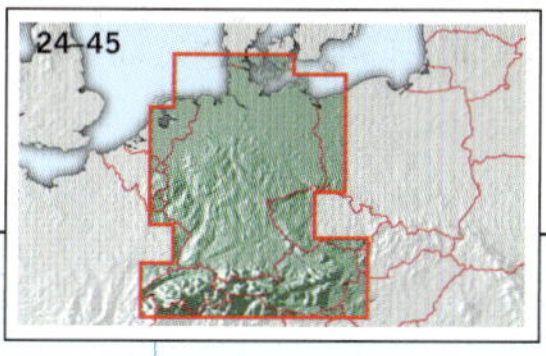

−6000 m 0 6000 m

Nordwestdeutschland

Europa

Maßstab 1 : 1 100 000

0 10 20 30 40 50 km

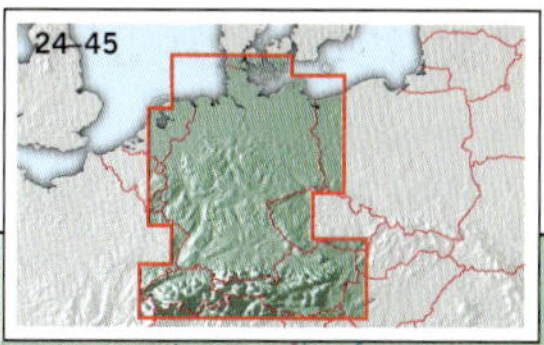

24-45

Bremen
Bremen
Delmenhorst
Hude
Wardenburg
Hatten
Ganderkesee
Friesoythe
Garrel
Großenkneten
Dötlingen
Wildeshausen
Harpstedt
Molbergen
Werlte
Lindern
Cloppenburg
Emstek
Visbek
Lastrup
Goldenstedt
Twistringen
Niedersachsen
Bassum
Bruchhausen-Vilsen
Syke
Riede
Morsum
Blender
Martfeld
Hilgermissen
Verden (Aller)
Langwedel
Kirchlinteln
Dörverden
Oyten
Achim
Ottersberg
Reeßum
Sottrum
Rotenburg (Wümme)
Bothel
Visselhövede
Lüneburger Heide
Soltau
Bispingen
Wriedel
Munster
Wietzendorf
Faßberg
Bomlitz
Walsrode
Fallingbostel
Hermannsburg
Bergen
Unterlüß
Hoya
Hassel
Rethem
Hodenhagen
Asendorf
Staffhorst
Neuenkirchen
Drentwede
Essen (Oldenburg)
Vechta
Quakenbrück
Dinklage
Lohne (Oldenburg)
Barnstorf
Sulingen
Borstel
Badbergen
Steinfeld
Diepholz
Bippen
Bersenbrück
Holdorf
Gehrde
Ankum
Damme
Neuenkirchen-Vörden
Alfhausen
Merzen
Wagenfeld
Kirchdorf
Landesbergen
Nienburg (Weser)
Steimbke
Schwarmstedt
Wietze
Winsen (Aller)
Hambühren
Celle
Eschede
Höfer
Eldingen
Lachendorf
DEUTSCHLAND
Voltlage
Bramsche
Stolzenau
Uchte
Leese
Rehburg-Loccum
Schloss Wilhelmstein
Steinhuder Meer
Neustadt am Rübenberge
Mellendorf
Wedemark
Bissendorf
Adelheidsdorf
Wathlingen
Wienhausen
Eicklingen
Nienhagen
Müden
Großburgwedel
Burgwedel
Meinersen
Langenhagen
Uetze
Burgdorf
Wunstorf
Sachsenhagen
Garbsen
Hannover
Lehrte
Edemissen
Rahden
Espelkamp
Raddestorf
Petershagen
Wallenhorst
Ostercappeln
Westerkappeln
Bohmte
Mittellandkanal
Hille
Lotte
Belm
Bad Essen
Preußisch Oldendorf
Lübbecke
Minden
Ibbenbüren
Osnabrück
Wiehengebirge
Hüllhorst
Barkhausen
Stadthagen
Lindhorst
Haste
Bad Nenndorf
Gehrden
Ronnenberg
Laatzen
Sehnde
Peine
Wendeburg
Hagen a.T.W.
Bissendorf
Georgsmarienhütte
Melle
Rödinghausen
Bückeburg
Bückeberg
367 m
Obernkirchen
Barsinghausen
Bröhn 405 m
Hemmingen
Pattensen
Hohenhameln
Vechelde
Ilsede
Lengerich
Teutoburger Wald
Lienen
Ladbergen
Enger
Bünde
Kirchlengern
Porta Westfalica
Holzhausen
Wesergebirge
Süntel
Deister
Wennigsen
Springe
Sarstedt
Algermissen
Lengede
Dissen a.T.W.
Bad Rothenfelde
Glandorf
Spenge
Hiddenhausen
Löhne
Bad Oeynhausen
Vlotho
Rinteln
Hessisch Oldendorf
Bad Münder am Deister
Schellerten
SZ-Lebenstedt
Salzgitter
Hildesheim
Borgholzhausen
Versmold
Werther (Westf.)
Halle (Westf.)
Bielefeld
Herford
Bad Salzuflen
Hameln
Coppenbrügge
Elze
Gronau (Leine)
Sassenberg
Steinhagen
Leopoldshöhe
Lemgo
Lauenstein
Ith
Salzhemmendorf
Baddeckenstedt
Aerzen
Bad Salzdetfurth
SZ-Bad
Warendorf
Harsewinkel
Brackwede
Lage
Everswinkel
Beelen
Clarholz
Oerlinghausen
Barntrup
Bad Pyrmont
Duingen
Bockenem
Herzebrock
Gütersloh
Stukenbrock
Schloß Holte
Detmold
Augustdorf
Blomberg
Lügde
Bodenwerder
Vogler
Alfeld (Leine)
Delligsen
Eschershausen
Langelsheim
Hermannsdenkmal
Horn
Bad Meinberg
Schieder-Schwalenberg
Stadtoldendorf
Sendenhorst
Ennigerloh
Oelde
Rheda-
Verl
Wiedenbrück
468 m
Steinheim
Holzminden
Kreiensen
Seesen
Bad Gandersheim
Goslar
Rietberg
Hövelhof
Schlangen
Eggegebirge
Nieheim
Einbeck
Bad Grund (Harz)
Clausthal-Zellerfeld
Ahlen
Beckum
Wadersloh
Delbrück
Bad Lippspringe
Altenbeken
Höxter
Dassel
Große Blöße 528 m
Kalefeld
Altenau
Hamm
Bad Driburg
Solling
Paderborn
Brakel
Lippstadt
Salzkotten
Borchen
Northeim
Osterode am Harz
Nationalpark Harz
Welver
Geseke
Beverungen
Lauenförde
Uslar
Moringen
Katlenburg-Lindau
Wulften
Herzberg am Harz
Bad Sassendorf
Erwitte
Paderborn
Lichtenau
Willebadessen
Bad Karlshafen
Hardegsen
Nörten-Hardenberg
Soest
Werl
Anröchte
290 m
Büren
Borgentreich
Trendelburg
Bovenden
Adelebsen
Gieboldehausen
Ense
Möhnesee
Wünnenberg
Wrexen
Ebergötzen
Neheim-Hüsten
Rüthen
Warstein
Marsberg
Rhoden
Diemelstadt
Warburg
Liebenau
Hofgeismar
Grebenstein
Dransfeld
Göttingen
Rosdorf
Duderstadt
Arnsberg
Sundern (Sauerland)
Balve
Bestwig
Meschede
Olsberg
Brilon
Bad Arolsen
Volkmarsen
Breuna
Calden
Immenhausen
Hann. Münden
Friedland
Heilbad Heiligenstadt
Breitenworbis
Zierenberg
Vellmar
Hessen
Kassel
Wolfhagen
Hohes Gras 615 m
Witzenhausen
Uder
Leinefelde-Worbis
Thüringen
Willingen (Upland)
Korbach
Eslohe (Sauerland)
Rothaargebirge
Naumburg
Baunatal
Lohfelden
Kaufungen
Großalmerode
Bad Sooden-Allendorf
Winterberg
Medebach
Finnentrop
Elspe
Schmallenberg
Grevenbrück
Kahler Asten 841 m
Waldeck
Edersee
Niedenstein
Gudensberg
Hessisch Lichtenau
Meißner 750 m
Guxhagen
Hainich
Mühlhausen/Thüringen
Nationalpark Kellerwald-Edersee
Eschwege
Weser
Leine
Aller
Hunte
Ems
Lippe
Ruhr
Fulda
Werra
Diemel
Innerste
53°
52°
8°
9°
10°
E
F
G
5
6
7
8
9

−6000 m 0 6000 m

Ostdeutschland

Europa

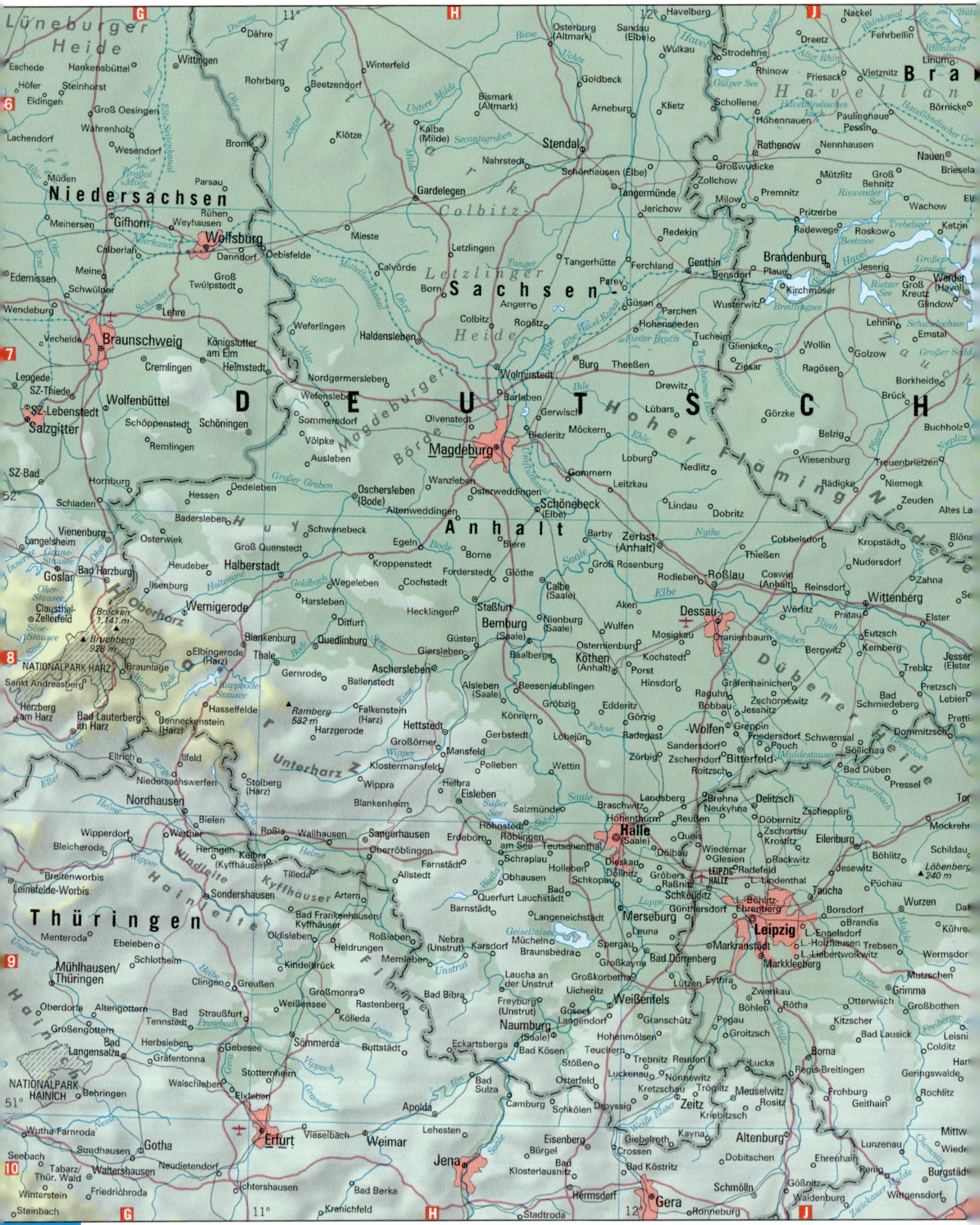

Maßstab 1 : 1 100 000
0 10 20 30 40 50 km
24-45
ZACHODNIOPOMORSKIE
(WESTPOMMERN)
Gorzów Wielkopolski
(Landsberg an der Warthe)
Netzeheide
(Puszcza Notecka)
POLEN
DEUTSCHLAND
BERLIN
Berlin
TEGEL
BERLIN (TEMPELHOF)
GATOW
SCHÖNEFELD
Potsdam
Eberswalde
Bad Freienwalde (Oder)
Oranienburg
Hennigsdorf
Falkensee
Strausberg
Fürstenwalde/ Spree
Frankfurt (Oder)
Słubice
Kostrzyn (Küstrin)
Eisenhüttenstadt
Guben
Gubin
Zielona Góra
(Grünberg)
Świebodzin
(Schwiebus)
Międzyrzecz
(Meseritz)
LUBUSKIE
(LEBUS)
Lebuser Seenland
Lübben/ Spreewald
Lübbenau/ Spreewald
Cottbus
Forst
Żary
(Sorau)
Żagań
Senftenberg
Hoyerswerda
Spremberg
Weißwasser/ O.L.
Bad Muskau
Jüterbog
Luckau
Finsterwalde
Elsterwerda
Bad Liebenwerda
Herzberg/ Elster
Riesa
Meißen
Radebeul
Dresden
Freital
Pirna
Heidenau
Freiberg
Bautzen
Görlitz
Zgorzelec
Zittau
Kamenz
Niesky
Bolesławiec
(Bunzlau)
Lubań
Lwówek Śląski
DOLNOŚLĄSKIE
(NIEDERSCHLESIEN)
LIBERECKÝ KRAJ
ÚSTECKÝ KRAJ
TSCHECHIEN
NATIONALPARK SÄCHSISCHE SCHWEIZ
Sachsen
Brandenburg
Spreewald
Niederlausitz
Oberlausitz
Lausitzer Bergland
Sudeten
Riesengebirge (Karkonosze)
Isergebirge
Fläming
Keulenberg 404 m
Hochstein 449 m
Tammberg 438 m
Czorneboh 555 m
Landeskrone 420 m
Tafelfichte (Smrk) 1124 m
Lausche 793 m
Oder
Spree
Elbe
Neiße
Warthe
14°
15°
52°
51°
K
L
M
6
7
8
9
10

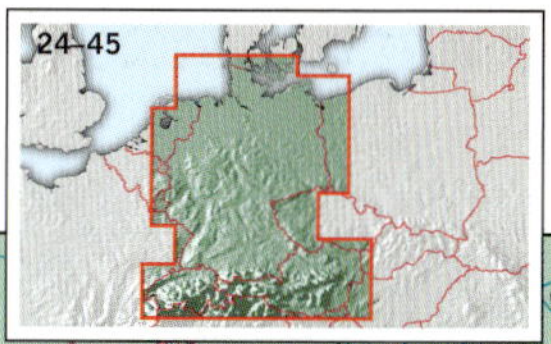

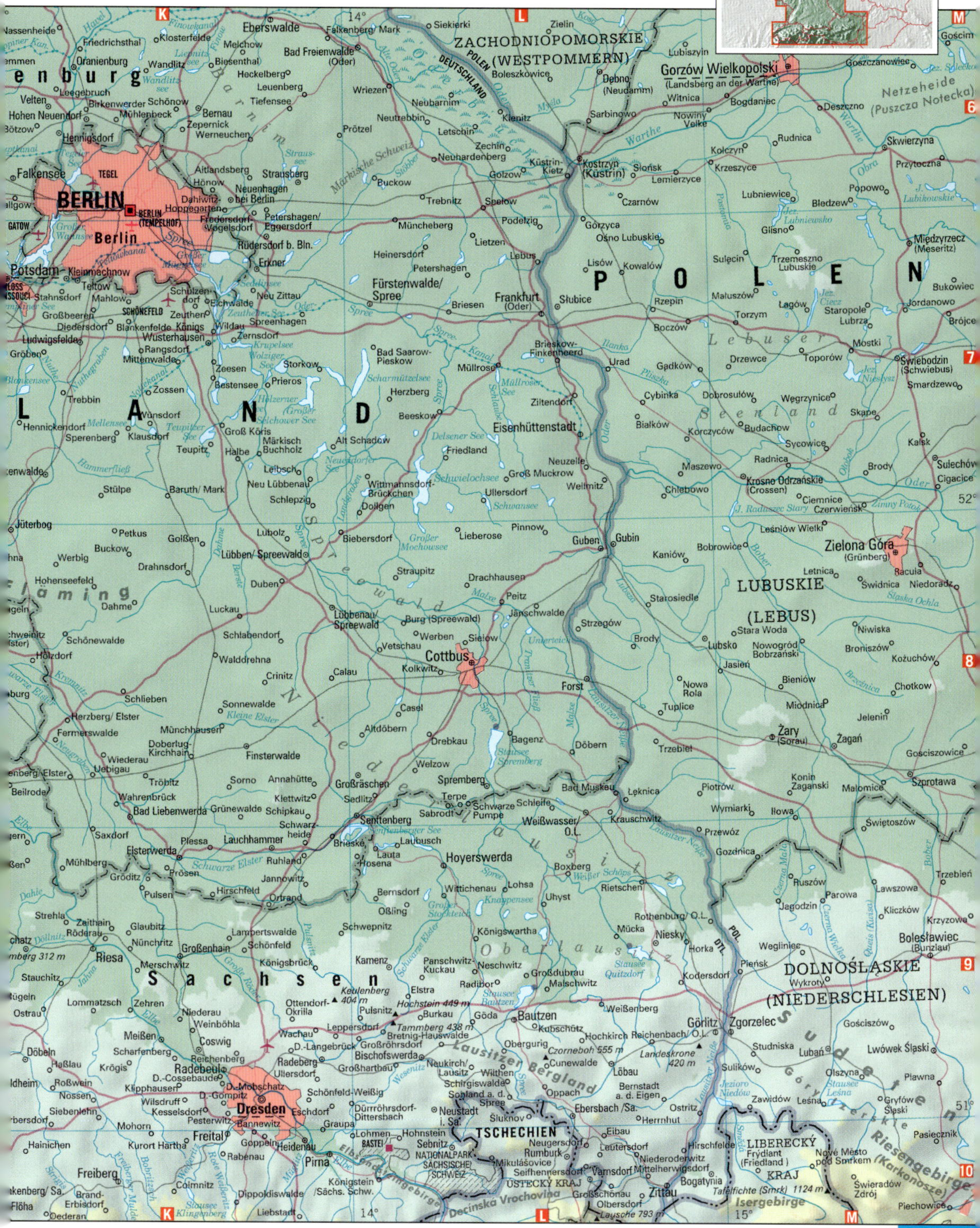

−6000 m
0
6000 m

Westdeutschland

Europa

Maßstab 1 : 1 100 000

0 10 20 30 40 50 km

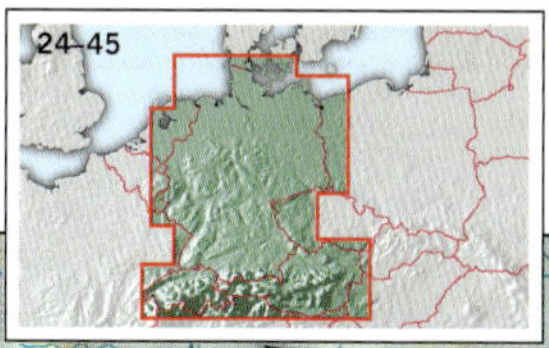

24–45

Hessen
Vogelsberg
Thüringen
Bayern
Baden-
Württemberg
Rothaargebirge
Kellerwald
Knüll
Burgwald
Rhön
Spessart
Odenwald
Steigerwald
Hohenloher Ebene
NATIONALPARK KELLERWALD-EDERSEE
NATIONALPARK HAINICH
Frankenhöhe
Siegen
Marburg
Gießen
Wetzlar
Fulda
Frankfurt am Main
Wiesbaden
Mainz
Darmstadt
Offenbach a. M.
Hanau
Aschaffenburg
Würzburg
Schweinfurt
Mannheim
Ludwigshafen am Rhein
Heidelberg
Worms
Eisenach
Bad Hersfeld
Limburg a. d. Lahn
Bad Homburg v. d. Höhe
Rüsselsheim
Speyer
Mosbach
Rothenburg ob der Tauber
Bad Kissingen
Alsfeld
Lauterbach (Hessen)
Schlüchtern
Gelnhausen
Bensheim
Weinheim
Kahler Asten 841 m
Wüstegarten 675 m
Taufstein 772 m
Wasserkuppe 950 m
Kreuzberg 928 m
Milseburg 835 m
Großer Feldberg 878 m
Geiersberg 585 m
Melibocus 517 m
Katzenbuckel 626 m
Gebaberg 751 m
Dolmar 739 m

-6000 m 0 6000 m

Zentrales Deutschland

Europa

Maßstab 1 : 1 100 000
0 10 20 30 40 50 km
24–45
J
K
L
12°
13°
14°
Jena
Gera
Zwickau
Chemnitz
Plauen
Hof
Bayreuth
Amberg
Regensburg
Weiden i. d. OPf.
Cheb (Eger)
Karlovy Vary (Karlsbad)
Chomutov (Komotau)
Most (Brüx)
Teplice (Teplitz)
Ústí nad Labem (Aussig)
Plzeň (Pilsen)
Mariánské Lázně (Marienbad)
Příbram
Freiberg
Annaberg-Buchholz
Sachsen
Erzgebirge
Vogtland
Fichtelgebirge
Fichtelberg 1214 m
Keilberg (Klínovec) 1244 m
Schneeberg 1051 m
Kaiserwald
Duppauer Gebirge
Tepler Hochland
Oberpfälzer Wald
Böhmerwald
Böhmen
Brdy
Rakovniker Hochland
Pürglitzer Bergland
Dřban
Alb
Frankenwald
D
TSCHECHIEN
KARLOVARSKÝ KRAJ
ÚSTECKÝ KRAJ
STŘEDOČESKÝ KRAJ
PLZEŇSKÝ KRAJ
JIHOČESKÝ KRAJ
NP ŠUMAVA (NP BÖHMERWALD)
Großer Arber 1456 m
Großer Rachel 1453 m
Boubín 1362 m
Čerchov (Schwarzkoppe) 1042 m
Donau
WALHALLA
DTL.
TSCH.
50
49
−6000 m
0
6000 m

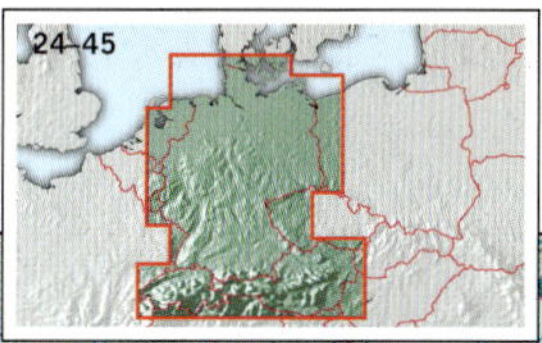

Rheinland-Pfalz
Hessen
Saarland
Baden-Württemberg
FRANKREICH
DEU
MOSELLE
BAS-RHIN
HAUT-RHIN
LORRAINE
ALSACE
Pfälzer Wald
Odenwald
Kraichgau
Schwarzwald
Schwäbische Alb
Vogesen
Großer Heuberg
Hegau
Stromberg
Kaiserstuhl
Erbeskopf 818 m
Donnersberg 687 m
Melibocus 517 m
Katzenbuckel 626 m
Steinsberg 333 m
Hornisgrinde 1163 m
Badener Höhe 1002 m
Kandel 1242 m
Feldberg 1483 m
Belchen 1414 m
Lemberg 1015 m
Rocher de Mutzig 1010 m
Donon 1009 m
Petit Ballon 1267 m
Gazon de Faing 1303 m
Roc du Haut du Faite 884 m
Hoher Randen 924 m
Col de Saales
Idar-Oberstein
Kaiserslautern
Pirmasens
Zweibrücken
Homburg
Neunkirchen
Sankt Wendel
Sankt Ingbert
Worms
Mannheim
Ludwigshafen am Rhein
Heidelberg
Speyer
Neustadt an der Weinstraße
Landau in der Pfalz
Frankenthal
Weinheim
Bensheim
Karlsruhe
Pforzheim
Bruchsal
Heilbronn
Stuttgart
Ludwigsburg
Esslingen am Neckar
Sindelfingen
Böblingen
Leonberg
Waiblingen
Tübingen
Reutlingen
Rastatt
Baden-Baden
Offenburg
Lahr/Schwarzwald
Freiburg im Breisgau
Villingen-Schwenningen
Tuttlingen
Rottweil
Balingen
Straßburg
Colmar
Haguenau
Saverne (Zabern)
Lauterbourg
Wissembourg
Sélestat
Mulhouse
Emmendingen
Kehl
Neckar
Rhein
Nagold
Murg
Enz
Kinzig
Donau
Dreisam
Wutach
Jagst
Kocher
Sauer
Moder
Ill
Rhein-Marne-Kanal
Rhein-Rhône-Kanal
Grand Canal d'Alsace
DTL.
FRANKR.
D
E
F
2
3
4
5
16
8°
9°
19°
48°

Maßstab 1 : 1 100 000

0 10 20 30 40 50 km

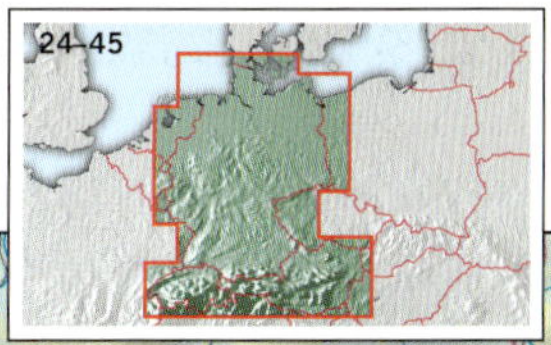

24–45

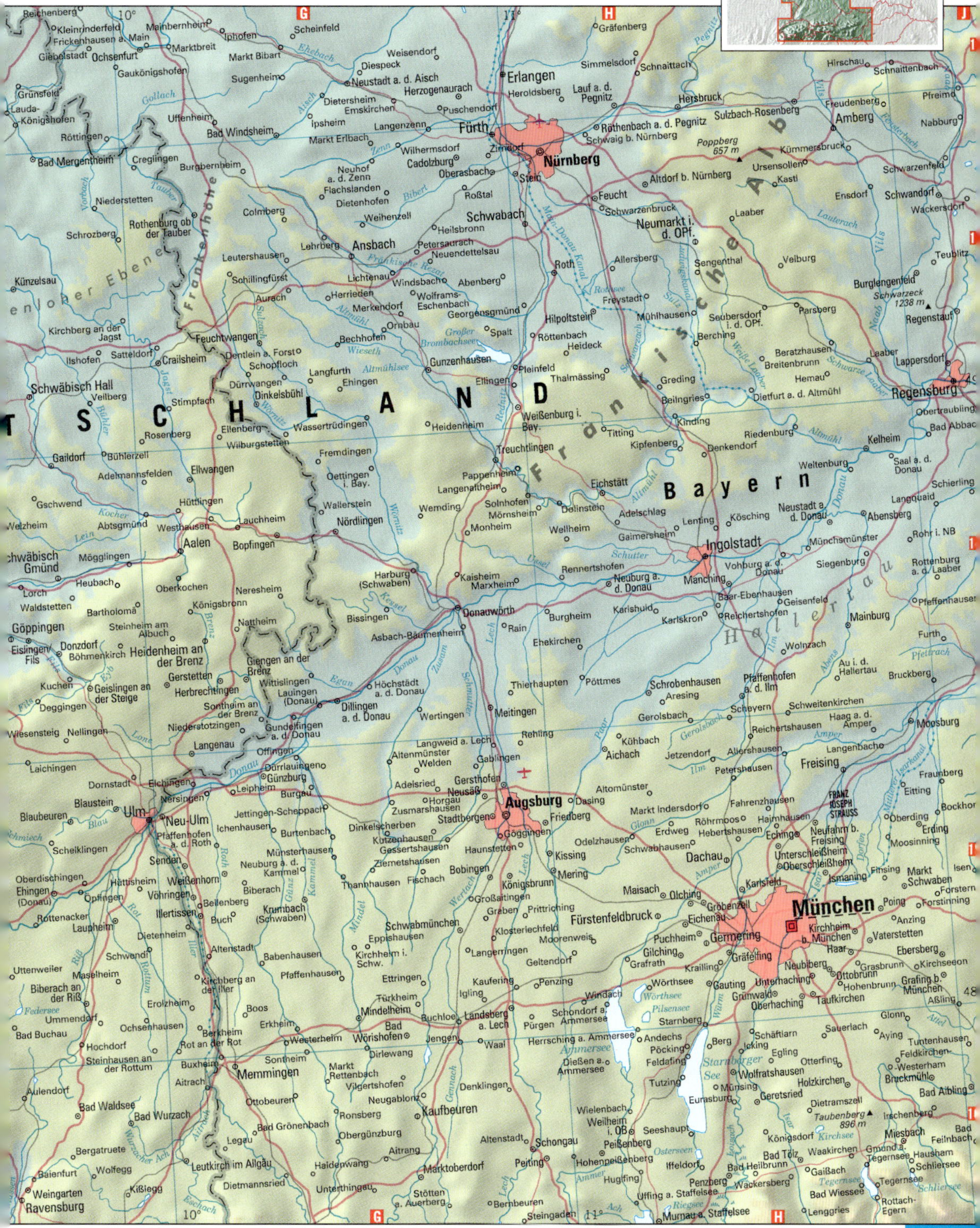

G
H
J
10°
11°
D E U T S C H L A N D
Bayern
Fränkische Alb
Frankenhöhe
Hohenloher Ebene
Hallertau
Erlangen
Fürth
Nürnberg
Schwabach
Ansbach
Rothenburg ob der Tauber
Bad Windsheim
Bad Mergentheim
Neustadt a. d. Aisch
Herzogenaurach
Amberg
Sulzbach-Rosenberg
Hersbruck
Lauf a. d. Pegnitz
Neumarkt i. d. OPf.
Regensburg
Kelheim
Ingolstadt
Eichstätt
Weißenburg i. Bay.
Treuchtlingen
Gunzenhausen
Dinkelsbühl
Crailsheim
Schwäbisch Hall
Feuchtwangen
Nördlingen
Aalen
Ellwangen
Schwäbisch Gmünd
Göppingen
Heidenheim an der Brenz
Donauwörth
Neuburg a. d. Donau
Dillingen a. d. Donau
Günzburg
Ulm
Neu-Ulm
Augsburg
Friedberg
Dachau
Freising
München
Fürstenfeldbruck
Germering
Landsberg a. Lech
Kaufbeuren
Memmingen
Mindelheim
Starnberg
Bad Tölz
Ravensburg
Leutkirch im Allgäu
Biberach an der Riß
Laupheim
Schongau
Weilheim i. OB
Pfaffenhofen a. d. Ilm
Mainburg
Moosburg
Erding
Poppberg 657 m
Schwarzeck 1238 m
Taubenberg 896 m
Ammersee
Starnberger See
Großer Brombachsee
Altmühlsee
Donau
Lech
Wörnitz
Altmühl
Isar
Amper
Iller
Main-Donau-Kanal
FRANZ JOSEPH STRAUSS

−6000 m 0 6000 m

DEUTSCHLAND
Bayern
Bayerischer Wald
Böhmerwald
TSCHECHIEN
PLZENSKÝ KRAJ
JIHOČESKÝ KRAJ
BUDĚJOVICKÝ KRAJ
Blansker Wald
ÖSTERREICH
OBERÖSTERREICH
SALZBURG
TIROL
Kitzbüheler Alpen
Hausruck
Innviertel
Mühlviertel
Salzkammergut
Dachsteingruppe
Totes Gebirge
Tennengebirge
Radstädter Tauern
Lungau
Niedere Tauern
Gratzener Bergland
NATIONALPARK BAYERISCHER WALD
NP ŠUMAVA (NP BÖHMERWALD)
NATIONALPARK KALKALPEN
Donau
Inn
Salzach
Isar
Moldau
Traun
Enns
Chiemsee
Attersee
Traunsee
Mondsee
Wolfgang-See
Hallstätter See
Lipno-Stausee
Passau
Linz
Salzburg
České Budějovice (Budweis)
Deggendorf
Straubing
Landau a. d. Isar
Dingolfing
Vilshofen
Rosenheim
Traunstein
Burghausen
Braunau am Inn
Ried im Innkreis
Wels
Steyr
Vöcklabruck
Gmunden
Bad Ischl
Berchtesgaden
Bad Reichenhall
Hallein
Kufstein
Kitzbühel
Zell am See
Bischofshofen
Schladming
Český Krumlov (Böhmisch Krumau)
Großer Arber 1456 m
Großer Rachel 1453 m
Dreisesselberg 1332 m
Plöckenstein 1379 m
Schneibstein
Watzmann 2713 m
Hochkönig 2941 m
Hoher Dachstein 2995 m
Großer Priel 2523 m
Traunstein 1691 m
Schafberg
Zwiesel 1781 m
Hochkalter 2607 m
Wiener Höhe 751 m
Göblberg 801 m
Hochgolling 2863 m
Kitzsteinhorn 3203 m
DACHSTEINEISHÖHLEN
EISRIESENWELT
SCHLOSS HERRENCHIEMSEE
13°
14°
J
K
L
3
4
5
6
7

Maßstab 1 : 1 100 000

0 10 20 30 40 50 km

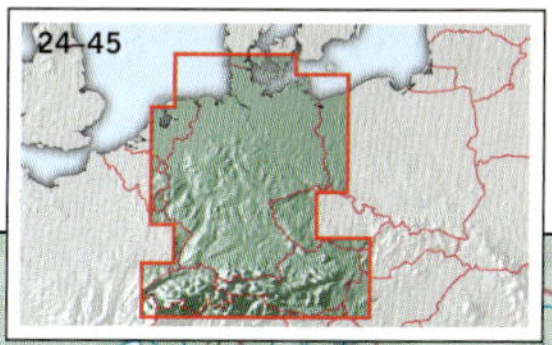
24-45

M
N
P
15°
16°
NIEDERÖSTERREICH
WIEN
Wien
BURGENLAND
SLOWAKEI
UNGARN
TSCHECHIEN
BRNĚNSKÝ KRAJ
TRNAVSKÝ KRAJ
BRATISLAVSKÝ KRAJ
GYŐR-MOSON-SOPRON
VAS
ZALA
REICH
IERMARK
Waldviertel
Weinviertel
Wienerwald
Hochschwab
Fischbacher Alpen
Gleinalpe
Leithagebirge
Kleine Karpaten
Záhorská
Horpácsi-erdő
Göcsej
Donau
Thaya
Kamp
Krems
Traisen
Erlauf
Ybbs
Mur
Mürz
Raab
Leitha
March
Morava
Fugnitz
Pulkau
Schmida
Göllersbach
Zaya
Rußbach
Fischa
Piesting
Schwarza
Pitten
Lafnitz
Feistritz
Pinka
Strem
Güns
Sulm
Kainach
Zwettl
Bratislava (Pressburg)
Graz
Znojmo (Znaim)
Sopron (Ödenburg)
Szombathely (Steinamanger)
Kőszeg (Güns)
Eisenstadt
Sankt Pölten
Wiener Neustadt
Krems an der Donau
Tulln
Klosterneuburg
Mödling
Baden
Schwechat
Stockerau
Hollabrunn
Mistelbach an der Zaya
Laa an der Thaya
Horn
Zwettl
Gmünd
Amstetten
Melk
Leoben
Bruck an der Mur
Kapfenberg
Knittelfeld
Judenburg
Voitsberg
Weiz
Gleisdorf
Hartberg
Oberwart
Neunkirchen
Mattersburg
Neusiedl am See
Neusiedler See
Mikulov (Nikolsburg)
Břeclav
Valtice
Hainburg an der Donau
Bruck an der Leitha
Gänserndorf
Marchegg
Wolkersdorf
Korneuburg
Schrems
Waidhofen an der Thaya
Raabs an der Thaya
Retz
Ottenstein-Stausee
Dobra-Stausee
Vranover Stausee
NÁRODNÍ PARK PODYJÍ (THAYA-TAL)
NATIONALPARK DONAU-AUEN
NATIONALPARK NEUSIEDLER SEE - SEEWINKEL
FERTŐ-HANSÁG NP
CARNUNTUM
KATERLOCH
LURHÖHLE
STÜBING
Schneeberg
Klosterwappen 2076 m
Rax
Heukuppe 2007 m
Semmering 985 m
Stuhleck 1780 m
Hochwechsel 1743 m
Ötscher 1893 m
Göller 1766 m
Dürrenstein
Hohe Veitsch 1982 m
Hochschwab 2277 m
Reisalpe 1398 m
Schöpfl 893 m
Hoher Lindkogel 834 m
Hochlantsch 1720 m
Rabenwaldkogel 1279 m
Schöckl 1444 m
Speikkogel 1988 m
Ameringkogel 2186 m
Großer Peilstein 1061 m
Weinsberg 1041 m
Mühlberg 725 m
Buchberg 415 m
Buschberg 491 m
Manhartsberg 537 m
Hundsberg 362 m
Troppberg 542 m
Hochpyra 727 m
Stumpfmauer 1770 m
Großer Zellerhut 1639 m
Großer Buchstein 2224 m
Hochtor 2369 m
Pletzen 2342 m
Seierhaupt 2418 m
Masenberg 1261 m
Stickelberg 880 m
Magas-bérc 599 m
Geschriebenstein 884 m
Sonnenberg 483 m
Vysoká 754 m
Somár 649 m
Zámčisko 434 m
Dévín 550 m
Větrov 713 m
Saßberg 622 m
Predigtstuhl 718 m

−6000 m 0 6000 m

Süddeutschland, westliches Österreich

Europa

Maßstab 1 : 1 100 000
0 10 20 30 40 50 km
24-45
Augsburg
Freising
Erding
München
Dachau
Fürstenfeldbruck
Germering
Starnberg
Bad Tölz
Miesbach
Rosenheim
Traunstein
Burghausen
Salzburg
Bad Reichenhall
Berchtesgaden
Garmisch-Partenkirchen
Kufstein
Innsbruck
Kitzbühel
Zell am See
Hall in Tirol
Schwaz
Lienz
Meran
Bozen
Brixen
Cortina d'Ampezzo
Bayern
LAND
TIROL
ÖSTERREICH
DEUTSCHLAND
ITALIEN
SALZBURG
KÄRNTEN
Osttirol
Südtirol
BOZEN
TRENTO
BELLUNO
UDINE
Karwendelgebirge
Wettersteingebirge
Kitzbüheler Alpen
Zillertaler Alpen
Hohe Tauern
NATIONALPARK HOHE TAUERN
Ötztaler Alpen
Karnische Alpen
Dolomiten
Ammersee
Starnberger See
Chiemsee
Tegernsee
Zugspitze 2962 m
Großglockner 3798 m
Großvenediger 3674 m
Wildspitze 3768 m
Marmolada 3342 m
Brenner 1374 m
-6000 m
0
6000 m

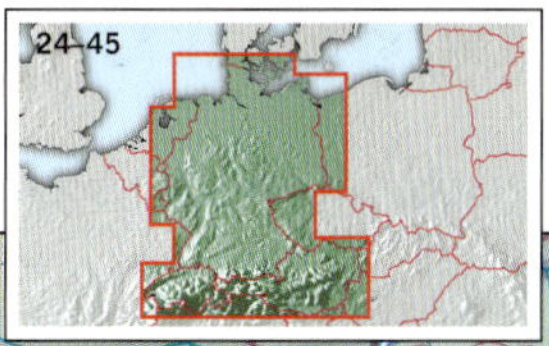

Österreich, Ungarn

Europa

Maßstab 1 : 1 100 000

0 10 20 30 40 50 km

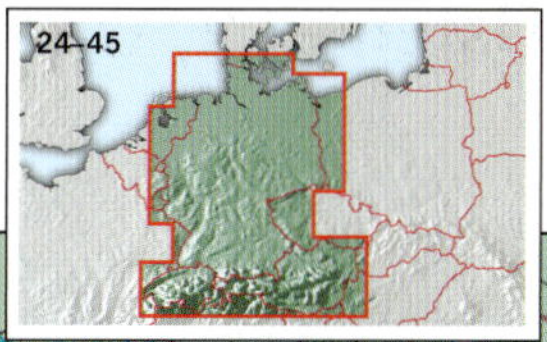

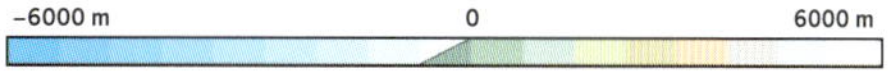

FRANKREICH
HAUTE-SAÔNE
DOUBS
JURA
AIN
HAUTE-SAVOIE
Franche-Comté
VOSGES
HAUT-RHIN
BELFORT
Schwarzwald
Baden-Württemberg
SCHWEIZ
BASEL-LANDSCHAFT
SOLOTHURN
NEUENBURG
WAADT
FREIBURG
BERN
LUZERN
OBWALDEN
WALLIS
Berner Alpen
Jura
Genfer See
Bieler See
Thuner See
Brienzer See
Basel
Mülhausen
Besançon
Bern
Biel
Neuenburg
Solothurn
Freiburg
Lausanne
Genf
Thun
Sitten
Montreux
Vevey
Morges
Yverdon-les-Bains
La Chaux-de-Fonds
Le Locle
Pontarlier
Belfort
Montbéliard
Vesoul
Lörrach
Rheinfelden
Olten
Aarau
Langenthal
Burgdorf
Interlaken
Spiez
Grindelwald
Zermatt
Brig
Evian-les-Bains
Thonon-les-Bains
Annemasse
Jungfrau 4158 m
Mönch 4107 m
Eiger 3970 m
Finsteraarhorn 4274 m
Aletschhorn 4193 m
Dent Blanche 4357 m
Weisshorn 4505 m
Matterhorn 4478 m
Dom 4545 m
Le Chasseral 1607 m
Mont Tendre 1679 m
La Dôle 1677 m
Col du Pillon 1546 m
Jaunpass 1509 m
Brünigpass 1008 m
Simplon 2005 m
Ballon d'Alsace 1247 m
Grand Ballon 1424 m

Maßstab 1 : 1 100 000

0 10 20 30 40 50 km

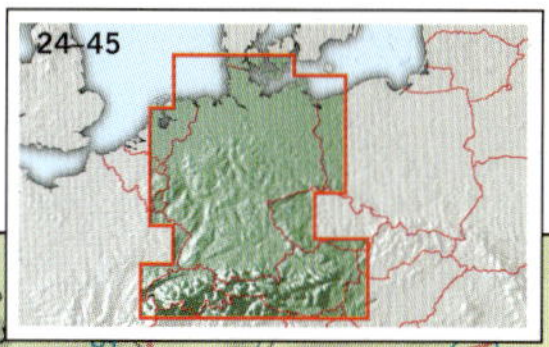

24–45

DEUTSCHLAND
Bayern
ÖSTERREICH
TIROL
VORARLBERG
LIECHTENSTEIN
SCHWEIZ
ITALIEN
Bodensee
Konstanz
Friedrichshafen
Lindau (Bodensee)
Bregenz
Ravensburg
Kempten (Allgäu)
Schaffhausen
Zürich
Winterthur
THURGAU
ZÜRICH
SANKT GALLEN
Sankt Gallen
APPENZELL
Vaduz
Feldkirch
Dornbirn
Bludenz
ZUG
SCHWYZ
Schwyz
GLARUS
Glarus
URI
Altdorf
Chur
GRAUBÜNDEN
Davos
Sankt Moritz
TESSIN
Bellinzona
Locarno
Lugano
Como
COMO
LECCO
BERGAMO
SONDRIO
Sondrio
BRESCIA
BOZEN
Glarner Alpen
Rätikon
Silvretta
Lechtaler Alpen
Allgäuer Alpen
Rätische Alpen
Tessiner Alpen
Bergamasker Alpen
Ortlergruppe
Comer See
L. Maggiore
Zürichsee
Walensee
Säntis 2503 m
Tödi 3614 m
Piz Bernina 4049 m
Ortler 3905 m
Piz Buin 3312 m
Zugspitze
Sankt Gotthard 2108 m
San Bernardino 2065 m
Malojapass 1815 m
Flüelapass 2383 m
Albulapass 2312 m
Julier 2284 m
Reschenpass 1504 m
Stilfser Joch 2757 m
Arlberg
Valluga 2809 m
Domodossola
VERBANO-CUSIO-OSSOLA
VARESE
Varese

−6000 m 0 6000 m

Frankreich – nördlicher Teil

Europa

Maßstab 1 : 3 300 000

0 50 100 150 km

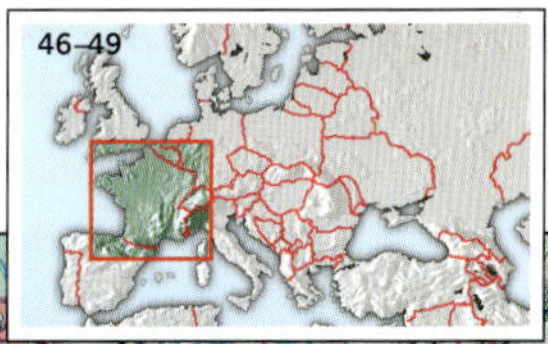

46–49

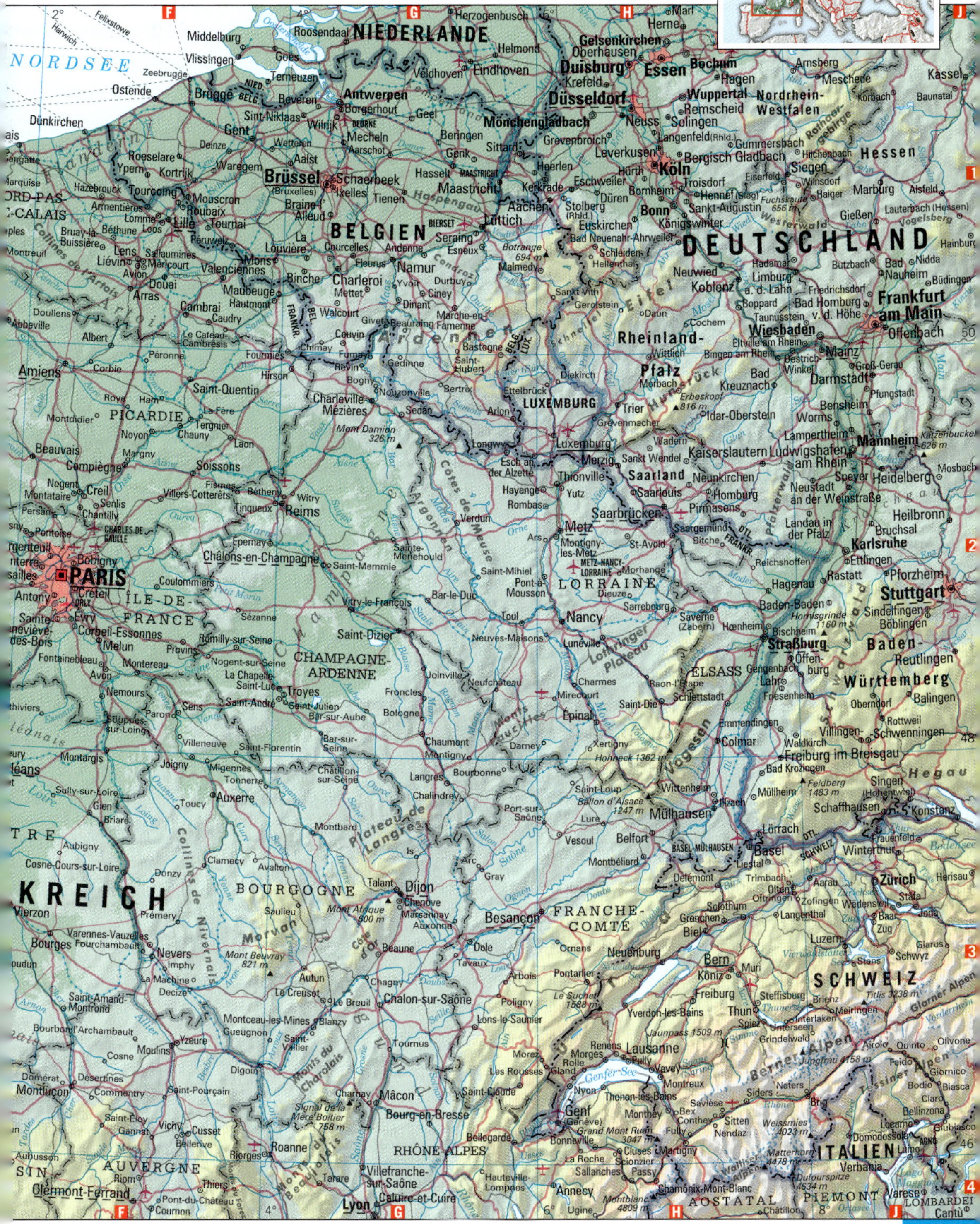

NORDSEE
NIEDERLANDE
BELGIEN
LUXEMBURG
DEUTSCHLAND
SCHWEIZ
ITALIEN
KREICH
Middelburg
Vlissingen
Roosendaal
Herzogenbusch
Helmond
Eindhoven
Veldhoven
Terneuzen
Goes
Zeebrugge
Ostende
Dünkirchen
Brügge
Antwerpen
Borgerhout
Geel
Sint-Niklaas
Mecheln
Gent
Aalst
Brüssel
(Bruxelles)
Schaerbeek
Ixelles
Tienen
Hasselt
Genk
Maastricht
Lüttich
Seraing
Aachen
Mönchengladbach
Düsseldorf
Duisburg
Krefeld
Essen
Gelsenkirchen
Oberhausen
Herne
Bochum
Hagen
Wuppertal
Remscheid
Solingen
Neuss
Köln
Leverkusen
Bergisch Gladbach
Bonn
Siegen
Marburg
Gießen
Kassel
Hessen
Nordrhein-Westfalen
Roeselare
Ypern
Kortrijk
Tourcoing
Roubaix
Lille
Tournai
Mons
Charleroi
Namur
Valenciennes
Lens
Arras
Douai
Cambrai
Amiens
Abbeville
Saint-Quentin
PICARDIE
Compiègne
Soissons
Reims
Épernay
Châlons-en-Champagne
Charleville-Mézières
Sedan
Bastogne
Arlon
Ardennen
Eifel
Rheinland-Pfalz
Koblenz
Wiesbaden
Mainz
Frankfurt am Main
Offenbach
Darmstadt
Trier
Luxemburg
Saarland
Saarbrücken
Kaiserslautern
Ludwigshafen am Rhein
Mannheim
Heidelberg
Karlsruhe
Pforzheim
Stuttgart
Baden-Württemberg
Metz
Thionville
Nancy
LORRAINE
Verdun
Straßburg
ELSASS
Colmar
Mülhausen
Freiburg im Breisgau
Basel
Zürich
Winterthur
PARIS
ÎLE-DE-FRANCE
Créteil
Évry
Melun
Versailles
Troyes
CHAMPAGNE-ARDENNE
Saint-Dizier
Chaumont
Langres
Épinal
Vogesen
Belfort
Besançon
FRANCHE-COMTÉ
Dijon
BOURGOGNE
Auxerre
Nevers
Bourges
Orléans
Montluçon
Moulins
Vichy
Clermont-Ferrand
AUVERGNE
Mâcon
Chalon-sur-Saône
Bourg-en-Bresse
Villefranche-sur-Saône
Lyon
RHÔNE-ALPES
Roanne
Genf
Lausanne
Neuenburg
Bern
Freiburg
Thun
Luzern
Berner Alpen
Genfer See
Annecy
Chamonix-Mont-Blanc
AOSTATAL
PIEMONT
LOMBARDEI
Dom
Matterhorn

−6000 m 0 6000 m

Frankreich – südlicher Teil

Europa

Maßstab 1 : 3 300 000
0
50
100
150 km
46–49
BOURGOGNE
FRANCHE-COMTÉ
Morvan
Mont Beuvray 821 m
Dijon
Chenôve
Mont Afrique 600 m
Beaune
Besançon
Dole
Auxonne
Marsannay
Talant
Gray
Clamecy
Avallon
Saulieu
Autun
Le Creusot
Montceau-les-Mines
Blanzy
Gueugnon
Chalon-sur-Saône
Le Breuil
Chagny
Tournus
Mâcon
Charnay
Digoin
Paray-le-Monial
Monts du Charolais
Signal de la Mère Boitier 758 m
Roanne
Riorges
Monts du Beaujolais
Villefranche-sur-Saône
Tarare
Thiers
Monts du Forez
Feurs
Lyon
Caluire-et-Cuire
Vaulx
SATOLAS
Craponne
Brignais
Vénissieux
Givors
Vienne
Rive-de-Gier
Saint-Étienne
Firminy
Saint-Chamond
Monistrol
Pyfara 1381 m
Annonay
Roussillon
Sainte-Sigolène
Brives-Charensac
Le Puy-en-Velay
Langeac
Gerbier de Jonc 1551 m
Monts du Vivarais
Tournon
Guilherand
Valence
Le Cheylard
Portes
Livron
Crest
Loriol-sur-Drôme
Privas
Vals-les-Bains
Aubenas
Le Teil
Montélimar
Pierrelatte
Bourg-Saint-Andéol
Valréas
Nyons
Bollène
Orange
Pont-Saint-Esprit
Bagnols-sur-Cèze
Carpentras
Uzès
Sorgues
Monteux
Villeneuve
Avignon
Pernes
L'Isle
Cavaillon
Châteaurenard
Tarascon
Beaucaire
Nîmes
Vauvert
Lunel
Arles
Saint-Rémy-de-Provence
Eyguières
Lambesc
Salon-de-Provence
Aix-en-Provence
Istres
Martigues
Vitrolles
Marignane
Marseille
Cap Croisette
La Ciotat
La Seyne-sur-Mer
Toulon
Hyères
Saint-Mandrier
Cap d'Arme
Îles d'Hyères
Cap Blanc
Le Lavandou
Cavalaire-sur-Mer
Sainte-Maxime
Saint-Tropez
Cap des Sardinaux
Saint-Raphaël
Fréjus
Cogolin
La Sauvette 780 m
Le Luc
Brignoles
Cuers
Trets
St-Maximin
Lorgues
Draguignan
Le Cannet
Cannes
Grasse
Vence
Antibes
Cagnes
Nizza
Pointe du Cap Roux
Côte d'Azur
Provence
Provenzalische Alpen
Cime du Cheiron 1777 m
Manosque
Pierrevert
Sainte-Tulle
Pertuis
Vinon
Sisteron
Digne-les-Bains
Laragne-Montéglin
Gap
Embrun
Tête de l'Estrop 2961 m
Allos
St-Etienne de Tinée
PN DU MERCANTOUR
Cime du Diable 2685 m
Tende
Contes
Vallecrosia
MONACO
Monaco
San Remo
Imperia
Taggia
Loano
Albenga
Savona
Finale Ligure
Varazze
PROVENCE-ALPES-CÔTE-D'AZUR
Golfe du Lion
MITTELMEER
Ligurisches Meer
Golf von Genua
Genua
Chiavari
LIGURIEN
Camogli
La Spezia
Lerici
Punta di Mesco
Camaiore
Viareggio
Sarzana
TOSKANA
Pontremoli
Monte Pisanino 1945 m
Monte Cimone
Borgo Val di Taro
Monte Maggiorasca 1799 m
Ligurischer Apennin
EMILIA-ROMAGNA
Parma
Fidenza
Fiorenzuola d'Arda
Piacenza
Cremona
Codogno
Stradella
Broni
Voghera
Tortona
Novi Ligure
Alessandria
Asti
Acqui Terme
Ovada
Busalla
Campomorone
Masone
Canelli
ITALIEN
Casale Monferrato
Valenza
Monferrato
Pavia
Lodi
Crema
Vigevano
Mailand
LINATE
Monza
Treviglio
ORIO AL SERIO
Bergamo
Brescia
LOMBARDEI
Legnano
Busto Arsizio
MALPENSA
Varese
Como
Cantù
Lecco
Erba
Lombardo
Seriate
Albino
Lovere
Darfo
Clusone
Monte Alben 2019 m
Bergamasker Alpen
Morbegno
Sondrio
Tirano
Chiavenna
Mendrisio
Lugano
Luino
Locarno
Bellinzona
Biasca
Domodossola
Verbania
Omegna
Novara
Vercelli
Biella
Ivrea
Cossato
PIEMONT
Chivasso
Settimo Torinese
Turin
Venaria
Collegno
Rivoli
Moncalieri
Pinerolo
None
Poirino
Carmagnola
Racconigi
Bra
Alba
Savigliano
Saluzzo
Fossano
Verzuolo
Cuneo
Mondovì
Dronero
Borgo San Dalmazzo
Dogliani
Cottische Alpen
Monte Tenibres 3031 m
Punta Argentera 3297 m
Meeralpen
FRANKR.
ITAL.
Briançon
PN DES ECRINS
Pic d'Olan 3564 m
Pic de la Font Sancte 3387 m
La Grande Ruine 3765 m
Grenoble
Saint-Martin
Échirolles
Voiron
Moirans
Voreppe
Fontaine
Chamechaude 2082 m
Chambéry
Bourgoin-Jallieu
RHÔNE-ALPES
Plateau de Chambaran
Romans-sur-Isère
Bourg
Dauphiné
Mont Pourri 3779 m
PN DE LA VANOISE
Rocciamelone 3538 m
Grajische Alpen
Bourg-St-Maurice
Albertville
Ugine
Annecy
Sallanches
Chamonix-Mont-Blanc
Montblanc 4809 m
Aosta
Châtillon
AOSTATAL
PN DEL GRAN PARADISO
Rivarolo Canavese
Cuorgnè
Castellamonte
Caluso
Dufourspitze 4634 m
Matterhorn 4478 m
Walliser Alpen
Grand Mont Ruan 3047 m
Martigny
Fully
Passy
Cluses
Scionzier
La Roche
Bonneville
Genf (Genève)
Genfer See
Nyon
Thonon-les-Bains
Evian
Monthey
Bex
Conthey
Savièse
Sitten
Nendaz
Siders
Naters
Brig
Weissmies 4023 m
Hauteville-Lompnes
Bellegarde
Bourg-en-Bresse
Saint-Claude
Les Rousses
Morez
Lons-le-Saunier
Poligny
Arbois
Pontarlier
Le Suchet 1588 m
Jura
Ornans
Neuenburg
Yverdon-les-Bains
Lausanne
Morges
Renens
Pully
Vevey
Montreux
Rolle
Gland
Jaunpass 1509 m
Freiburg
Bern
Köniz
Muri
Thun
Steffisburg
Spiez
Interlaken
Unterseen
Grindelwald
Berner Alpen
Jungfrau 4158 m
Brienz
Meiringen
Titlis 3238 m
SCHWEIZ
Luzern
Vierwaldstätter See
Schwyz
Zug
Baar
Stans
Airolo
Quinto
Faido
Bodio
Tessiner Alpen
Glarner Alpen
Disentis-Muster
Olivone
Glarus
Chur
Davos
Bonaduz
Ems
Thusis
Arosa
Sankt Moritz
Piz Bernina 4049 m
NP SCHWEIZ
Monte Disgrazia 3678 m
Livigno
Bludenz
Schruns
Feldkirch
VORARLBERG
ÖSTERREICH
TIROL
Fluchthorn 3399 m
Vaduz
LIECHTENSTEIN
Säntis 2503 m
Appenzell
Buchs
Zürich
Wädenswil
Stäfa
Aarau
Olten
Oftringen
Zofingen
Langenthal
Solothurn
Grenchen
Biel
Delémont
Liestal
Basel
BASEL-MULHOUSE
Montbéliard
Trimbach
Mont Aigoual 1567 m
Ganges
Le Vigan
Mende
Sommet de Finiels 1699 m
Mourre de Gardille 1503 m
Langogne
Castelnau
Montpellier
Lattes
Mauguio
Saint-Gilles
Le Grau-du-Roi
Sète
Pointe du Sablon
Port-Saint-Louis-du-Rhône
Korsika
Capo Grosso
Cap Corse
Rogliano
Luri
CORSE
Stello 1307 m
San Martino-di-Lota
Bastia
L'Île-Rousse
Calvi
Borgo
Lucciana
PORETTA
Vescovato
Capo al Cavallo
Calenzana
Monte Cinto 2710 m
Cervione
G. v. Porto
Vico
Monte d'Oro 2389 m
Aléria
Korsika (FRANKR.)
Golf von Sagone
Ajaccio
Prunelli-di-Fiumorbo
Ventiseri
Ghisonaccia
Bastelicaccia
Monte l'Incudine 2136 m
G. v. Ajaccio
Sari-Solenzara
Zonza
Propriano
G. v. Valinco
Pte. Capicciola
Figari
Porto Torres
Bonifacio
Capo Pertusato
I. di Capraia
Marciana
Marina
Piombino
Elba
Monte Capanne 1018 m
I. Pianosa
Brava
© HAMMOND WORLD ATLAS CORPORATION

Spanien, Portugal – nördlicher Teil

Europa

Maßstab 1 : 3 300 000

0 50 100 150 km

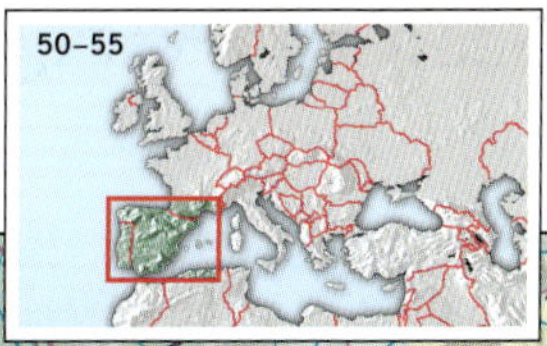
50–55

Biskaya
FRANKREICH
MIDI-PYRÉNÉES
AQUITAINE
LANGUEDOC-ROUSSILLON
ANDORRA
Andorra la Vella
NAVARRA
LA RIOJA
BASKEN-LAND
ARAGONIEN
KATALONIEN
VALENCIA
BALEAREN
Balearen
I E N
Iberisches Randgebirge
Pyrenäen
Toulouse
Bayonne
Biarritz
Donostia-San Sebastián
Bilbao
Vitoria-Gasteiz
Pamplona/Iruña
Logroño
Pau
Tarbes
Lourdes
Carcassonne
Perpignan
Saragossa (Zaragoza)
Huesca
Lleida (Lérida)
Girona (Gerona)
Barcelona
Hospitalet de Llobregat
Tarragona
Reus
Teruel
Cuenca
Castellón de la Plana
Sagunto
Valencia
Albacete
Alicante
Elche
Benidorm
Palma de Mallorca
Mallorca
Ibiza
Formentera
Costa Dorada
Costa del Azahar
Golf von Valencia
Sierra de Gúdar
Serranía de Cuenca
Sierra del Moncayo
Pico de Aneto 3404 m
Monte Perdido 3355 m
Vignemale 3298 m
Pic Carlit 2921 m
Pic du Canigou 2784 m
Peñarroya 2019 m
Guadalajara
Alcalá de Henares
MANCHA
Tomelloso
Alcoy
Xàtiva
Gandía
Dénia
Torrent
Soria
Tudela
Calatayud
Tortosa
Amposta
Vinaròs
Manresa
Sabadell
Terrassa
Mataró
Badalona
Vic
Figueres
Sitges
Montserrat 1236 m
Cabo de la Nao
Cabo Tortosa
G. von San Jorge
Requena
Villena
Yecla
Jumilla
Hellín
Almansa
Ontinyent
Alzira
Sueca
Cullera
40°
42°
2°
0°

−6000 m 0 6000 m

Spanien, Portugal – südlicher Teil

Europa

Maßstab 1 : 3 300 000

0 50 100 150 km

50–55

D
E
F
G
2
3
4
40°
38°
0°
2°
Soria
Borja
Gallur
Alagón
Sariñena
Binéfar
Balaguer
Almacelles
Blanes
Saragossa
(Zaragoza)
ARAGONIEN
Lleida
(Lérida)
Mataró
Cervera
Igualada
Sabadell
Barcelona
Sant Feliu de Llobregat
Viladecans
Hospitalet de Llobregat
Gavà
Vendrell
Sitges
Valls
Reus
Constantí
Tarragona
Cambrils
Costa Dorada
KATALONIEN
Mollerussa
Juneda
Arbeca
Les Borges Blanques
Seròs
Mayals
Espluga
Montblanc
Fraga
Zaidín
Quinto
Sástago
Caspe
Emb. de Mequinenza
Ebro
Flix
Maella
Gandesa
Calaceite
Cherta
Perelló
G. von San Jorge
Tortosa
Amposta
Cabo Tortosa
Sant Carles de la Ràpita
Ulldecona
Vinaròs
Benicarló
Peñíscola
Alcalá de Chivert
Torreblanca
Cabanes
Vilafamés
Castellón de la Plana
Almazora
Burriana
Nules
Almenara
Sagunto
Massamagrell
Burjassot
Quart de Poblet
Valencia
Paterna
Moncada
Puçol
La Vall d'Uixó
Segorbe
Onda
Villarreal
Alcora
Lucena del Cid
Villafranca del Cid
Albocácer
Les Coves de Vinromà
Sant Mateu
Morella
La Sénia
Valderrobres
Calanda
Alcañiz
Andorra
Alcorisa
Castellote
Montalbán
Sierra de Gúdar
Peñarroya 2019 m
Alcanar
Mora de Rubielos
Teruel
Cella
Albarracín
Serranía de Cuenca
Iberisches Randgebirge
Sierra del Moncayo
Calatorao
Ricla
La Almunia de Doña Godina
Calatayud
Cariñena
Ateca
Ariza
Daroca
Belchite
Azuara
Samper de Calanda
Híjar
Albalate del Arzobispo
Calamocha
Monreal del Campo
Molina
Ojos Negros
Burgo de Osma
Esteban de Gormaz
Berlanga de Duero
Almazán
Atienza
Medinaceli
Arcos
Sigüenza
Cogolludo
Brihuega
Cifuentes
Guadalajara
Budia
Horche
Alcalá de Henares
Torrejón de Ardoz
Sacedón
Priego
Emb. de Entrepeñas
Emb. de Buendía
Mondéjar
Morata de Tajuña
Chinchón
Illana
Huete
Colmenar de Oreja
Tarancón
Cuenca
Cañete
VAL.
Santa Cruz de la Zarza
Embalse de Alarcón
Belmonte
Campillo de Altobuey
Emb. de Contreras
Motilla del Palancar
Mota del Cuervo
Las Pedroñeras
Campo de Criptana
Iniesta
Minglanilla
Utiel
Requena
Chelva
Villar del Arzobispo
Llíria
Buñol
Torrent
Silla
San Clemente
Quintanar del Rey
Tarazona
Casas-Ibáñez
LA MANCHA
Socuéllamos
Villarrobledo
Tomelloso
Argamasilla de Alba
La Roda
La Gineta
Munera
Albacete
Molatón 1242 m
Chinchilla
Manzanares
La Solana
El Bonillo
Lezuza
Valdepeñas
Villahermosa
Villanueva de los Infantes
Alcaraz
Almenara 1797 m
Sierra de Alcaraz
Pozohondo
Montealegre
Tobarra
Hellín
Elche de la Sierra
Molinicos
Yeste
Orcera
Beas de Segura
Villanueva del Arzobispo
Nerpio
Jumilla
Carche 1371 m
Yecla
Villena
Almansa
Ayora
Enguera
Canals
Ontinyent
Xàtiva
Alzira
Algemesí
Sueca
Cullera
Tavernes de la Valldigna
Carcaixent
Gandía
Oliva
Olleria
Albaida
Pego
Dénia
Jávea
Pedreguer
Cabo de la Nao
Gata de Gorgos
Benissa
Calpe
Altea
Benidorm
Villajoyosa
Alcoy
Ibi
Onil
Cocentaina
Bocairent
Banyéres de Mariola
Biar
Caudete
Castalla
Sax
Jijona
Elda
Petrer
Monóvar
Novelda
Aspe
Pinoso
San Vicente del Raspeig
San Juan de Alicante
Alicante
Crevillente
Elche
Cabo de Santa Pola
Santa Pola
Guardamar
Callosa de Segura
Orihuela
Almoradí
Torrevieja
Cieza
Abarán
Archena
Mula
Molina de Segura
Murcia
MURCIA
Calasparra
Moratalla
Cehegín
Caravaca de la Cruz
Bullas
Alcantarilla
Alhama de Murcia
Totana
Lorca
Mazarrón
Puerto Lumbreras
Cartagena
La Unión
Cabo de Palos
Torre-Pacheco
San Javier
San Pedro del Pinatar
Costa Blanca
Costa del Azahar
Golf von Valencia
MITTELMEER
BALEAREN
Balearen
Mallorca
Sóller
Palma de Mallorca
Andraitx
Calvià
Ibiza
Sant Antoni de Portmany
Santa Eulalia del Río
San José
Ibiza (Eivissa)
Formentera
Torreperogil
Peal de Becerro
Cazorla
Puebla de Don Fadrique
Huéscar
Quesada
Pozo Alcón
Cabra de Santo Cristo
Vélez-Blanco
Vélez-Rubio
Cúllar-Baza
Zújar
Baza
Oria
Albox
Huércal-Overa
Cabo Cope
Águilas
Cuevas del Almanzora
Caniles
Serón
Macael
Cantoria
Guadix
Fiñana
PN DE SIERRA NEVADA
Mulhacén 3478 m
Sierra Nevada
Gérgal
Lubrín
Vera
Sorbas
Mojácar
Níjar
Canjáyar
Berja
Albuñol
Dalías
Almería
Vícar
Adra
Roquetas de Mar
Golf von Almería
Cabo de Gata
Costa Calida
Sacratif
Melilla
Cordillere
Ténès
Cherchell
ALGERIEN
Aïn Defla
Miliana
Chlef
Oued Chlef

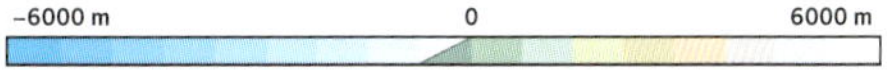

−6000 m
0
6000 m

Ostspanien und Balearen

Europa

Maßstab 1 : 3 300 000

0 50 100 150 km

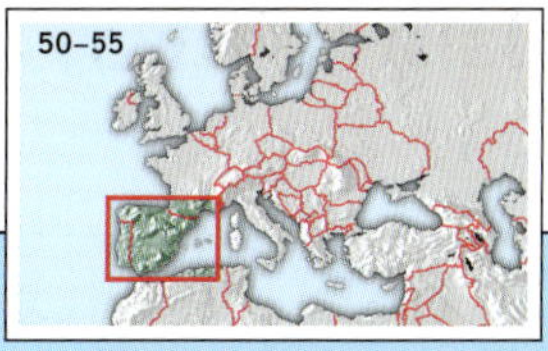

50–55

G
H
2°
4°
6°
Súria
Manresa
Sant Celoni
Blanes
San Feliu de Guíxols
Lloret de Mar
Malgrat de Mar
Castellar del Vallès
Granollers
Calella
Terrassa
Sabadell
Mataró
Martorell
Rubí
Badalona
Feliu de Llobregat
Barcelona
Viladecans
Hospitalet de Llobregat
Vendrell
Gavà
El Prat de Llobregat
Sitges
Dorada
MITTEL-
Menorca
Ciutadella
Cabo Dartuch
Mahón
Cabo de Formentor
Pollença
Alcúdia
1445 m
Sóller
Sa Pobla
Muro
Artà
Capdepera
Binisalem
Inca
Palma de Mallorca
Mallorca
Son Servera
Andraitx
Calvià
Manacor
Llucmajor
Campos
Felanitx
Santanyí
Cabo de ses Salines
BALEAREN
Cabrera
Santa Eulalia del Río
Ibiza (Eivissa)
Formentera
MEER
B a l e a r e n

K
L
2°
Manresa
El Montcau 1055 m
PARQUE NATURAL DEL MONTSENY
Sant Vicenç de Castellet
La Garriga
Sant Celoni
Montserrat 1236 m
PARQUE NATURAL DE SANT LLORENÇ DEL MUNT
Caldes de Montbui
Cardedeu
Monistrol de Montserrat
KATALONIEN
Granollers
6
Terrassa
Sabadell
Parets del Vallès
Mataró
Olesa de Montserrat
Esparraguera
La Llagosta
Argentona
Capellades
Barberà del Vallès
Mollet del Vallès
41° 30'
Piera
Cerdanyola del Vallès
Ripollet
Premià de Mar
Masquefa
Martorell
Rubí
Montcada i Reixac
El Masnou
Sant Cugat del Vallès
Badalona
Sant Sadurní d'Anoia
Molins de Rei
Santa Coloma de Gramenet
Sant Vicenç dels Horts
Esplugues
Barcelona
Sant Feliu de Llobregat
Cornellà de Llobregat
Hospitalet de Llobregat
Vilafranca del Penedès
Sant Boi de Llobregat
CASTELL DE MONTJUIC
7
Viladecans
El Prat de Llobregat
Massís de Garraf
Sant Pere de Ribes
Gavà
Castelldefels
Mahón
Sitges
MITTELMEER
Vilanova i la Geltrú
Palma Ibiza
0 10 km
© HAMMOND W.A.C.

M
N
4°
Siete Picos 2138 m
Puerto de Navacerrada
Kastilisches Scheidegebirge
Manzanares el Real
Soto del Real
0 10 km
KASTILIEN-LA MANCHA
Cercedilla
Embalse del Vellón
El Casar de Talamanca
Guadarrama
Colmenar Viejo
San Agustín de Guadalix
Alpedrete
Hoyo de Manzanares
Fuente
Collado-Villalba
8
San Lorenzo de El Escorial
Algete
El Escorial
Galapagar
Torrelodones
San Sebastián de los Reyes
Emb. de Valmayor
MADRID
40° 30'
El Pardo
Alcobendas
Valdemorillo
Las Rozas de Madrid
BARAJAS
Barajas
Alcalá de Henares
Majadahonda
Torrejón de Ardoz
HORTALEZA
Brunete
Pozuelo de Alarcón
Aravaca
San Fernando de Henares
Coslada
Boadilla del Monte
MADRID
Mejorada del Campo
VALLECAS
VILLAVERDE
9
Villaviciosa de Odón
Alcorcón
Arganda del Rey
Leganés
Navalcarnero
Móstoles
Getafe
Fuenlabrada
Morata de Tajuña
Parla
Pinto
© HAMMOND W.A.C.

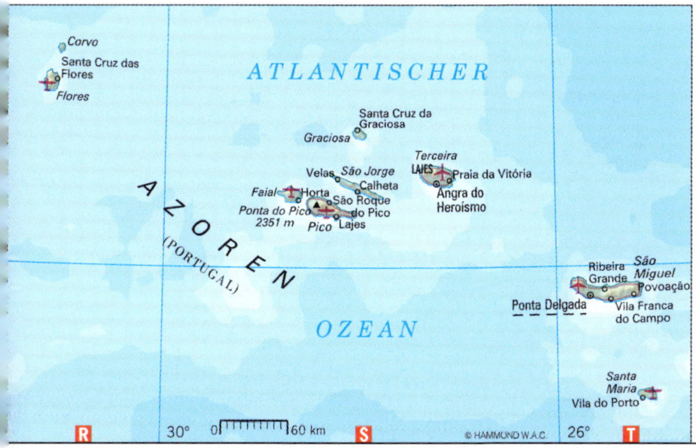

Corvo
Santa Cruz das Flores
Flores
ATLANTISCHER
Santa Cruz da Graciosa
Graciosa
Terceira
Velas
São Jorge
LAJES
Praia da Vitória
Calheta
Faial
Horta
São Roque do Pico
Angra do Heroísmo
Ponta do Pico 2351 m
Pico
Lajes
AZOREN (PORTUGAL)
Ribeira Grande
São Miguel
Povoação
Ponta Delgada
Vila Franca do Campo
OZEAN
Santa Maria
Vila do Porto
R
30°
0 60 km
S
© HAMMOND W.A.C.
26°
T

Ericeira
Vila Franca de Xira
Mafra
Malveira
Alhandra
Bucelas
Samora Correia
São João das Lampas
Lousa
Alverca do Ribatejo
LISSABON
Montelavar
Loures
SANTARÉM
Sacavém
Algueirão
Mar da Palha
Colares
Sintra
Odivelas
Cabo da Roca
Serra de Sintra
Agualva-Cacém
Belas
Moscavide
Alcochete
10
Alcabideche
Paço de Arcos
Queluz
Amadora
Montijo
Cabo Raso
Estoril
Carnaxide
ALFAMA
Cascais
Parede
TORRE DE BELÉM
Lisbon
Oeiras
Almada
Baixa da Banheira
Pinhal Novo
Caparica
Cova da Piedade
Barreiro
Moita
Costa da Caparica
Seixal
Amora
SETÚBAL
ATLANTISCHER
Palmela
OZEAN
Setúbal
38° 30'
São Lourenço
Outão
Alfarim
Tróia
Bucht von Setúbal
11
0 10 km
Zambujal de Cima
Santana
Sesimbra
9°
© HAMMOND W.A.C.
P
Q

−6000 m 0 6000 m

Italien, Balkan und Griechenland

Europa

Maßstab 1 : 6 700 000

0 100 200 300 km

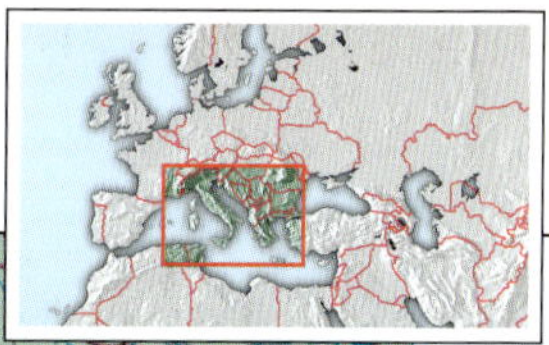

UNGARN
RUMÄNIEN
SERBIEN
BOSNIEN UND HERZEGOWINA
MONTENEGRO
KOSOVO
MAKEDONIEN
ALBANIEN
BULGARIEN
GRIECHENLAND
TÜRKEI
Belgrad
BUKAREST
Sofia
Sarajevo
Podgorica
Priština
Skopje
Tirana
Athen
ISTANBUL
Bursa
IZMIR
Saloniki
SCHWARZES MEER
ÄGÄISCHES MEER
IONISCHES MEER
MITTLEMEER
Kretisches Meer
Thrakisches Meer
Straße von Otranto
Ionische Inseln
Kykladen
Dodekanes
Kreta
Peloponnes
Chalkidike
Malta
Gozo
MALTA
Straße von Malta
0 10 km
© HAMMOND W.A.C.
© HAMMOND WORLD ATLAS CORPORATION

−6000 m 0 6000 m

Korsika
(FRANKR.)
CORSE
Cap Corse
Bastia
Calvi
Mont Cinto 2710 m
Ajaccio
Propriano
Sartène
Porto-Vecchio
Bonifacio
Straße von Bonifacio
FR.
ITALIEN
Sardinien
SARDINIEN
Sassari
Porto Torres
Alghero
Olbia
La Maddalena
COSTA SMERALDA
Nuoro
Oristano
Iglesias
Carbonia
Cagliari
Golf von Cagliari
Capo Teulada
Monti del Gennargentu
Bruncu Spina 1829 m
Golf von Orosei
Toskanischer Archipel
Elba
Piombino
TOSKANA
Grosseto
UMBRIEN
LATIUM
ROM
Civitavecchia
Lido di Ostia
Latina
Frosinone
ABRUZZEN
Gaeta
Golf von Gaeta
Pontinische Inseln
Neapel
TYRRHENISCHES
MEER
MITTLEMEER
I. di Ustica
Palermo
Sizilien
SIZILIEN
Trapani
Ägadische Inseln
Marsala
Mazara del Vallo
Agrigent
Licata
Gela
Golf von Gela
Straße von Sizilien
ITALIEN
TUNESIEN
Pantelleria
TUNESIEN
Biserta
BIZERTE
Tunis
Golf von Tunis
Kelibia
NABEUL
La Galite
42°
40°
38°
8°
12°
A
B
C
D
1
2
3
4

Maßstab 1 : 3 300 000
0 50 100 150 km
ADRIATISCHES MEER
IONISCHES MEER
Ionische Inseln
ITALIEN
KROATIEN
BOS. UND HERZ.
MONTENEGRO
KOSOVO
ALBANIEN
MAK.
GRIECH.
MOLISE
KAMPANIEN
BASILICATA
APULIEN
KALABRIEN
Golf von Manfredonia
Golf von Tarent
Golf von Salerno
Golf von Policastro
Golf von Sant'Eufemia
Golf von Squillace
Golf von Gioia
Golf von Catania
Golf von Noto
Straße von Otranto
Stretto di Messina
Salentinische Halbinsel
Le Murge
La Sila
Palagruža (KRO.)
Tremiti-Inseln
Lastovski Kanal
Dubrovnik
Podgorica
Tirana (Tiranë)
Durrës
Shkodër
Vlorë
Bari
Foggia
Brindisi
Tarent
Lecce
Potenza
Matera
Cosenza
Catanzaro
Crotone
Reggio di Calabria
Messina
Syrakus
Augusta
Acireale
Korfu
Kérkira
Lefkáda
Kefalloni
Sákinthos
Monte Sacro 872 m
Monte Cornacchia 1151 m
Monte Vulturino 1836 m
Monte Cervati 1898 m
Serra Dolcedorme 2267 m
Botte Donato 1928 m
Etna 3350 m
Capo Santa Maria di Leuca
Capo Spartivento
Punta Alice
Punta Stilo
Capo Rizzuto
© HAMMOND WORLD ATLAS CORPORATION
–6000 m 0 6000 m

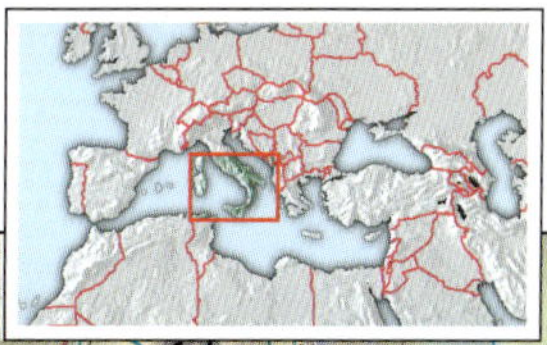

Nördliche Balkanhalbinsel

Europa

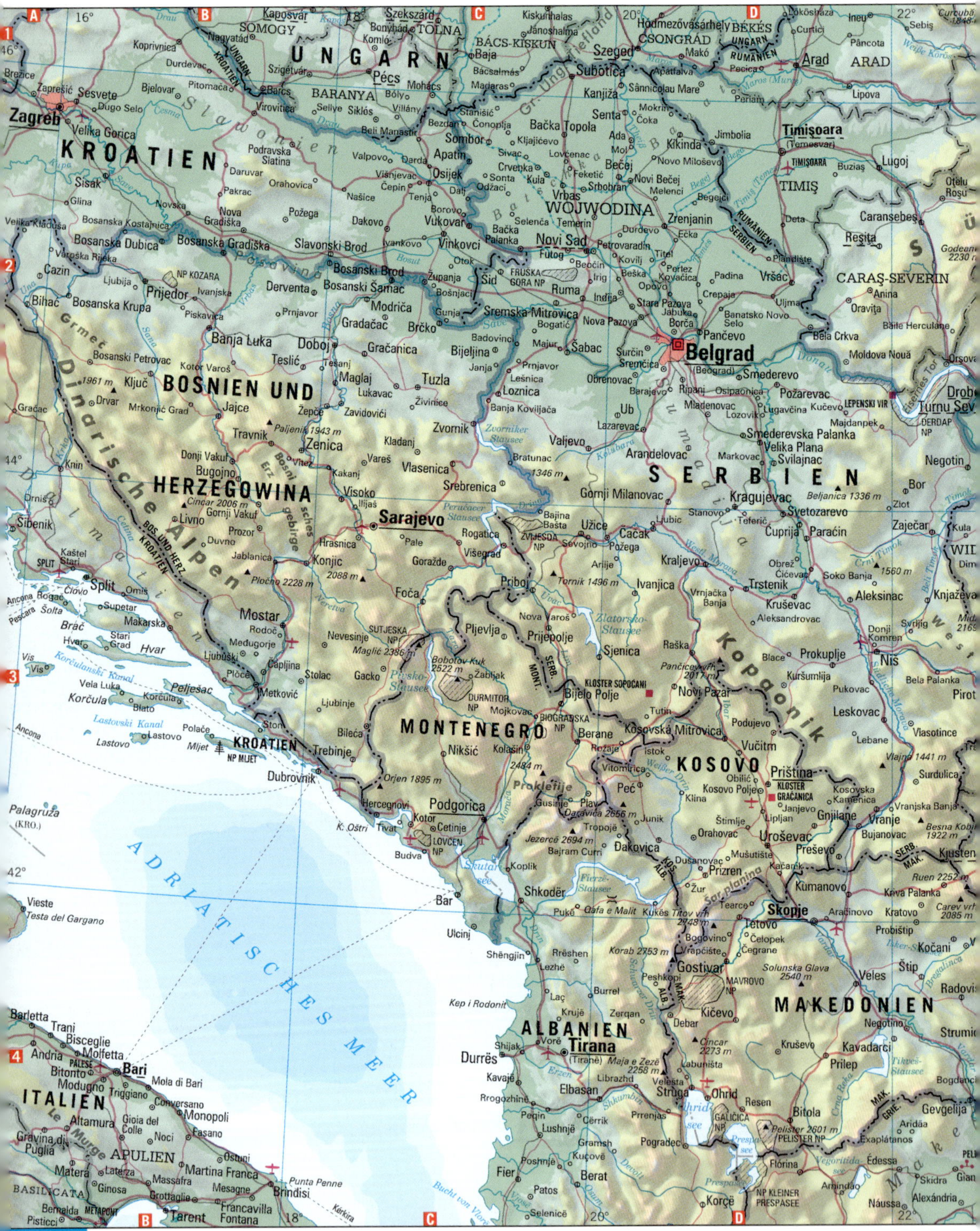

Maßstab 1 : 3 300 000

0 50 100 150 km

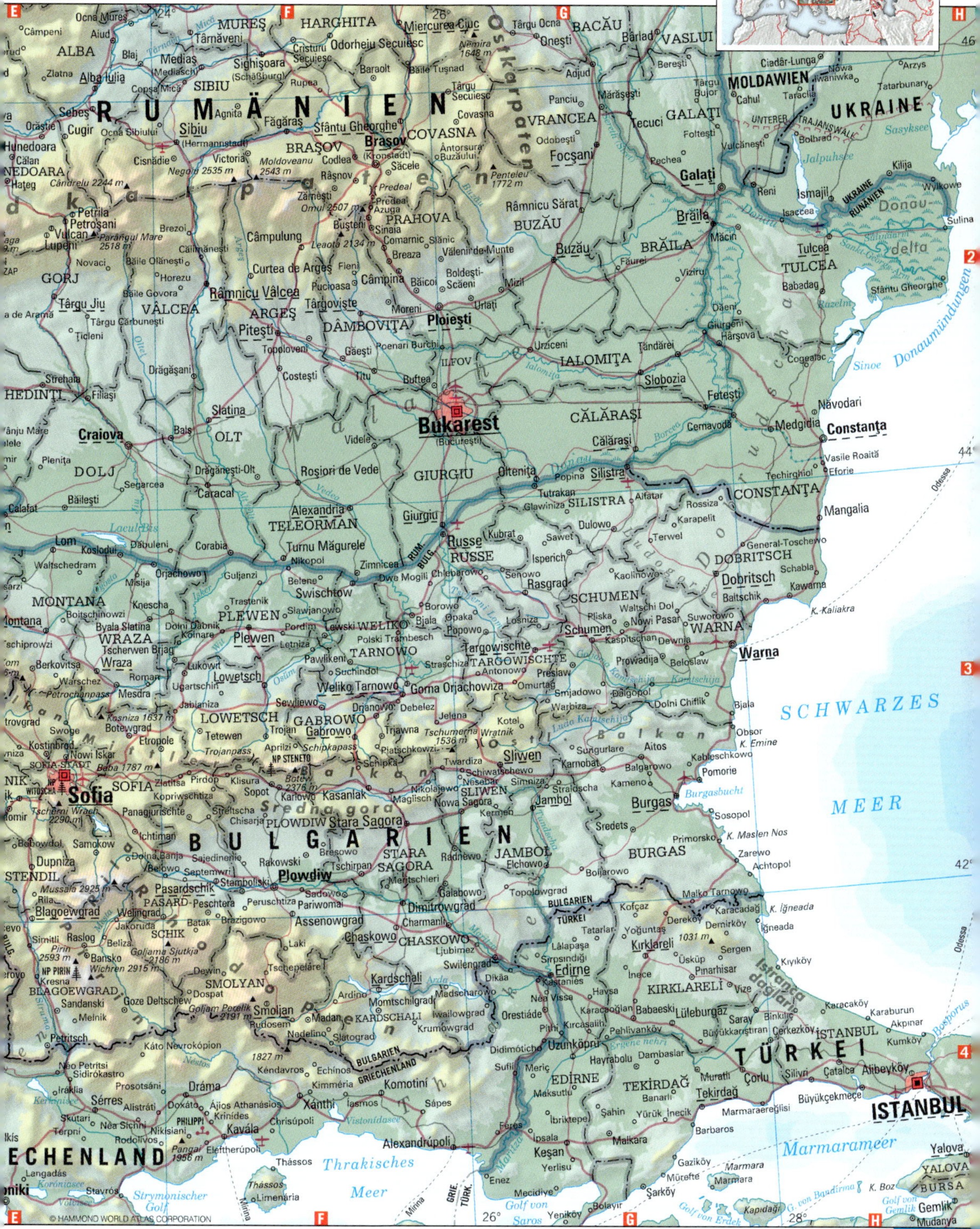
RUMÄNIEN
BULGARIEN
TÜRKEI
MOLDAWIEN
UKRAINE
SCHWARZES MEER
Marmarameer
Thrakisches Meer
Bukarest
(București)
Sofia
ISTANBUL
Constanța
Warna
Burgas
Plowdiw
Craiova
Ploiești
Brașov
Galați
Brăila
Russe
Edirne
Ostkarpaten
Donau
Donaudelta
Donaumündungen
Stara Sagora
Sredna gora
Balkan
Dobrudscha
Walachei
ECHENLAND
© HAMMOND WORLD ATLAS CORPORATION

−6000 m 0 6000 m

Griechenland

Europa

Maßstab 1 : 3 300 000

0 50 100 150 km

-6000 m 0 6000 m

BULGARIEN
Goze Deltschew
Smoljan
Madan
Momtschilgrad
SMOLJAN
KARDSCHALI
Slatograd
BULGARIEN
GRIECHENLAND
1827 m
Didimótíchо
Echinos
Komotiní
Thrakien
Maksutlu
Şehin
TEKİRDAĞ
Malkara
AGOEWGRAD
Káto Nevrokópi
Kéndavros
Íasmos
Sápes
Ipsala
Keşan
Yerlisu
Féres
Ibriktepe
Petrítsi
Prosotsáni
Dráma
Doxáto
Ájios Athanásios
Krinides
PHILIPPI
Kavála
Xánthi
Chrisúpoli
Vistonidasee
Sérres
Néa Síchni
Alistráti
Nikísiani
Pangai 1956 m
Eleftherúpoli
Skútari
Nigríta
Rodolívos
Terpní
Thássos
Alexandrúpoli
Enez
GRIE.
TÜRK.
Mecidiye
Şarköy
İstanbul
Erdek
Bandırma
NP KUŞCENNETİ
Karacabey
Bursa
Ulu Dağ 2543 m
BURSA
Thrakisches Meer
Samothráki
Fengári 1611 m
Golf von Saros
Gelibolu
Çardak
Sütlüce
Lâpseki
Umurbey
Biga
Gönen
Mustafakemalpaşa
Susurluk
Limenária
Stavrós
Strymonischer Golf
Völvisee
Chalkidike
Arnäa
Megáli Panajía
Ierissós
Athos
Kariä
Athos 2033 m
K. Ákrathos
Galátista
Polijíros
Ormília
Singitischer Golf
Tríglia
Néa Potídea
Toronäischer Golf
Néos Marmarás
Sithonía
Kassándrinon
K. Ámbelos
Kassándra
K. Paliúrio
Búyük Anafarta
NP GELIBOLU
İmroz
Alçıtepe
Seddülbahir
Dardanellen
Çanakkale
Kirazlı
Çan
İntepe
TROJA (ILIUM)
Bayramiç
Kırklar Tepe 1774 m
Ezine
ÇANAKKALE
Bozcaada
Geyikli
Límnos
Múdros
Mírina
BALIKESİR
Balıkesir
Dursunbey
Dağardı
TÜRKEI
Yağcılar
KÜTAHYA
Edremit
İvrindi
Bigadiç
Burhaniye
Ayvacık
Küçükkuyu
Gülpınar
K. Baba
Babakale
Golf von Edremit
Ayvalık
Savaştepe
Sındırgı
Simav
Demirci
ÄGÄISCHES MEER
Ájios Efstrátios
Míthimna
Ándissa
Ajiá Paraskeví
Lesbos
Mitilíni
Ajiásos
Políchnitos
Plomári
PERGAMON
Bergama
Soma
Kırkağaç
Kınık
Zeytindağ
Akhisar
Anatolien
MANİSA
Gölmarmara
Saruhanlı
Kula
Aliağa
Golf von Çandarlı
Manisa
Turgutlu
Salihli
Alaşehir
Gediz
Giúra
Kira Panajiá
Nördliche Sporaden
Alónnisos
Peristéra
Skiáthos
Skópelos
Skantsúra
Pílio 1616 m
Vólos
Agriá
Argalastí
Pagasäischer Golf
Skíros
Linariá
K. Kómür
Küçükbahçe
İZMİR
İZMİR
Ödemiş
Sarıgöl
Psará
Kardámila
Vrondádos
Chios
Chios
Pirjí
Çeşme
Alaçatı
Urla
Torbalı
Tire
Nazilli
Istiéa
Lutrá Ädipsú
Mandúdio
Euböa
Dírfis 1743 m
Límni
Kími
Psachná
Néa Artáki
Eréтria
Alivério
Atalándi
Livanáte
Malesína
Martíno
Orchomenós
Chalkís
Levadiá
Aliartos
Schimatári
Theben
Mavrommátio
Párnis 1413 m
NP PARNES
Marathon
Erithrä
Ínóо
Aspróрirgos
Acharnä
Chalándri
Rafína
Petalischer Golf
Athen
Piräus
Vári
Keratéa
Lávrio
K. Kafiréfs
Óchi 1398 m
Káristos
Ándros
Ándros
Tínos
Gíaros
Mykonos
Samos
Samos
Selçuk
Kuşadası
Söke
Aydın
AYDIN
İncirliova
Çine
NP DİLEK YARIMADASI
Ájios Kírikos
Ikaría
DIDYMA
Selimiye
Milas
Yatağan
Muğla
MUĞLA
Golf von Korinth
Xilókastro
Kláto
Lutráki
Korinth (Kórinthos)
Mégara
Salamis
KORINTH
MYKENE
Saronischer Golf
Ägina
Ájina
Póros
Póros
Argos
Mikine
Ligúrio
Náfplio
EPIDAUROS
Kéa
Kéa
Ermúpoli
Síros
Kíthnos
Kíthnos
Kykladen
Náxos
Náxos
Filóti
1001 m
Donússa
Kéros
Amorgós
Amorgós
Lakki
Kálimnos
Kálimnos
Bodrum
Kos
Kós
Marmaris
Sími
Rhodos
IALYSOS
Koskinú
Afándu
Archángelos
LINDOS
Rhodos
Argolischer Golf
Kranídio
Ermióni
Ídra
Ídra
Spétse
Leonídio
Sérifos
Sérifos
Apollonía
Sífnos
Páros
Iráklia
Astipálä
Megálon Chorío
Chorí
Sparta (Spárti)
Mirtoisches Meer
Kímolos
Milos
Milos
Poliágos
Ios
Ios
Síkinos
Folégandros
Thera
Thera
Anáfi
Dodekanes
Skála
Molái
Monemvassiá
Githio
Areópoli
Lakonischer Golf
Neápoli
K. Maléa
Gerolimín
K. Ténaron
Kíthira
Kíthira
Kretisches Meer
Ólimbos
Kárpathos
Kárpathos
Kásos
Potamós
Andikíthira
K. Spátha
K. Vúxa
Kíssamos
Chaniá
Murniä
Súda
Almirugolf
Réthimno
Kreta
Dia
Heraklion
K. Ájios Ioánnis
Mirambellu-golf
Mália
Neápoli
Sitía
Pérama
Néa Alikarnassós
KNOSSOS
Epáno Archáne
Kastélli
Arkalochóri
Ájios Nikólaos
Ano Viánnos
Ierápetra
Nerokúros
Vámos
Anójia
Ídi 2456 m
Krussó
Sarós
Spílio
Kándanos
NP SAMARIASCHLUCHT
Páchnes 2453 m
K. Kriós
Chóra Sfakío
Timbáki
Vóri
Pírgos
Mesarágolf
PHAISTOS
Chrisí
Kufoníssi
40°
38°
36°
F
G
D
F
2
3
4

Nordosteuropa

Maßstab 1 : 6 700 000

0 100 200 300 km

36°
40°
44
48°
G
H
J
K
M
L
64
60
56
Weißes Meer
Solowezki-Inseln
Onega-halbinsel
Onegabucht
Dwina-bucht
Tschawanga
Pjaliza
Rutschi
Werchnaja Solotiza
Sewerodwinsk
Archangelsk
Cholmogory
Ust-Pinega
Pinega
Kuloi
Kamenka
Mesen
Mossejewo
Lobanskaja
Dorogorskoje
Juroma
Leschukonskoje
Trufanowo
Karpogory
Onega
Cholmogorskaja
Obozerski
Jemezk
Ogorelyschi
Koleschma
ARCHANGELSK
RUSSLAND
Tschuprowo
Waschgort
Latjuga
Sassulje
Nömburg
Ust-Zilma
Schtscheljajur
Ischma
Moschjuga
Kadscherom
Lewkinskaja
KOMI
Poroschsk
Sosnogorsk
Uchta
Jarega
Dutowo
Kriwuschewo
Meschtschura
Jertoma
Koslan
Njuchtscha
Woi-Wosch
Troizko-Petschorsk
Schelesnodoroschny
Ust-Otscheja
Jarensk
Mikun
Pomosdino
Tschassowo
Storoschewsk
Myjeldino
Ust-Kulom
Syktywkar
Kosmino
Losym
Njuwtschim
Lopydino
Nischnaja Wotsch
Wisinga
Tschernoretschenski
Mysy
Timscher
Gainy
Sanulje
Kaschimi
Beresnik
Konezgorje
Plessezk
Puksoosero
Schegowary
Schenkursk
Werchnaja Toima
Dwinskoi
Nördliche Dwina
Tscherewkowo
Krasnoborsk
Kotlas
Korjaschma
Bestuschewo
Kisjoma
Udimski
Schoschma
Njandoma
Kargopol
Wandysch
Welsk
Oktjabrski
Kuloi
Kretschetowo
Konoschа
Onegasee
Pudosch
Ust' Reka
Saminski Pogost
Wytegra
Lipin Bor
Weißer See
Belosersk
Woschega
WOLOGODA
Weliki Ustjug
Tarnogski Gorodok
Bobrowskoje
Njukseniza
Brussenez
Kotschenga
Nischni Jenangsk
Charowsk
Kirillow
Nikolski Torschok
Bereschnoje
Totma
Rosljatino
Kubenskoje-see
Sokol
Suchona
Woskressenskoje
Wologda
Tscherepowez
Mjaksa
Rybinsker Stausee
Rybinsk
Steklanka
Soligalitsch
Grjasowez
Korzewo
Kologriw
Ilinskoje
Pyschtschug
Pawino
Wochma
Woscherowo
Scharja
Wetluschski
Manturowo
Galitsch
Bui
Kontejewo
Danilow
KOSTROMA
Nordrussischer Landrücken
Luza
Opatino
Letka
Muraschi
Jurja
Kobra
Lesnoi
Kai
Loino
Kotschewo
PERM
Kirs
Nagorsk
Peskowka
Kudymkar
Omutninsk
Leninsk
Slobodskoi
Kirowo-Tschepezk
Wachruschi
Kirow
Nowowjatsk
Sujewka
Pudem
Glasow
Wereschtschagino
Balesino
Kotelnitsch
KIROW
Koscha
Tatsurowo
Sowetsk
Nolinsk
Pischnur
Tuscha
Igra
Tschutyr
UDMURTIEN
Wotkinsk
Ischewsk
Tschaikowski
Agryss
Sarapul
Moschga
Sosnowka
Wjatskije Poljany
Kukmor
Urschum
Sernur
Malmysch
Joschkar-Ola
MARI EL
Sowetski
Jaransk
Scharanga
Nossowaja
Schachunja
Wachtan
Sjawa
Makarjew
NISCHNI NOWGOROD
Woskressenskoje
Semenow
Gorodez
Tschkalowsk
Prawdinsk
Balachna
Bor
Nischni Nowgorod
Dserschinsk
Tscheboksary
Tscheboksaryer Stausee
Nowotscheboksarsk
Swenigowo
Wolschsk
Kasan
Selenodolsk
Ziwilsk
Jadrin
TSCHUWASCHIEN
Schumerlja
Kanasch
Jelabuga
Nabereschnyje Tschelny
Nischnekamsk
Bersut
Tschistopol
Laischewo
Alexejewskoje
TATARSTAN
Almetjewsk
Leninogorsk
Bugulma
Oktjabrsk
Tuimasy
BASCHKORTOSTAN
Kostroma
Ostrowskoje
Jaroslawl
JAROSLAWL
Tutajew
Wjatskoje
Uglitsch
Beschezk
Kaschin
Kaljasin
Rostow
Nerechta
Kineschma
Witschuga
Jurjewez
Furmanow
Iwanowo
IWANOWO
Schuja
Teikowo
Pereslawl-Salesski
Jurjew-Polski
Kowrow
Aleksandrow
Wladimir
Sergijew Possad
Dubna
Kimry
Konakowo
Korolow
Noginsk
Orechowo-Sujewo
MOSKAU
Schukowski
Woskressensk
Kolomna
MOSKWA
Stupino
Rjasan
RJASAN
Kassimow
Gus-Chrustalny
WLADIMIR
Sudogda
Murom
Melenki
Kulebaki
Wyksa
Pawlowo
Gorbatka
Krasnaja Gorbatka
Arsamas
Sergatsch
Lukojanow
Perwomaisk
Saransk
Alatyr
Buinsk
Uljanowsk
Kirja
Porezkoje
Urasowka
Kamskoje Ustje
Kuibyschewer Stausee
Dimitrowgrad
Nurlat
Krotowka
Tschernucha
Ardatow
Semilowo
Wyjesdnoje
Satis
Bolschoje Boldino
Naruksowo
Jermisch
Surskoje
© HAMMOND WORLD ATLAS CORPORATION

−6000 m 0 6000 m

Schwarzes Meer und Kaukasus

Europa

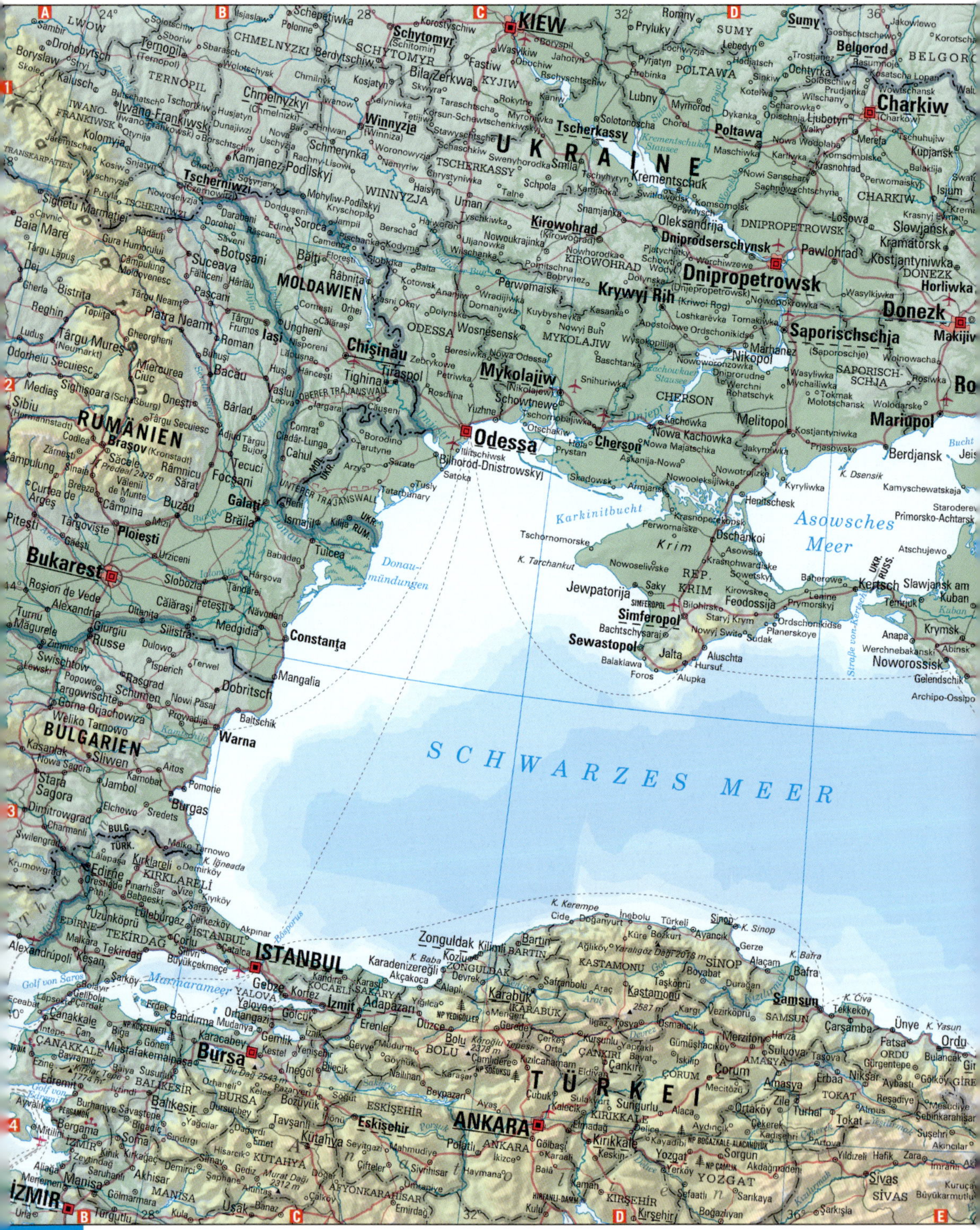

−6000 m | 0 | 6000 m

Maßstab 1 : 6 700 000

0 100 200 300 km

RUSSLAND
KASACHSTAN
BATYS QAZAQSTAN
(WESTKASACHSTAN)
ATYRAŪ
MANGGHYSTAŪ
KASPISCHES
MEER
GEORGIEN
ARMENIEN
ASERBAIDSCHAN
IRAN
WORONESCH
ROSTOW
WOLGOGRAD
SARATOW
ASTRACHAN
KALMYKIEN
STAWROPOL
DAGESTAN
ADYGIEN
KARATSCHAJEWO-TSCHERKESSIEN
KABARDINO-BALKARIEN
ABCHASIEN
TSCHETSCHIEN
Wolgograd
Wolschski
Astrachan
Atyraū
Elista
Stawropol
Krasnodar
Maikop
Sotschi
Suchumi
Naltschik
Wladikawkas
Grosny
Machatschkala
Kaspisk
Derbent
Tiflis
(Tbilissi)
Rustawi
Batumi
Kutaissi
Jerewan
Gjumri
Ganca
Sumqayıt
Baku
Aqtaū
(Aktau)
Erzurum
Trabzon
Kars
Lusansk
Schachty
Nowotscherkassk
Kamyschin
Narvn Qum
Kaukasus
Elbrus
5642 m
Kasbek
5033 m
Tüledi-Inseln
© HAMMOND WORLD ATLAS CORPORATION

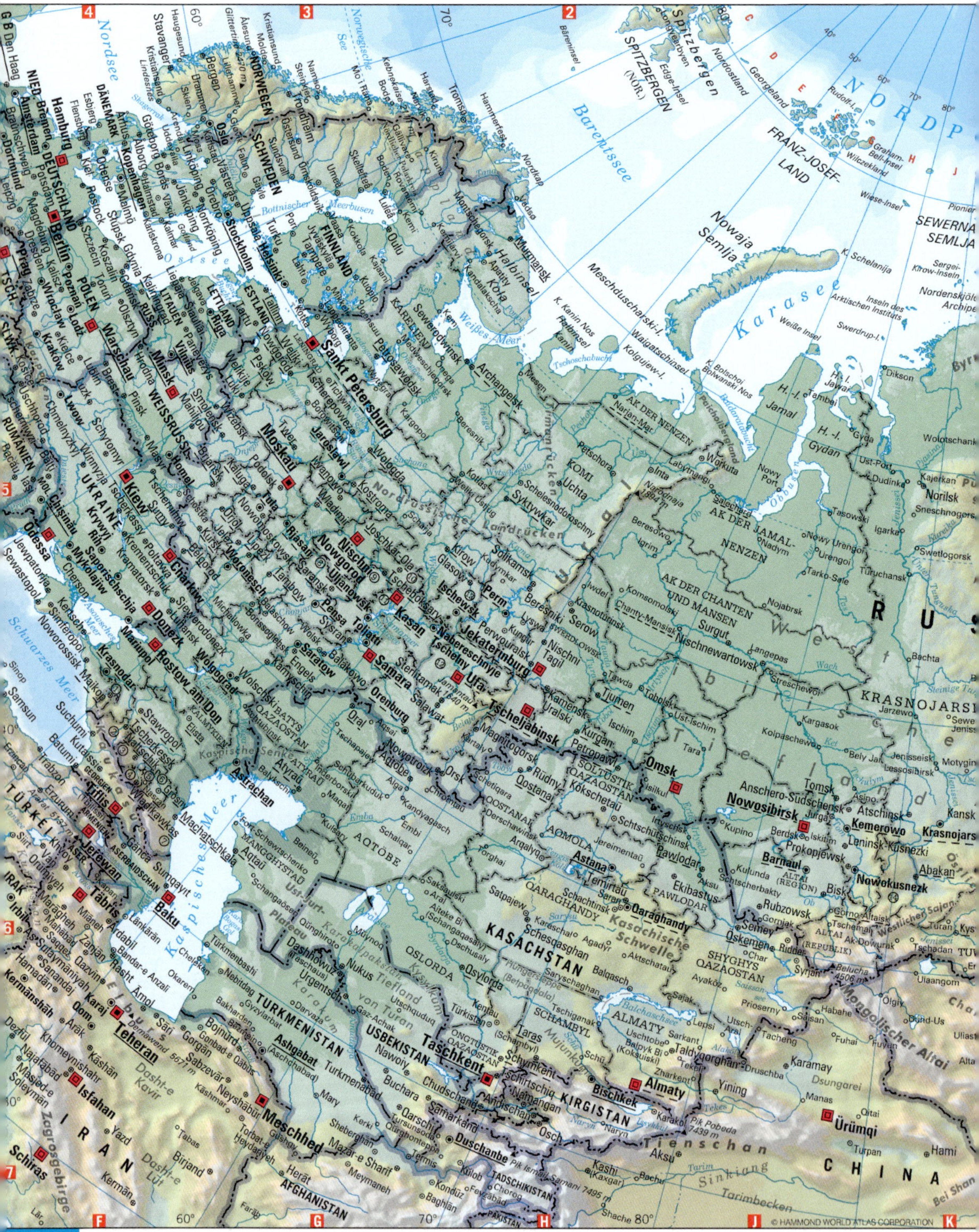

NORDPOLARMEER
Barentssee
Karasee
Nowaja Semlja
FRANZ-JOSEF-LAND
SEWERNAJA SEMLJA
SPITZBERGEN (NOR.)
Spitzbergen
Nordostland
Georgeland
Nordsee
Norwegische See
Ostsee
Bottnischer Meerbusen
Weißes Meer
Schwarzes Meer
Kaspisches Meer
Asowsches Meer
NORWEGEN
SCHWEDEN
FINNLAND
DÄNEMARK
DEUTSCHLAND
POLEN
ESTLAND
LETTLAND
LITAUEN
WEISSRUSSLAND
UKRAINE
RUMÄNIEN
TÜRKEI
IRAK
IRAN
AFGHANISTAN
TURKMENISTAN
USBEKISTAN
KASACHSTAN
KIRGISTAN
TADSCHIKISTAN
CHINA
Moskau
Sankt Petersburg
Kiew
Minsk
Warschau
Berlin
Stockholm
Oslo
Helsinki
Riga
Tallinn
Wilnius
Kopenhagen
Hamburg
Charkiw
Donezk
Rostow am Don
Wolgograd
Saratow
Samara
Kasan
Nischni Nowgorod
Perm
Jekaterinburg
Tscheljabinsk
Ufa
Omsk
Nowosibirsk
Barnaul
Kemerowo
Nowokusnezk
Tomsk
Astana
Almaty
Taschkent
Bischkek
Duschanbe
Aschgabat
Teheran
Baku
Tiflis
Jerewan
Täbris
Isfahan
Schiras
Meschhed
Ürümqi
Astrachan
Archangelsk
Murmansk
Norilsk
Kola-Halbinsel
Ural
Westsibirisches Tiefland
Nordrussischer Landrücken
Kasachische Schwelle
Tienschan
KRASNOJARSK
© HAMMOND WORLD ATLAS CORPORATION

Maßstab 1 : 27 200 000

0 300 600 900 1200 km

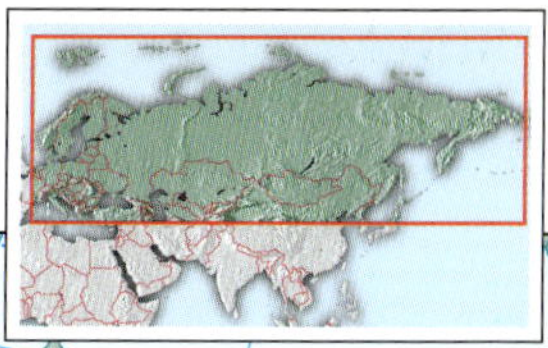

ARKTISCHES MEER
Ostsibirische See
Laptewsee
NEUSIBIRISCHE INSELN
Komsomolze-I.
Oktober-Revolution-Insel
Bolschewik-I.
Kleine Taimyrinsel
K. Tscheljuskin
Bennett-I.
Schochow-I.
Neusibirien
Belkowski-I.
Kotelny-I.
Stolbowoi-I.
Bolschoi-Ljachowski-I.
Wrangelinsel
De-Long-Straße
Tschuktschensee
Beringstraße
Alaska (USA)
St. Lawrence I.
St. Matthew I.
BERING-MEER
ALEUTEN (USA)
Datumsgrenze
Anadyrgolf
Anadyrgebirge
TSCHUKOTKA
Korjakengebirge
Anjuigebirge
Kolymatiefebene
Tscherskigebirge
Werchojansker Gebirge
Suntar-Chajata Gebirge
JAKUTIEN (SACHA)
Jakutsk
Mittelsibirisches Bergland
Nordsibirisches Tiefland
Aldanbergland
Stanowoigebirge
Dschugdschurgebirge
Magadan
Ochotsk
Schelichowgolf
Ochotskisches Meer
KAMTSCHATKA
Kamtschatka
Kljutschewskaja Sopka 4750 m
Petropawlowsk-Kamtschatski
Kommandeurinseln
Bering-I.
PAZIFISCHER OZEAN
KURILEN
Iturup (Etorofu)
Kunaschir (Kunashiri)
Von Japan beansprucht
Urup
Sachalin
Juschno-Sachalinsk
Tatarensund
AMUR
Komsomolsk am Amur
Chabarowsk
Blagoweschtschensk
Birobidschan
PRIMORJE
Wladiwostok
Baikalsee
Irkutsk
Angarsk
Bratsk
BURJATIEN
Ulan-Ude
Transbaikalien
Tschita
Jablonowygebirge
Baikalgebirge
Ulan-Bator
MONGOLEI
Gobi
Gobi Altai
Innere Mongolei
Yin Shan
Da Hinggan Ling
Mandschurei
CHINA
Harbin
Qiqihar
Daqing
Changchun
Jilin
Shenyang
Fushun
Anshan
Dalian
Beijing (Peking)
Tianjin (Tientsin)
Tangshan
Baotou
Hohhot
Datong
Zhangjiakou
Bo Hai
Gelbes Meer
Koreabucht
DEM. VR KOREA
Pjöngjang
REP. KOREA
Seoul
Inch'ŏn
Taejŏn
Taegu
Pusan
Japanisches Meer (Ostmeer)
JAPAN
Hokkaidō
Sapporo
Honshū
Sendai
Tokio
Yokohama
Nagoya
Kyōto
Kōbe
Ōsaka
Hiroshima
Shikoku
Izu-Inseln
Oki-Inseln
RUSSLAND
(Die Namen der Verwaltungsgebiete sind nur angegeben, wenn sie nicht den Namen ihrer Hauptstadt tragen.)
AK = Autonomer Kreis
1. ADYGEJA
2. KARATSCHAJEWO-TSCHERKESSIEN
3. KABARDINO-BALKARIEN
4. NORDOSSETIEN
5. INGUSCHETIEN
6. TSCHETSCHENIEN
7. DAGESTAN
8. MORDOWIEN
9. TSCHUWASCHIEN
10. MARI EL
11. TATARSTAN
12. BASCHKORTOSTAN
13. UDMURTIEN
14. CHAKASSIEN
15. JÜDISCHES AUTONOMES GEBIET

−6000 m 0 6000 m

Asien

1 **größter Staat nach Fläche** Russland (13 119 600 Mio. km², asiatischer Teil)
2 **bevölkerungsreichster Staat** China (1,3 Mrd. Einw.)
3 **bevölkerungsreichste Stadt** Shanghai (13,3 Mio. Einw.; Kernbereich, ohne Agglomeration)
4 **höchster Berg** Mount Everest (8 850 m)
5 **längster Fluss** Jangtsekiang (Chang Jiang, 6 300 km)
6 **Größter See nach Fläche** Kaspisches Meer (436 000 km²)

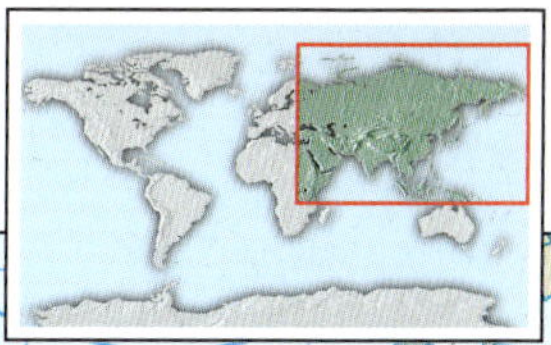

Maßstab 1 : 63 500 000

0 | 900 | 1800 | 2700 km

Asien

Vom Ural bis zum Pazifik

China. Shanghai ist die aufstrebende Wirtschaftsmetropole Chinas. Die Skyline wird geprägt von dem 468 m hohen Fernsehturm (links) sowie dem 421 m hohen Jinmao Building (rechts).

Asien ist der größte Erdteil. Er umfasst einschließlich seiner Inseln eine Fläche von rund 45 Mio. km², das sind 33 % der Landfläche der Erde. Flächenmäßig ist Asien viermal so groß wie Europa, beide Erdteile bilden die zusammenhängende Landmasse Eurasien.

China. Der höchste Berg der Erde, der Mount Everest, liegt im Himalaja im Grenzgebiet zwischen China (Tibet) und Nepal. Das Bild zeigt ihn von der tibetischen Seite aus gesehen.

Gegen Europa wird Asien durch das Gebirge und den Fluss Ural, das Kaspische Meer, die Manytschniederung im Norden des Kaukasus, das Schwarze Meer, den Bosporus, das Marmarameer, die Dardanellen und das Ägäische Meer abgegrenzt. Von Afrika wird es durch den Sueskanal und das Rote Meer, von Amerika durch die Beringstraße und von Australien unter Einschluss des Malaiischen Archipels durch eine östlich der Molukken und Timors gedachte Linie getrennt. Die Ost-West-Erstreckung beträgt rund 11 000 Kilometer. Von Norden nach Süden werden bis zu 8 500 km erreicht.

Hochländer und Gebirge: Im Süden und Osten ist die Küste stark gegliedert. Mächtige Halbinseln sind Kleinasien, Arabien, Vorderindien, Hinterindien, Korea, Kamtschatka und die Tschuktschenhalbinsel. Große Inseln und Inselbögen sind vor allem im Osten (Japan und Aleuten) sowie im Südosten (Philippinen, Malaiische Inseln) zu finden. Das Relief wird im Norden im Wesentlichen durch die Sibirische Tafel geprägt. Im Inneren des Festlands liegen die ausgedehntesten Hochländer der Erde: das Tarimbecken, die Dsungarei, das Hochland der Mongolei und schließlich das rund 4 000 m hoch gelegene Hochland von Tibet. Die die Hochländer nach Westen und Süden begrenzenden Randgebirge tragen die höchsten Gipfel der Erde, den Mount Everest im Himalaja und den K2 im Karakorum, dem am stärksten vergletscherten Gebirge der Erde. Die Gebirge gehören zu dem Zug junger Faltengebirge, die im Westen Europas (Pyrenäen) ihren Ausgang nehmen und den gesamten eurasischen Kontinent in mehreren Bogen durchziehen. Den Nordwesten Asiens nehmen Tiefländer, zum Beispiel Turan und Westsibirien, sowie Tafelländer wie die Arabische Halbinsel und Vorderindien, ein.

Flüsse und Seen: Die großen Flüsse im Norden sind die ein System bildenden Ob und Irtysch sowie die Lena und der Jenissej, die alle zum Nordpolarmeer fließen. Zum Pazifik entwässern im Osten

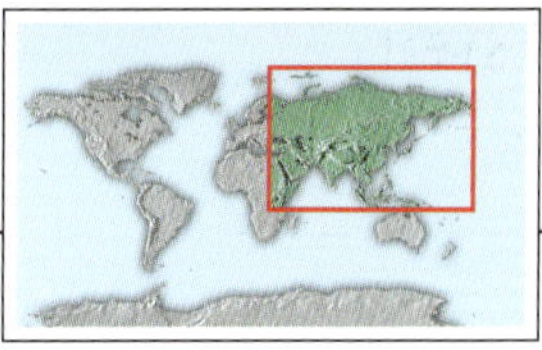

Jemen. Manakha ist eine Bergstadt in 2 200 m Höhe und gilt als das urbane Zentrum des Haraz-Gebirges.

Amur, Hwangho und Jangtsekiang, zum Indischen Ozean im Süden die großen Ströme Ganges, Brahmaputra und Indus. Im Westen bilden Euphrat und Tigris eine weite Schwemmlandebene und münden in den Persischen Golf. Ein großer Teil Innerasiens und weite Gebiete Vorderasiens sind ohne Abfluss zum Weltmeer; die Flüsse fließen zum Kaspischen Meer, zum Aralsee oder zu anderen Binnengewässern oder sie verdunsten bzw. enden in Salzsümpfen wie der Tarim, mit 2 137 km der längste Fluss Innerasiens, der im Tarimbecken versickert. Neben den erwähnten Binnenmeeren und Seen ist vor allem der Baikalsee als tiefster und bei Weitem wasserreichster See der Erde eine Besonderheit.

Klima und Vegetation: Durch die enorme Ausdehnung und die stark wechselnden Höhenlagen weist Asien eine Vielzahl an Klimazonen auf. In weiten Teilen ist das Klima kontinental mit großen täglichen und jahreszeitlichen Temperaturschwankungen, in Ostsibirien mit äußerster Winterkälte – dort liegt bei Oimjakon mit Temperaturen unter –70 °C der Kältepol der Nordhalbkugel – und mäßig warmem Sommer, auf der Arabischen Halbinsel und in Mittelasien mit heißem Sommer und großer Trockenheit. Im mäßig feuchten Vorderasien herrscht Mittelmeerklima. Die südlichen und südöstlichen Randgebiete stehen unter dem Einfluss des Monsuns, mit Wechsel von Regen- und Trockenzeit und an der Regenseite der Gebirge zum Teil hohen Niederschlagsmengen. Der regenreichste Ort der Erde, Cherrapunji in Nordostindien, hat Niederschläge von mehr als 10 000 mm im Jahresmittel. Die Südspitze Hinterindiens, Ceylon und die Malaiischen Inseln haben heißes, immerfeuchtes Tropenklima. Entsprechend vielfältig sind die Vegetationszonen. Entlang der Küste des Nordpolarmeers erstreckt sich die bis 1 000 km breite Tundra, eine Steppe, in der nur Moose, Flechten und Zwergsträucher wachsen. Sie geht südwärts in den von Sümpfen und Gebirgstundra durchsetzten Gürtel des sibirischen Nadelwalds (Taiga) über. Vorderasien und Mittelasien bis in die Mandschurei im Nordosten Chinas sind mit Ausnahme der Gebirge und Küsten von Steppen, Salzsteppen und Wüsten mit Fluss- und Grundwasseroasen bedeckt. In Südasien und Ostasien wechseln Steppen und Buschland mit zur Regenzeit grünen Laub- und Mischwäldern, in den heißfeuchten Tropengebieten herrschen im äußersten Süden immergrüne Regenwälder vor.

Indonesien. Wie in vielen asiatischen Ländern ist auch in Indonesien Reis das Hauptanbauprodukt in der Landwirtschaft, zugleich ist er Hauptnahrungsmittel.

Staatliche Gliederung

Afghanistan	Jemen	Osttimor
Armenien	Jordanien	Pakistan
Aserbaidschan	Kambodscha	Philippinen
Bahrain	Kasachstan (mit europäischem Teil)	Saudi-Arabien
Bangladesh	Katar	Singapur
Bhutan	Kirgistan	Sri Lanka
Birma	Korea (Nord-Korea)	Syrien
Brunei	Korea (Süd-Korea)	Tadschikistan
China	Kuwait	Taiwan
Georgien	Laos	Thailand
Indien	Libanon	Türkei (mit europäischem Teil)
Indonesien	Malaysia	Turkmenistan
Irak	Malediven	Usbekistan
Iran	Mongolei	Vereinigte Arabische Emirate
Israel	Nepal	Vietnam
Japan	Oman	Zypern

Schwarzes Meer
MITTELMEER
ISTANBUL
ANKARA
İZMIR
Bursa
Konya
Adana
Antalya
Kayseri
Eskişehir
Samsun
Sivas
Aleppo
Damaskus
Beirut
LIBANON
ZYPERN
Nicosia
Limassol
Larnaca
Famagusta
Latakia
Homs
Hama
Tripoli
Haifa
Tel Aviv - Jaffa
Jerusalem
Amman
JORDANIEN
ISRAEL
ALEXANDRIA
ÄGYPTEN
Port Said
Rhodos
Dodekanes
GRIECHENLAND
Edirne
Tuz Gölü
Nildelta
ÄGYPTEN
① AL ISKANDARIYAH
② KAFR ASH SHAYKH
③ AL GHARBIYAH
④ AD DAQAHLIYAH
⑤ DUMYAT
⑥ BUR SA'ID
⑦ ASH SHARQIYAH

Maßstab 1 : 6 700 000

0 100 200 300 km

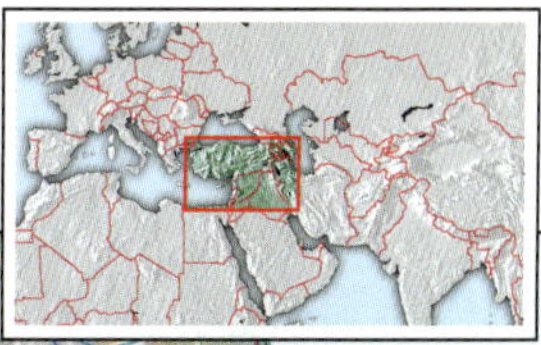

GEORGIEN
Tiflis
(Tbilissi)
Kutaissi
Batumi
Poti
Gori
Rustawi
RUSSLAND
Kaukasus
Kleiner Kaukasus
ASERBAIDSCHAN
Baku
Sumqayıt
(Sumgait)
Gäncä
Mingäçevir
Şäki
Jerewan
ARMENIEN
Gjumri
Wanadsor
Sewansee
Trabzon
Rize
Erzurum
Erzincan
Bayburt
Kars
Ağrı
Tunceli
Bingöl
Elazığ
Malatya
Muş
Van
Vansee
Bitlis
Tatvan
Diyarbakır
Batman
Siirt
Şırnak
Mardin
Şanlıurfa
Hakkâri
Ararat
5137 m
Doğubayazıt
Naxçıvan
(Nachitschewan)
NACHITSCHEWAN
ASER.
Lənkəran
(Lenkoran)
KASPISCHES
MEER
Ardabil
Täbris
Urmiasee
Orūmiyeh
Marāgheh
Mahābād
Zanjān
Rasht
Bandar-e Anzalī
Qazvīn
IRAN
Sanandaj
Hamadān
Kermānshāh
Malāyer
Arāk
Borūjerd
Khorramābād
Īlām
Dezfūl
Shūshtar
Ahwas
Zāgros-Gebirge
Mosul
Irbil
Kirkūk
As Sulaymānīyah
Sāmarrā
Ba'qūbah
BAGDAD
Ar Ramādī
Al Fallūjah
Karbalā'
Al Hillah
An Najaf
Ad Dīwānīyah
Al Kūt
Al 'Amārah
As Samāwah
IRAK
Mesopotamien
Tigris
Euphrat
Al Qāmishlī
Al Hasakah
Ar Raqqah
Dayr az Zawr
SYRIEN
TÜRKEI
SAUDI-ARABIEN
Jabal 'Abd al 'Azīz
Ar Rutbah
40°
44°
48°

−6000 m
0
6000 m

TÜRKEI
SYRIEN
IRAK
JORDANIEN
ISRAEL
LIBANON
ZYPERN
ÄGYPTEN
SAUDI-ARABIEN
ARABISCHE HALBINSEL
An Nafūd
Jabal Shammar
Najd
MITTELMEER
Rotes Meer
Golf von Akaba
Halbinsel Sinai
Adana
İçel
Tarsus
İskenderun
Antakya
Gaziantep
Şanlıurfa
Malatya
Adıyaman
Diyarbakır
Batman
Siirt
Van
Bitlis
Mardin
Cizre
Hakkâri
Orūmiyeh
Aleppo
Ar Raqqah
Al Hasakah
Al Qamishli
Idlib
Latakia
Hama
Homs
Tartus
Palmyra
Tadmur
Dayr az Zawr
Abū Kamāl
Damaskus
Beirut
Tripoli
Saida
Sur (Tyros)
Haifa
Netanya
Tel Aviv - Jaffa
Jerusalem
Gaza
Beersheba
Dimona
Elat
Akaba
Amman
Az Zarqā'
Irbid
Al Mafraq
Ma'dabā
Al Karak
Ma'ān
Mosul
Irbil
Kirkūk
Sāmarrā'
Ba'qūbah
BAGDAD
Ar Ramādī
Al Fallūjah
Karbalā'
Al Hillah
An Najaf
Al Kūfah
Ar Rutbah
Euphrat
Tigris
Ash Shabakah
Badanah
Turayf
Al Jawf
Sakākah
Qārah
Rafhā'
Tabūk
Taymā'
Ḥā'il
Larnaca
Famagusta
Lawqah
Nişāb

Maßstab 1 : 6 700 000

0 100 200 300 km

−6000 m 0 6000 m

KAIRO
GIZE
Sues
Faijum
Bani Suwayf
Halbinsel
Sinai
Golf von Sues
Golf von Akaba
ISRAEL
JORDANIEN
Ma'ān
Ash Shawbak
Elat
Akaba
Jabal Ramm 1754 m
Jabal Kātrīnā 2642 m
At Tūr
Al Mudawwarah
Jabal al Lawz 2580 m
Tabūk
Al Bi'r
Maqnā
Tiran
Jabal Dabbāgh 2350 m
Al Muwaylih
Midian
Dubā
Assiut
Akhmīm
Jirgā
Qinā
Qūş
Luxor
Armant
Isnā
Idfū
ÄGYPTEN
Kawm Umbū
ASSUAN-HOCHDAMM
Assuan
PHILAE
Nördlicher Wendekreis
BERENIKE
Kap Banās
ABU SIMBEL
Arabische Wüste
Al Ghurdaqah
Būr Safājah
Al Quşayr
Al Wajh
Umm Lajj
Jabal Radwá 1814 m
Hanak
Yanbu' al Bahr
Kap Baridi
Badr Hunayn
Rābigh
Mastūrah
Ra'is
ROTES MEER
Red Sea Hills
Halā'ib
Kap Hadarba
Jabal Asoteriba 2216 m
Gebeit Mine
Dunqunāb
Kap Abu Shagara
Muhammad Qawl
Jabal Oda 2259 m
Nubische Wüste
Abū Hamad
Port Sudan
Sawākin
Jabal Abadab 1596 m
Sinkāt
Tawkar
Kap Asis
Kap Maqdam
Trinkitat
Tehamiyam
Derudeb
Karora
SUDAN
Bajūdasteppe
Atbara
Ad Dāmir
Az Zaydāb
Ad Dabbūrah
Kabūshiyah
MEROE
Shandī
Wad Hāmid
Aroma
Kassala
Adarāma
Al Qadārif
Wad Medani
Sennar
SENNARDAMM
Doka
Gallābāt
Metema
ERITREA
Keren
Asmara
Massaua
DAHLAK-MEERES-NATIONALPARK
Dahlak-Archipel
Mersa Tek'lay
Mersa Guilbub
Teseney
Barentu
Adi Ugri
Mendefera
Mersa Fatma
ÄTHIOPIEN
Aksum
Adwa
Adigrat
Mek'ele
SEMIEN-NATIONALPARK
Ras Daschan 4620 m
Debark
Dabat
Sanaa
JEMEN
Al Hudaydah
Jabal an Nabī Shu'ayb 3760 m
Dhamār
Yarīm
Ibb
Ta'izz
Al Mukhā
Bāb el Mandeb
Aden
Lahij
Zinjibār
Assab
DJIB.
Abā as Su'ūd
Şa'dah
Jīzān
Farasan-Inseln
Abhā
Khamīs Mushayt
Jabal Sawdā 3133 m
Al Qunfudhah
Al Līth
Mekka
Djidda
Aţ Ţā'if
Medina
Al Hanākiyah
Khaybar
Al 'Ulā
Madā'in Şāliḩ
Taymā'
Al Jawf
Sakākah
Qārah
Ad Duwayd
Badanah
Rafhā'
Lawqah
An Nafūd
Jabal Shammar
Ḩā'il
Jubbah
Qanā
Fayd
Al Kahfah
Buraydah
'Unayzah
Al Majma'ah
Najd
Ad Dahnā'
Aş Şummān
Riad
Al Kharj
Al Quway'iyah
Ad Duwādimī
Al Khurmah
Turabah
Ranyah
Bīshah
Qal at Bishah
Al Junaynah
Tathlīth
Al Lidām
As Sulayyil
Tamrah
Al Hillah
Al Hulwah
Laylā
SAUDI-ARABIEN
ARABISCHE HALBINSEL
Jabal al Hijāz
'Asīr
IRAK
An Nāşirīyah
Sūq ash Shuyūkh
Euphrat
Hawr al Ḩammār
As Salmān
Makhfar al Busayyah
Nişāb
Līnah
Ḩafar al Bāţin
Al Qayşūmah
Wādī al Bāţin
KUWAIT
Shaqrā'
Thādiq
Al Ghāţ
Al Artāwiyah
Ash Shumlūl
Ḩuraymilā
Al Barrah
Durmā
As Sālimīyah
Al Jifārah
Sanām
Ad Dafīnah
Aţ Ţuwayyah
Zalim
'Afīf
Nafī
Khuff
Mahd adh Dhahab
Al Muwayh
Ushayrah
Kulākh
Al Mindak
Rawshah
Dawqah
Khamāsīn
Al Hamar
Al Haddār
Al Ghayl
Khaybar
Shabwah
Bayhān al Qişāb
Ataq
Yashbum
Nūşāb
Al Humayshah
Shaqrā'
Aḩwar
Mārib
Al Bayḑā
GRENZE NICHT FESTGELEGT
Kamarān
Zabīd
Bayt al Faqīh
Jabal Zuqar
Hanish al Kabīr
Al 'Ulūm
Jabal Tmarah 2514 m
Naqīl Sumārah 2800 m
Mersa Tek'lay
Nakfa
Kerkebet
Hoho
Kobeset 2576 m
Pertokar
Medrurien
Saatta
Ghinda
Hargigo
Dekemhare
Adi-Keyh
Sen'afe
MATARA
ADULIS
Dangel
Suwa
Sagenaiti
Ramlu 2131 m
Beylul
40°
35°
45°

Maßstab 1 : 10 000 000

0 150 300 450 km

−6000 m 0 6000 m

Golfregion

Asien

Maßstab 1 : 10 000 000
0
150
300
450 km
E
F
G
H
60°
65°
70°
35
30
25
1
2
3
4
TURKMENISTAN
AFGHANISTAN
PAKISTAN
INDIEN
OMAN
USBEKISTAN
Ashgabad (Aschchabad)
Meschhed
Herāt
Kabul
Peshāwar
Quetta
Kandahar
Multān
Hyderābād
KARATSCHI
Maskat
Bandar 'Abbās
Kermān
Zāhedān
Birjand
Mary
Bayramaly
Termiz
Mazār-e Sharīf
Sheberghān
Andkhvoy
Kondoz
Tāloqān
Baghlān
Pol-e-Khomrī
Chārīkār
Jalālābād
Mardān
Nowshera
Kohat
Bannu
Ghazni
Gardēz
Farāh
Zaranj
Zābol
Delārām
Lashkar Gāh
Gereshk
Tarin Kowt
Qalāt
Spīn Būldak
Chaman
Pishīn
Zhob
Loralai
Dera Ismāīl Khan
Dera Ghāzi Khan
Bahāwalpur
Sukkur
Rohri
Shikārpur
Lārkāna
Jacobābād
Khuzdār
Kalāt
Mastung
Nushki
Sibi
Nawābshāh
Sanghar
Tando Ādam
Tando Allāhyār
Tando Muhammad Khan
Badīn
Thatta
Kotri
Sonmiāni
Ormāra
Pasni
Gwādar
Jīwani
Turbat
Panjgūr
Kharān
Dālbandin
Nok Kundi
Mirjāveh
Khāsh
Īrānshahr
Sarāvān
Zāboli
Nikshahr
Chābahār
Bam
Jiroft
Rafsanjān
Shahdād
Tabas
Ferdows
Gonābād
Kāshmar
Torbat-e Heydariyeh
Sabzevār
Neyshābūr
Qūchān
Shīrvān
Bojnūrd
Sarakhs
Tedzhen
Jāsk
Minab
Rās al Khaima
Fujaira
Kalbā
Shināş
Şuḩār
Al Khābūrah
As Suwayq
Maţraḩ
Şūr
Quraiyāt
Izki
Nizwā
Bahlah
Ibrā'
Al Kāmil
Adam
Ibri
Al 'Ayn
Al Buraymī
K. Al Ḩadd
K. Jibsh
Bhuj
Anjār
Gāndhīdhām
Māndvi
Jāmnagar
Rājkot
Morvi
Dwārka
Porbandar
Upleta
Jetpur
Junāgadh
Verāval
Mangrol
Kodīnār
Una
Diu
Bārmer
Jaisalmer
RĀJASTHĀN
GUJARĀT
PUNJAB
SINDH
BALOCHISTĀN
NORTH-WEST FRONTIER PROVINCE
TRIBAL AREAS
Hindukusch
Band-e Turkestan
Sefīd Kūh
Siāh Kūh
Kūh-e Bābā
Kafar Jar Ghar
Toba Kākar Ra.
Sulaimān Range
Central Makrān Range
Dasht-e Lūt
Dasht-e Mārgow
Registān
Belutschistan
Makran
Makranküste
Thar
Kachchh
Rann of Kutch
Golf von Kutch
Golf von Oman
ARABISCHES MEER
Bucht von Sonmiāni
Indusmündungen
Nördlicher Wendekreis
Straße von Hormus
Halbinsel Kathiawar
Al Jabal al Akhḑar
Hāmūn-e Jaz Mūriān
Hāmūn-e Māshkel
Hāmūn-e Şāberi
Gaud-e Zereh
Helmand
Amudarja
Indus
Kūh-e Taftān 4042 m
Kūh-e Hazār 4466 m
Kūh-e Sangān 3923 m
Kūh-e Fūlādī 5143 m
Noshaq 7485 m
Tirich Mir 7690 m
Salangpass
Khyberpass 1067 m
Bolānpass
Khojakpass
Zarmastpass
© HAMMOND WORLD ATLAS CORPORATION

−6000 m 0 6000 m

PAKISTAN
Bahawalpur
PUNJAB
Jacobabad
Khanpur
Rahimyar Khan
Shikarpur
Sadiqabad
Sukkur
Lārkāna
Jaisalmer
Nawabshāh
Shāhdādpur
Hyderābād
SINDH
Badin
Mithi
Barmer
Hanumāngarh
HARYANA
Nohar
Hisār
Bikaner
Churu
Sardārshahar
Ratangarh
Sujāngarh
Nāgaur
Jodhpur
Pipār
Ajmer
RAJASTHAN
Bālotra
Pāli
Beawar
Nasirābād
Kishangarh
Bhilwāra
Jālor
Tonk
Būndi
Kota
Udaipur
Chittaurgarh
Nimach
Mandsaur
Ratlām
Pātan
Deesa
Pālanpur
Abu Road
Bhinmāl
DELHI
Neu-Delhi
Faridābād
Alwar
JAIPUR
Sikar
Bharatpur
Mathura
Agra
Meerut
Kāthgodām
Morādābād
Ghaziābād
Bareilly
Aligarh
Budaun
Shāhjahānpur
Firozābād
KANPUR
LUCKNOW
UTTAR PRADESH
Gonda
Bahraich
Lakhimpur
Gwalior
Orai
Jhānsi
Shivpuri
Guna
Lalitpur
Sāgar
Damoh
Bina-Etawa
Vidisha
Bhopāl
Sehore
Dewās
Ujjain
Indore
MADHYA PRADESH
Jabalpur
Satna
Rewa
Allahābād
Fatehpur
Banda
Vārānasi
Gorakhpur
Deoria
Azamgarh
Muzaffarpur
Darbhanga
Patna
BIHAR
Gaya
Bhagalpur
Muzaffarnagar
NEPAL
Kāthmāndu
Pokhara
Mt. Everest
8850 m
AR XIZANG (TIBET)
BHUTAN
SIKKIM
Darjeeling
Siliguri
Jalpaiguri
Rangpur
Dinājpur
BANGLADESH
Rājshāhi
DHAKA
Saharsa
Kishanganj
Biratnagar
AHMADĀBĀD
Gandhinagar
Surendranagar
Jāmnagar
Rājkot
GUJARAT
Vadodara
Anand
Nadiād
Dohad
Porbandar
Junāgadh
Jetpur
Bhavnagar
Veraval
SURAT
Damān
DAMĀN AND DIU
Golf von Khambhāt
Navsāri
Silvassa
DĀDRA AND NAGAR HAVELI
Bharuch
Satpuragebirge
Khandwa
Burhānpur
Jalgaon
Dhūle
Mālegaon
Nāshik
Amrāvati
Akola
NĀGPUR
Wardha
Chhindwāra
Bhilainagar
Raipur
Durg
CHHATTISGARH
Bilāspur
Korba
Raigarh
Sambalpur
Rānchi
Jamshedpur
JHARKHAND
Bokaro
Hazāribag
Dhanbād
Āsansol
Durgāpur
Barddhamān
WEST BENGAL
Haora
KALKUTTA
(Kolkata)
Kharagpur
Balasore
Gangesmündung
Cuttack
Bhubaneswar
ORISSA
Brahmapur
Chotanagpur
INDIEN
Thāne
Bhiwandi
Kalyān
BOMBAY
(Mumbai)
PUNE
MAHĀRĀSHTRA
Ahmadnagar
Aurangābād
Parbhani
Nānded
Chandrapur
Adilābād
Nizāmābād
Lātūr
Solāpur
Satara
Sāngli-Miraj
Kolhāpur
Ichalkaranji
Ratnāgiri
Gulbarga
Bidar
HYDERĀBĀD
Secunderābād
Warangal
Karimnagar
Khammam
Vijayawada
Rājahmundry
Kākināda
Vishākhapatnam
Vizianagaram
Srikākulam
ANDHRA PRADESH
Guntūr
Kurnool
Nandyāl
Ongole
Nellore
Bellary
Anantapur
KARNATAKA
Belgaum
GOA
Panaji
Madgaon
Hubli-Dhārwād
Dāvangere
Shimoga
Mangalore
BANGALORE
Mysore
MADRAS
(Chennai)
Kānchipuram
Vellore
Tiruvannāmalai
Pondicherry
PONDICHERRY
Salem
Erode
Coimbatore
Tiruchchirāppalli
Thanjāvur
TAMIL NADU
Madurai
Dindigul
Tuticorin
Tirunelveli
Nāgercoil
KERALA
Calicut
(Kozhikode)
Cochin
(Kochi)
Alleppey
Kollam
Thiruvananthapuram
(Trivandrum)
Malabarküste
Koromandelküste
Lakkadivensee
Lakkadiven
LAKSHADWEEP
Kavaratti
ARABISCHES MEER
GOLF VON BENGALEN
INDISCHER OZEAN
Palkstraße
Golf von Mannar
Jaffna
SRI LANKA
Ceylon
Trincomalee
Anuradhapura
Batticaloa
Puttalam
Kandy
Negombo
Colombo
Sri Jayawardanapura Kotte
Badulla
Ratnapura
Moratuwa
Hambantota
Dondra Head
INDIEN
MALEDIVEN
Acht-Grad-Kanal
Malediven
MALEDIVEN
75°
80°
85°

Maßstab 1 : 13 600 000

0 200 400 600 km

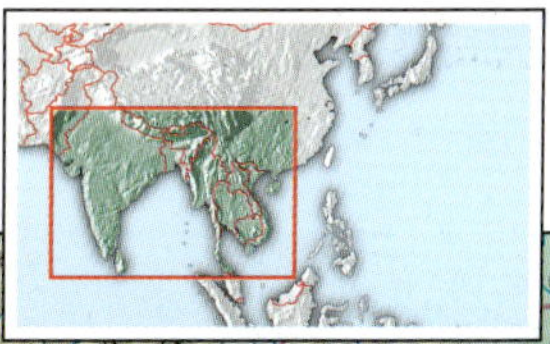

SICHUAN
Leshan
Zigong
Luzhou
GUIZHOU
Zunyi
Guiyang
HUNAN
Hengyang
Xiangtan
Shaoyang
Yongzhou
Chenzhou
ARUNACHAL PRADESH
Dibrugarh
North Lakhimpur
Gauhati
Dimapur
Kohima
Imphal
ASSAM
NAGALAND
MANIPUR
MIZORAM
TRIPURA
Agartala
Silchar
Aizawl
KACHIN
SAGAING
Panzhihua
Dali
Kunming
YUNNAN
CHINA
Qujing
Lupanshui
Baoshan
Gejiu
Liuzhou
Guilin
Wuzhou
GUANGXI-ZHUANG
Nanning
Guigang
Yulin
GUANGDONG
Zhanjiang
Maoming
Yangjiang
Beihai
Qinzhou
Haikou
HAINAN
Hainan
Sanya
Zhaoqing
BIRMA (MYANMAR)
Mandalay
Lashio
SHAN
Shanplateau
Taunggyi
Monywa
Meiktila
Pyinmana
MAGWAY
Prome
Henzada
Bassein
RANGUN
(Yangon)
Pegu
Moulmein
Tavoy
(Dawei)
Mergui
(Myeik)
TANINTHARYI
AYEYARWADY
RAKHINE
Sittwe
(Akyab)
CHITTAGONG
CHIN
KAYIN
KAYAH
MON
BAGO
Arakan Yoma
Irawadimündungen
Große Kokos-Insel
BIRMA
INDIEN
Nord-Andaman
Mittel-Andaman
Süd-Andaman
Port Blair
Andamanensee
Klein-Andaman
ANDAMANEN UND NIKOBAREN
(INDIEN)
Car Nicobar
Nikobaren
Camorta
Katchall
Klein-Nikobar
Groß-Nikobar
Straße von Malakka
LAOS
Luang Prabang
Vientiane
Savannakhet
Pakse
Khoratplateau
THAILAND
Chiang Mai
Lampang
Udon Thani
Khon Kaen
Nakhon Ratchasima
Ubon Ratchathani
Nakhon Sawan
BANGKOK
Ayutthaya
Sara Buri
Chon Buri
Samut Sakhon
Hua Hin
Golf von Thailand
Isthmus von Kra
Surat Thani
Nakhon Si Thammarat
Phuket
Songkhla
Hat Yai
Pattani
Alor Setar
Kota Baharu
MALAYSIA
Malaiische Halbinsel
KAMBODSCHA
Phnom Penh
Battambang
Siemreab
Dangrekkette
Kardamomgebirge
Kampong Saom
VIETNAM
Hanoi
Haiphong
Nam Dinh
Thanh Hoa
Vinh
Hue
Da Nang
Qui Nhon
Nha Trang
Cam Ranh
Da Lat
Phan Thiet
HO-CHI-MINH-STADT
(Saigon)
Vung Tau
My Tho
Can Tho
Rach Gia
Long Xuyen
Ca Mau
Mekongmündungen
Con Son
Annamitische Kordillere
Golf von Tongking
SÜDCHINESISCHES MEER
Paracelinseln
(Zugehörigkeit umstritten)
Hainanstraße
Tenasserim
Bilauktaungkette
Dawnakette
Phou Bia
2818 m
Fan Si Pan
3143 m
© HAMMOND WORLD ATLAS CORPORATION

−6000 m 0 6000 m

Indonesien, Malaysia

Asien

–6000 m   0   6000 m

Maßstab 1 : 13 600 000
0
200
400
600 km
E
F
H
J
K
G
120°
135°
130°
0°
5°
10°
Äquator
PHILIPPINEN
INDONESIEN
OSTTIMOR
PAZIFISCHER OZEAN
Sulusee
Celebessee
Molukkensee
Ceramsee
Bandasee
Floressee
Savusee
Timorsee
Arafurasee
Halmaherasee
Mindoro
Panay
Negros
Palawan
Mindanao
Sibuyansee
Manila
Pinamalayan
Romblon
Sablayan
Mansalay
Calamian Group
Coron
Kalibo
Roxas
Cadiz
Iloilo
Bacolod
Kabankalan
San Jose de Buenavista
Dumaguete
Bayawan
Puerto Princesa
Quezon
Aborlan
Narra
Brookes Point
Taytay
El Nido
Roxas
Cagayan de Oro
Iligan
Marawi
Pagadian
Dipolog
Zamboanga
Isabela
Lamitan
Basilan
Cotabato
Digos
General Santos
Koronadal
Jose Abad Santos
Polomolok
Jolo
Siasi
Tawi-tawi
Bongao
Suluinseln
Sandakan
Sabah
Lahad Datu
Tawau
Semporna
Tarakan
Samarinda
Balikpapan
Bontang
Tenggarong
Makassarstraße
Celebes (Sulawesi)
Palu
Donggala
Parigi
Poso
Manado
Bitung
Tondano
Gorontalo
Halbinsel Minahasa
Golf von Tomini
Gulf von Tolo
Golf von Bone
Kendari
Makassar
Parepare
Watampone
Bulukumba
Selayar
Buton
Muna
Tukangbesi-inseln
Banggai-Inseln
Sula-Inseln
Sanana
Taliabu
Mangole
Obi
Obi-Inseln
Buru
Ceram
Ambon
Banda-Inseln
Bandanaira
Halmahera
Ternate
Tidore
Morotai
Bacan
Sangihe-Inseln
Sangihe
Siau
Talaud-Inseln
Karakelong
Waigeo
Misool
Sorong
Neuguinea
Doberai-halbinsel
Bomberai-halbinsel
Fakfak
Kaimana
Manokwari
Biak
Yapen
Yapenstraße
Cenderwasih-bucht
Jayapura
Van-Rees-Gebirge
Maokegebirge
Puncak Jaya 4884 m
Puncak Trikora 4730 m
Puncak Mandala 4700 m
Puncak Yamin 4595 m
Wamena
Timika
Agats
Merauke
Yos Sudarso
Aru-Inseln
Dobo
Kai-Inseln
Kai Besar
Tanimbar-Inseln
Yamdena
Babar-Inseln
Barat-Daya-Inseln
Leti-Inseln
Wetar
Wetarstraße
Alor-Inseln
Ombaistraße
Dili
Timor
Kupang
Roti
Sawu-Inseln
Sawu
Sumba
Waingapu
Sumbastraße
Flores
Ende
Komodo
Sumbawa
Bima
Mataram
Kleine Sundainseln
Molukken
Ceram-see
Dampierstraße
Kap Vals
Kap De Jongs
Mangarang
Kabaena
Sunda
Lombok

Westliches China, Mongolei

Asien

Maßstab 1 : 13 300 000

86–91
0
200
400
600 km
RUSSLAND
MONGOLEI
CHINA
Chamar-Daban-Gebirge
Jablonowygebirge
HÖVSGÖL
SELENGE
ARHANGAY
BULGAN
TÖV
Ulan-Bator
HENTIY
DORNOD
SÜHBAATAR
DUNDGOVI
ÖVÖR HANGAY
ÖMNÖGOVI
DORNOGOVI
Hulun Nur
Menengiyn-Ebene
Da Hinggan Ling
Nei Monggol-Plateau
AR INNERE MONGOLEI
HEILONGJIANG
Qiqihar
Daqing
JILIN
Changchun
LIAONING
Shenyang
Fushun
Anshan
Benxi
Dalian
Golf von Liaodong
Bo Hai
Koreabucht
Beijing
(Peking)
BEIJING
Tianjin
(Tientsin)
TIANJIN
HEBEI
Shijiazhuang
Tangshan
Baotou
Hohhot
Datong
Zhangjiakou
Yin Shan
Ordosplateau
Helan Shan
Wuhai
NINGXIA HUI
SHANXI
Taiyuan
SHANDONG
Jinan
Zibo
Weifang
Qingdao
(Tsingtau)
Yantai
GANSU
Lanzhou
Xining
SHAANXI
Xi'an
HENAN
Zhengzhou
Luoyang
Kaifeng
Zaozhuang
JIANGSU
Nanjing
(Nanking)
Yangzhou
Wuxi
Suzhou
Changzhou
Shanghai
(Schanghai)
SHANGHAI
ANHUI
Hefei
Huainan
HUBEI
Wuhan
Xiangfan
Jingdezhen
JIANGXI
Nanchang
HUNAN
ZHEJIANG
Hangzhou
Ningbo
CHONGQING
Chongqing
Chengdu
Qinling Shan
Daba Shan
Wuling Shan
Huang He
Jangtsekiang
GELBES MEER
Qiongzhou
Mauer des Dschingis Khan
© HAMMOND WORLD ATLAS CORPORATION
105°
110°
115°
120°
50°
45°
40°
35°
30°

−6000 m 0 6000 m

RUSSLAND
MONGOLEI
CHINA
Jablonowygebirge
Chamar-Daban-Gebirge
Tannu-Ola-Gebirge
Changaigebirge
Mongolischer Altai
Gobialtai
Mongol-Plateau
Innere Mongolei
AR INNERE MONGOLEI
SINKIANG
GANSU
QINGHAI
NINGXIA HUI
SHAANXI
SHANXI
HEBEI
HENAN
HUBEI
ANHUI
SHANDONG
SICHUAN
TIANJIN
BEIJING
UVS
HÖVSGÖL
DZAVHAN
ARHANGAY
BULGAN
SELENGE
TÖV
HENTIY
DORNOD
SÜHBAATAR
HOVD
GOVI-ALTAY
BAYAN-HONGOR
ÖVÖR HANGAY
DUNDGOVI
DORNOGOVI
ÖMNÖGOVI
Irkutsk
Ulan-Ude
Ulan-Bator
Karakorum
Hulun Nur
Hohhot
Baotou
Datong
Zhangjiakou
Beijing
Tianjin
Shijiazhuang
Taiyuan
Jinan
Zibo
Handan
Zhengzhou
Kaifeng
Luoyang
Xi'an
Lanzhou
Xining
Yinchuan
Chengdu
Xiangfan
Wuhan
Hefei
Zaozhuang
Huainan
Ordosplateau
Yin Shan
Helan Shan
Qilian Shan
Bayan Har Shan
Anyêmaqên Shan
Qionglai Shan
Daba Shan
Huang He
Hwangho
Wutai Shan 3058 m
Mönh Saridag 3491 m
Otgon Tenger Uul 3905 m
Atas Bogd 2695 m
Tsagaan Bogd Uul 2480 m
Qilian Shan 5547 m
Yagradagzê Shan 5442 m
Margên Gangri 6282 m
Mazong Shan 2584 m
Mauer des Dschingis Khan
Chinesische Mauer

Maßstab 1 : 13 300 000
0
200
400
600 km
86–91
RUSSLAND
Seja-Bureja-Ebene
Blagoweschtschensk
Chabarowsk
Komsomolsk am Amur
Amursk
Elban
Troizkoje
Wanino
Sowetskaja Gawan
Birobidschan
Oblutschje
Progress
Raitschichinsk
Sawitinsk
Belogorsk
Swobodny
Schimanowsk
Tschegdomyn
Sichote-Alin
Amur
Ussuri
Bikin
Chor
Wjasemski
Lutschegorsk
Daineretschensk
Lesosawodsk
Spassk-Dalni
Chwalynka
Arsenjew
Ussurisk
Wladiwostok
Artjom
Partisansk
Nachodka
Kawalerowo
Dalnegorsk
Olga
Ternei
Swetlaja
Chankasee
Tatarensund
Sachalin
Cholmsk
Newelsk
Schebunino
Korsakow
Juschno-Sachalinsk
Dolinsk
Wsmorje
Makarow
Lesogorsk
Terpenijebucht
Nowikowo
K. Aniwa
La-Pérouse-Straße
OCHOTSKISCHES MEER
von Russland besetzt, von Japan beansprucht
Iturup (Etorofu)
Kunaschir (Kunashiri)
RUSS.
JAPAN
CHINA
Yilehuli Shan
Xiao Hinggan Ling
Da Hinggan Ling
Mandschurei
HEILONGJIANG
JILIN
LIAONING
Heihe
Qiqihar
Daqing
Harbin
Acheng Qu.
Jiamusi
Hegang
Yichun
Shuangyashan
Qitaihe
Jixi
Mudanjiang
Suifenhe
Changchun
Jilin
Yanji
Tumen
Shenyang
Fushun
Benxi
Anshan
Liaoyang
Dandong
Sinŭiju
Dalian
Wafangdian
Yingkou
Tonghua
Songhua
Nen
Yalu
Wanda Shan
DEM. VR KOREA
Hamhŭng
Ch'ŏngjin
Kimch'aek
Pjöngjang
Namp'o
Wŏnsan
Koreagolf
Kaesŏng
Haeju
Sariwŏn
Seoul
Inch'ŏn
Ch'unch'ŏn
Kangnŭng
Sokch'o
REP. KOREA
Ch'ŏngju
Taejŏn
Andong
P'ohang
Kyŏngju
Taegu
Ulsan
Pusan
Masan
Chinju
Kwangju
Chŏnju
Mokp'o
Sunch'ŏn
Kohŭng
Cheju
Chejustraße
Koreastraße
Koreabucht
GELBES MEER
Qingdao (Tsingtau)
Yantai
Weihai
Shanghai (Schanghai)
SHANGHAI
Suzhou
Hangzhou
Ningbo
Zhoushan-Inseln
Changzhou
Yancheng
JAPANISCHES MEER
JAPAN
Hokkaidō
Sapporo
Otaru
Asahikawa
Asahi-dake 2290 m
Kushiro
Obihiro
Tomakomai
Muroran
Hakodate
Wakkanai
Sōya-misaki
Erimo-misaki
Aomori
Hachinohe
Hirosaki
Akita
Morioka
Miyako
Kamaishi
Chokai-san 2237 m
Sakata
Yamagata
Sendai
Ishinomaki
Fukushima
Kōriyama
Iwaki
Niigata
Sado
Nagaoka
Utsunomiya
Hitachi
Mito
Nagano
Toyama
Kanazawa
Suzu-misaki
Komatsu
Fukui
Gifu
Nagoya
Tokio
Chiba
Yokohama
Shizuoka
Shimizu
Fuji
Mishima
Hamamatsu
Kyōto
Ōsaka
Kōbe
Sakai
Wakayama
Himeji
Okayama
Tottori
Matsue
Hiroshima
Kure
Yamaguchi
Kitakyūshū
Fukuoka
Saga
Kurume
Ōita
Kumamoto
Sasebo
Nagasaki
Miyazaki
Miyakonojō
Kagoshima
Makurazaki
Sata-misaki
Ōsumi-Inseln
Amami-Inseln
Shikoku
Kōchi
Matsuyama
Tokushima
Ashizuri-misaki
Kyūshū
Honshū
Shio-no-misaki
PAZIFISCHER OZEAN
45°
40°
35°
30°
120°
130°
135°
140°
© HAMMOND WORLD ATLAS CORPORATION
–6000 m
0
6000 m

Zentralchina

Asien

Takla-Makan
AR XINJIANG UYGUR
Kunlun Shan
Altun Shan
GANSU
Qaidambecken
Serteng Shan
Tergun Daba Shan
Qilian Shan
Qilianshan
Datong Shan
Longshou Shan
Tengger Shamo
Badain Jaran Shamo
AR INNER
Qimantag
Hoh Xil Shan
Bukadaban Feng 6860 m
Golmud
QINGHAI
Qinghai Nanshan
Burhan Budai Shan
Xining
Lanzhou
AR XIZANG (TIBET)
Tanggula Shan
Bayan Har Shan
A'nyêmaqên Shan
Xiqing Shan
Huanghe (Gelber Fluss)
Himalaya
Nyainqêntanglha Feng 7163 m
Lhasa
Brahmaputra
Yarlung Zangbo Jiang
Namjagbarwa Feng 7772 m
Mt. Everest 8850 m
Kathmandu
NEPAL
Kanchenjunga 8586 m
SIKKIM
BHUTAN
Thimphu
ARUNACHAL PRADESH
Kangto 7047 m
umstrittene Grenze
CHINA INDIEN
Hkakabo Razi 5881 m
Mekong
Lancang Jiang
Salween
Nu Jiang
Jinsha Jiang
Chola Shan
Shaluli Shan
Daxue Shan
Qionglai Shan
Hengduan Shan
SICHUAN
Gongga Shan 7556 m
Chengdu
Chongqing
Min
Yalong
Jinsha Jiang (Chang Jiang)
Patna
BIHAR
INDIEN
ASSAM
Gauhati
MEGHALAYA
Shillong
NAGALAND
Kohima
MANIPUR
Imphal
MIZORAM
Aizawl
TRIPURA
Agartala
BANGLADESH
Dhaka
Khulna
Chittagong
Kalkutta (Kolkata)
Haora
WEST BENGAL
JHARKHAND
ORISSA
Gangesmündungen
GOLF VON BENGALEN
KACHIN
Kumonkette
SAGAING
Irawadi
Chindwin
BIRMA (MYANMAR)
Mandalay
CHIN
Arakan Yoma
MANDALAY
MAGWAY
RAKHINE
Sittwe (Akyab)
Shanplateau
SHAN
Taunggyi
Naypyidaw
KAYAH
BAGO
KAYIN
AYEYARWADY
Pegu (Bago)
Prome (Pye)
Loi-Lun-Kette
YUNNAN
Kunming
Dali
Lijiang
Panzhihua
Xichang
CHINA BIRMA
LAOS
Luang Prabang
THAILAND
Chiang Mai
Chiang Rai
VIETNAM
Hanoi
Fan Si Pan 3143 m
Haiphong
Phou Bia 2818 m
Guiyang
Huize
Qujing
Mianyang
Deyang
Leshan
Emeishan
Neijiang
Yibin
Tianshui
Baiyin
Wuwei
Jinchang
Zhangye
Jiuquan
Yumen
Dunhuang
Lhazê
Xigazê
Gyangzê
Nêdong
Nyalam
Manaslu 8163 m
Dibrugarh
Tinsukia
Silchar
Sylhet
Mymensingh
Rajshahi
Jessore
Barisal
Comilla
Cox's Bazar
85°
90°
95°
100°
105°
35°
30°
25°
20°
D
E
F
G
H
5
6
7
8
9

Maßstab 1 : 13 300 000

0 200 400 600 km

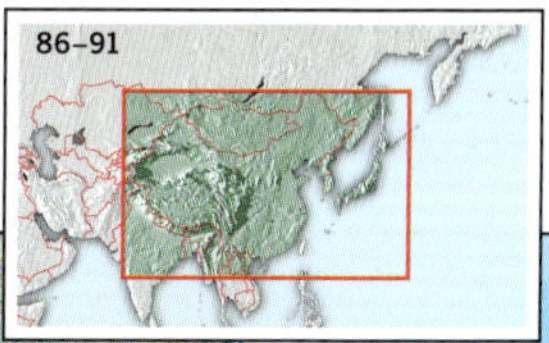

86–91

MONGOLEI
Ordosplateau
SHANXI
HEBEI
BEIJING
TIANJIN
LIAONING
DEM. VR KOREA
REP. KOREA
SHANDONG
HENAN
JIANGSU
ANHUI
SHANGHAI
HUBEI
ZHEJIANG
HUNAN
JIANGXI
FUJIAN
GUANGDONG
GUANGXI
HAINAN
MACAU SVR
HONGKONG SVR
TAIWAN
JAPAN
PHILIPPINEN
Bo Hai
Koreabucht
Golf von Liaodong
GELBES MEER
OSTCHINESISCHES MEER
SÜDCHINESISCHES MEER
PAZIFISCHER OZEAN
Koreastraße
Chejustraße
Taiwanstraße
Bashistraße
Hainanstraße
Babuyankanal
Zhoushan-Inseln
Ryūkyū-Inseln
Okinawa-Inseln
Saki-Inseln
Huangho (Huang He)
Jangtsekiang
Wutai Shan 3058 m
Wuling Shan
Wuyi Shan
Daba Shan
Huangshan Shan 2158 m
Kuocang Shan 1375 m
Daiyun Shan 1849 m
Tonggu Zhang 1526 m
Wuzhi Shan 1867 m
Beijing (Peking)
Tianjin (Tientsin)
Shijiazhuang
Taiyuan
Hohhot
Baotou
Datong
Zhangjiakou
Tangshan
Dalian
Dandong
Pjöngjang
Seoul
Inch'ŏn
Taejŏn
Taegu
Kwangju
Pusan
Ulsan
Jinan
Zibo
Weifang
Yantai
Qingdao (Tsingtau)
Zaozhuang
Zhengzhou
Xi'an
Luoyang
Kaifeng
Xuzhou
Huainan
Hefei
Nanjing (Nanking)
Yangzhou
Changzhou
Wuxi
Suzhou
Shanghai (Schanghai)
Hangzhou
Ningbo
Wuhan
Xiangfan
Nanchang
Changsha
Fuzhou
Taipei
Kaohsiung
Guangzhou (Kanton)
Kowloon
Shantou
Liuzhou
Haikou
Cheju
Okinawa
Naha
Sasebo
Nagasaki
Batan I.
Babuyan Islands
Lan Yu (Lan Yü)
Penghu (Pescadores)
35°
30°
25°
20°
110°
115°
120°
125°
© HAMMOND WORLD ATLAS CORPORATION

–6000 m 0 6000 m

Halbinsel Krilon
SACHALIN
Krilon
K. Krilon
Aniwabucht
K. Aniwa
Halbinsel Tonino-Aniwski
RUSSLAND
JAPAN
La-Pérouse-Straße
Sōya-misaki
Rebun-tō
Wakkanai
Noshappu-misaki
Rebun
RISHIRI-REBUN-SAROBETSU NP
Rishiri-tō
Rishiri
Sarufutsu
Kutcharosee
Hamatombetsu
Esashi
OCHOTSKISCHES MEER
JAPANISCHES MEER (OSTMEER)
Teshio
Enbetsu
Kitamigebirge
Ōmu
Yakishiri-tō
Teuri-tō
Haboro
1032 m
Okoppe
Mombetsu
Tomamae
Nayoro
Shiretoko-misaki
SHIRETOKO NP
Yūbetsu
Shibetsu
Saromasee
Tokoro
Abashiri
Obira
Engaru
Notorosee
Abashirisee
Rumoi
Teshio-dake 1558 m
Shari
Rausu
Mashike
Kamikawa
Rubeshibe
Bihoro
Hokkaidō
Fukagawa
Asahikawa
Asahi-dake 2290 m
Kitami
Shokanbetsu-dake 1492 m
Akabira
Kussharosee
Mashūsee
Shibetsu
Takikawa
Ashibetsu
Ishikarigebirge
Sunagawa
Utashinai
DAISETSU-NATIONALPARK
Teshikaga
Nakashibetsu
Ishikaribucht
Furano
Me-akan-dake 1503 m
AKAN NP
Akansee
Kamui-misaki
Bibai
Shakotan-Halbinsel
Otaru
Ishikari
Tōbetsu
Mikasa
Ashoro
Shibecha
Konsen-plateau
Nemuro
Yoichi
Iwamizawa
HOKKAIDŌ
Ebetsu
Kurisawa
THERMALBAD JŌZANKEI
Kuriyama
Shintoku
KUSHIRO-SHITSUGEN NP
Iwanai
Sapporo
Yūbari
Shimukappu
Shimizu
Honbetsu
Otofuke
Akkeshi
Hamanaka
Naganuma
Kutchan
Eniwa
Obihiro
Kushiro
Benkei-misaki
Chitose
Hidakagebirge
Ikeda
Shiranuka
Suttsu
Yōtei-san 1893 m
SHIKOTSU-TŌYA NP
CHITOSE
Hidaka
Shikotsusee
Tōyasee
Kariba-yama 1520 m
Tomakomai
Horoshiri-dake 2052 m
Urahoro
Tokachi
Oshamambe
Abuta
Shiraoi
Mukawa
Biratori
Setana
Date
Noboribetsu
Taiki
Uchiurabucht
Mombetsu
PAZIFISCHER OZEAN
Yakumo
Muroran
Shizunai
Hiroo
Oshima-Halbinsel
Mori
Shikabe
Urakawa
Samani
Erimo
Esashi
Nanae
Minamikayabe
Kamiisco
Erimo-misaki
Esan-misaki
Hakodate
Dai-Sengen-dake 1072 m
Kikonai
Tsugarustraße
Fukushima
Matsumae
Ōma-zaki
Ōma
HOKKAIDŌ
TŌHOKU
AOMORI
Ōhata
© HAMMOND W.A.C.
Maßstab wie in der Hauptkarte
Seit 1945 von Russland besetzt, von Japan beansprucht
Gora Tjatja 1819 m
Kunasc (Kunas
Nemurostraße
Juschno-Kurilsk
Gora Golownina 547 m
Golownino
RUSSLAND
JAPAN
Habomai-I
Tarak
Suishō-tō
Shibot
Yuri-tō
Nosappu-misaki
Nemuro-Halbinsel
Ochiishi-misaki
140°
142°
144°
146°
44°
42°
36°
132°
136°
F
G
H
J
K
B
C
D
1
2
3
5
6
OKI-INSELN
Dōgo
Saigō
Dōzen
DAISEN-OKI-NATIONALPARK
Tsub
Kanazaw
Matto
Komatsu
Kaga
Mikuni
Maruoka
HAKU
Sakai
Katsuyama
Fukui
Ōno
Sabae
FUKUI
© HAMMOND WORLD ATLAS CORPORATION
–6000 m
0
6000 m

Maßstab 1 : 3 300 000
0
50
100
150 km
92-95
138°
140°
142°
40°
38°
36°
E
F
G
H
3
4
5
6
Ō-shima
Fukushima
Matsumae
Shirakami-misaki
Seikan-tunnel
HOKKAIDŌ
TŌHOKU
Ōma-zaki
Ōma
Ōhata
Mutsu
Shiriya-zaki
Shimokita-Halbinsel
Mimmaya
Tappi-zaki
Kodomari
Mutsubucht
Tsugaru-Halbinsel
Nakasato
Hiranai
Rokkasho
Noheji
Ogawarasee
Goshogawara
Aomori
AOMORI
Ajigasawa
Kizukuri
Misawa
Namioka
Itayanagi
Hakkōda-san 1585 m
Momoishi
Iwaki-san 1640 m
Kuroishi
Gonohe
Hachinohe
Iwasaki
Henashi-zaki
Hirosaki
TOWADA-HACHIMANTAI NP
Ōwani
Towadasee
Sannohe
Honshū
Hachimori
Ōdate
Ninohe
Kuji
Noshiro
Yoneshiro
Takanosu
Ichinohe
JAPANISCHE
Kazuno
Kuzumaki
Ani
TOWADA-HACHIMANTAI NP
Iwate
Iwaizumi
Oga-Halbinsel
Gojōnome
Iwate-san 2041 m
Tarō
Nyūdo-zaki
Oga
AKITA
Akita
Tazawako
Morioka
Miyako
Shizukuishi
Kawabe
Kakunodate
Ishidoriya
Hayachine-san 1914 m
Yamada
RIKUCHŪ-KAIGAN NP
MEER
Ōmagari
IWATE
Ōtsuchi
Honjō
Hanamaki
Tōno
Yokote
Kitakami
Kamaishi
Ōu-gebirge
Dewagebirge
Kitakamigebirge
Yashima
Jūmonji
Esashi
Kisakata
Mizusawa
Chokai-san 2237 m
Yuzawa
Ōfunato
Rikuzentakata
Ogachi
Sakata
Yuza
Ichinoseki
Kesennuma
Kaneyama
Kurikoma-yama 1628 m
Amarume
Shinjō
Mogami
Motoyoshi
Tsukidate
Shizugawa
(OSTMEER)
Tsuruoka
Mogami
Obanazawa
Atsumi
YAMAGATA
Furukawa
Wakuya
Ogatsu
Murayama
MIYAGI
TŌHOKU
CHŪBU
Gas-san 1980 m
Ishinomaki
BANDAI-ASAHI NP
Yamoto
Onagawa
Awa-shima
Sagae
Higashine
Matsushima
Oshika-Halbinsel
YAMAGATA
Shiogama
Yamagata
Tendō
Izumi
Hajiki-zaki
Sendai
Murakami
Asahi-dake 1870 m
Sendaibucht
Zaō-san 1841 m
Iwanuma
Nagai
SENDAI
BANDAI-ASAHI NP
Kaminoyama
Nakajō
Ryōtsu
Watari
Aikawa
Takahata
Shiroishi
Kakuda
Shibata
PAZIFISCHER
Sado
Niigata
Yonezawa
Iide-san 2105 m
Sōma
Niitsu
Fukushima
Gosen
Sawasaki-bana
Ogi
Hobara
Azuma-san 2035 m
Shirone
Haramachi
Kawamata
Tsubame
Yamato
Kitakata
Agano
BANDAI-ASAHI NP
Kamo
Nihonmatsu
Sanjō
Bandai-san 1819 m
Mitsuke
Namie
Motomiya
Miharu
Suzu-misaki
CHŪBU
Aizu-
Nagaoka
Inawashirosee
Tochio
TŌHOKU
Wakamatsu
Ōtakine-yama 1193 m
Abukumabergland
Suzu
Kashiwazaki
Kōriyama
FUKUSHIMA
Towada
Ojiya
Sukagawa
Ishikawa
NIIGATA
Tajima
Yabuki
Toyamabucht
Tōkamachi
Nasu-dake 1917 m
Iwaki
Shinano
Jōetsu
Nanao
Shirakawa
Tanagura
Itoigawa
TŌHOKU
Shioya-saki
CHŪBU
KANTŌ
Kuroiso
OZEAN
Nyūzen
Arai
Myōkō-san 2446 m
Iiyama
Shirane-san 2578 m
Kita-Ibaraki
Yaita
Ōtawara
Takahagi
Shinminato
Uozu
JOSHIN-ETSU-
Mikuni-tōge
KANTŌ
NP
Nikkō
Daigo
Namerikawa
Nakano
Nantai-san 2484 m
Imaichi
TOCHIGI
Hitachi
Nagano
KOGEN-
GUMMA
Numata
Toyama
Kanuma
Utsunomiya
Ōmiya
Tate-yama 3015 m
Azumaya-san 2333 m
Hitachi-ōta
Yatsuo
NATIONALPARK
Ishibashi
Mōka
Kasama
Katsuta
TOYAMA
Ueda
Maebashi
Kiryū
Tochigi
Kinu
Naka
Ōmachi
Yari-ga-take 3180 m
Asama-yama 2542 m
Oyama
Mito
Nakaminato
Hotaka
Maruko
Shimodate
GIFU
Hotaka-dake 3190 m
Takasaki
Isesaki
Ōta
Sano
Yūki
Matsumoto
Saku
Fujioka
Koga
IBARAKI
Ishioka
Hokota
NATIONALPARK
NAGANO
Kumagaya
Kitaura
Japanische Alpen
JAPANISCHE ALPEN
Kuki
Sakai
Ishige
Tsuchiura
Norikura-dake 3026 m
Okaya
Chikuma
SAITAMA
Iwai
Yatabe
Kasumigaura
Suwa
Kasukabe
Kashima
Chichibu
Mitsukaidō
Chino
Kobushi-ga-take 2475 m
Kawagoe
Koshigaya
Ryūgasaki
Itako
Toni-tōge
Tatsuno
CHICHIBU-TAMA-
Urawa
Sawara
Ontake-san 3063 m
NATIONALPARK
Tokorozawa
Kawaguchi
NARITA INT'L
Chōshi
TŌKYŌ
Hachiōji
TOKIO
Chiba
Asahi
Inubō-zaki
Sagamihara
Kawasaki
CHIBA

JAPANISCHES MEER
(OSTMEER)
REPUBLIK KOREA
Westkanal
Koreastraße
Ostkanal
Ikikanal
Suosee
Iyosee
Inlandsee
Amakusasee
OSTCHINESISCHES MEER
Ōsumistraße
PAZ
Kyūshū
Shikoku
Chūgokukette
Kyūshūbergland
Shikokubergland
130°
132°
134°
34°
32°
Kyŏngsan
KYŎNGSANG-BUKTO
KYŎNGJU-NATIONALPARK
PULGUK-SA
Hwayang
Kaji-san 1240 m
KYŎNGSANG-NAMDO
Miryang
Ulsan
ULSAN-GWANGYŎKSI
Samnangjin
Ch'angwŏn
Kimhae
Masan
Chinhae
PUSAN-GWANGYŎKSI
UNO-GED.-FRIEDHOF
PUSAN
Kŏje
Shinhyŏn
HALLYŎ-HAESANG-NATIONALPARK
Cheju
REP. KOREA
JAPAN
K. Kara
Kami-Tsushima
Tsushima
Izuhara
Kō-saki
Iki
Mi-shima
Ai-shima
OKI-INSELN
Dōzen
DAISEN-OKI-NATIONALPARK
Sakaiminato
Jizō-zaki
Hino-misaki
Taisha
Hirata
Matsue
Yonago
Yasugi
Izumo
Shinjiko
Kurayoshi
TOTTORI
Dai-sen 1711 m
Oda
SHIMANE
Gōtsu
Hamada
Tsuyama
Niimi
OKAYAMA
Shōbara
Tōjō
Miyoshi
Takahashi
Masuda
HIROSHIMA
Kurashiki
Okayama
Ibara
Sōja
Fuchū
Fukuyama
Kanmuri-yama 1339 m
Hiroshima
Hagi
Nagato
YAMAGUCHI
Yamaguchi
Takehara
Mihara
Onomichi
Kasaoka
CHŪGOKU
SHIKOKU
Takamatsu
Marugame
Sakaide
Tadotsu
Zentsūji
Kanonji
KAGAWA
Ōtake
Kure
SETO-NAIKAI-NP
Iwakuni
Shimonoseki
Onoda
Hōfu
Tokuyama
Kudamatsu
Yanai
Ube
SETO-NAIKAI-NATIONALPARK
Imabari
Niihama
Ikeda
Kitakyūshū
Yukuhashi
Hōjō
Matsuyama
Saijō
Iyo
TOKUSHIMA
Ishizuchi-san 1982 m
Fukuoka
Nogata
Iizuka
Tagawa
FUKUOKA
Amagi
Nakatsu
Usa
CHŪGOKU
KYŪSHŪ
Nagahama
EHIME
Ōzu
Yawatahama
Yoshida
Uwajima
Kōchi
Nankoku
KŌCHI
Sakawa
Ino
Tosa
Aki
Susaki
Tosabucht
Muroto-zaki
Kubokawa
Nakamura
Sukumo
Tosashimizu
Ashizuri-misaki
Okino-shima
SHIKOKU
KYŪSHŪ
Hirado
SAIKAI-NATIONALPARK
Karatsu
Imari
Saga
Tosu
Kurume
SAGA
ŌITA
Hiji
Beppubucht
Beppu
Ōita
Usuki
Tsukumi
Saiki
GOTŌ-ARCHIPEL
Nakadōri
Sasebo
Kashima
Ōkawa
Yanagawa
Ōmuta
ASO-NATIONALPARK
Kujū-san 1787 m
Taketa
Mie
NAGASAKI
Ōmura
Unzen-dake 1359 m
Yamaga
KUMAMOTO
SAIKAI-NP
Fukue
FRIEDENSPARK
Nagasaki
Isahaya
Kumamoto
Shimabara
Aso-san 1592 m
Fukue-jima
Nomo-zaki
Tachibanabucht
Shimbarabucht
Hondo
Yatsushiro
Nobeoka
Kunimi-dake 1739 m
UNZEN-AMAKUSA-NATIONALPARK
Minamata
Ushibuka
Hitoyoshi
MIYAZAKI
Hyūga
Akune
Izumi
Ōkuchi
Saito
Takanabe
Sadowara
Kami-Koshiki
Miyanojō
Kobayashi
Miyazaki
Sendai
Kirishima-yama 1700 m
Kushikino
Kokubu
Shimo-Koshiki
Ijūin
Miyakonojō
Kagoshima
Tarumizu
Nichinan
KAGOSHIMA
Kaseda
Nomo-misaki
Kanoya
Kushima
Shibushibucht
Makurazaki
Kōyama
KIRISHIMA-YAKU NP
Ōsumi-halbinsel
Kagoshimabucht
Satā-misaki
Kuro-shima
Iō-shima
Mage-shima
Nishinoomote
Tanega-shima
Shanghai
Naze, Naha
ŌSUMI-INSELN
Nakatane
Kuchinoerabu
Kamiyaku
Yaku-shima
KIRISHIMA-YAKU NP

Maßstab 1 : 3 300 000

0 50 100 150 km

92-95

D
E
F
G
136°
138°
34°
32°
6
7
8
Maruoka
Katsuyama
Fukui
Sabae
Ōno
Takefu
FUKUI
Haku-san 2702 m
Takayama
NATIONALPARK JAPANISCHE ALPEN
Torii-tōge
Okaya
Suwa
Chino
Ontake-san 3063 m
Tatsuno
Ina
NAGANO
Japanische Alpen
Kyōga-misaki
Wakasa-bucht
Tsuruga
Mihama
Obama
Takahama
Maizuru
CHŪBU
Imazu
Nagahama
Maihara
Biwasee
Hikone
Ayabe
KYŌTO
KINKI
Fukuchiyama
Ikuno
HYŌGO
Nishiwaki
Kasai
Sonobe
Kyōto
Kameoka
Ōtsu
Moriyama
Yōkaichi
SHIGA
Komono
Yokkaichi
Suzuka
Nagaokakyō
Shimamoto
Sanda
Yokawa
Ono
Takatsuki
Kōbe
Akashi
ŌSAKA
Hirakata
Yao
Nara
Ueno
Nabari
MIE
Hisai
Tsu
Matsusaka
Yamatotakada
NARA
Kashihara
Gose
Izumi
Kishiwada
Izumi-Sano
Misaki
ŌSAKA
Hashimoto
Gojō
Katsuragi
Awaji-shima
Sumoto
Wakayama
Naruto
Tokushima
Komatsushima
Kiikanal
Anan
Arida
Kainan
Gobō
Tanabe
WAKAYAMA
NANKI
Shingū
Kumano
Owase
Ōdaigahara-san 1695 m
Hakken-san 1915 m
Shirakawa-tōge
Kii-Bergland
YOSHINO-KUMANO-NP
Nachi-Katsuura
Kushimoto
Ō-shima
Shio-no-misaki
NIN-KAIGIN-TIONALPARK
Toyo'oka
Miyazu
GIFU
Mino
Seki
Gifu
Nakatsugawa
Kakamigahara
Ōgaki
Inuyama
Ena
Mizunami
Ichinomiya
Tajimi
Seto
Kasugai
KOMAKI
NAGOYA
AICHI
Kuwana
Tōkai
Toyota
Okazaki
Ise-bucht
Nishio
Toyokawa
Gamagōri
Toyohashi
Kosai
CHŪBU
KINKI
Irago-misaki
Ise
Toba
ISE-SHIMA-NP
Daiō-zaki
Honshū
Komagane
Shirane-san 3192 m
Iida
Akaishi-dake 3120 m
Tenryū
Hamakita
Iwata
Fukuroi
Hamamatsu
Omae-zaki
Fujieda
Yaizu
SHIZOUKA
Shizuoka
Shimizu
Surugabucht
Minobu
Fujinomiya
Fuji
Numazu
NP MINAMI-ALPEN
Nirasaki
YAMANASHI
Kōfu
Fujiyoshida
Fuji 3776 m
Gotemba
HAKONE
Susono
Mishima
Atami
Itō
Amagi-san 1407 m
IZU-NP
Shimoda
Irō-zaki
CHICHIBU-TAMA-NATIONALPARK
Enzan
Hachiōji
Tsuru
Kawagoe
Urawa
Koshigaya
Sayama
Kawaguchi
Tokorozawa
Tachikawa
TŌKYŌ
TOKIO
Chōfu
Chiba
Sagamihara
Kawasaki
CHIBA
KANAGAWA
YOKOHAMA
Isehara
Hadano
Fujisawa
Kisarazu
Kimitsu
Chigasaki
Yokosuka
Odawara
Futtsu
Kyonan
Tomiyama
Bōsōhalbinsel
Sagamisee
Tateyama
Nojima-zaki
Ō-shima
FUJI-HAKONE-IZU-NATIONALPARK
CHŪBU
KANTŌ
Nii-jima
TŌKYŌ
Kōzu-shima
Miyake-jima
Mikura-jima
JAPAN
Izu-Inseln (JAPAN)
FUJI-HAKONE-IZU-NATIONALPARK
Hachijō-jima
Hachijō
Aoga-shima
Beyoneisu-retsugan
ISCHER
ZEAN
© HAMMOND WORLD ATLAS CORPORATION

−6000 m 0 6000 m

Afrika

1 **größter Staat nach Fläche** Sudan (2 505 813 km²)
2 **bevölkerungsreichster Staat** Nigeria (156,4 Mio. Einw.)
3 **bevölkerungsreichste Stadt** Lagos (8,79 Mio. Einw.; Kernbereich, ohne Agglomeration)
4 **höchster Berg** Kilimandscharo (5 892 m)
5 **längster Fluss** Nil (6 671 km)
6 **Größter See nach Fläche** Victoriasee (69 484 km²)

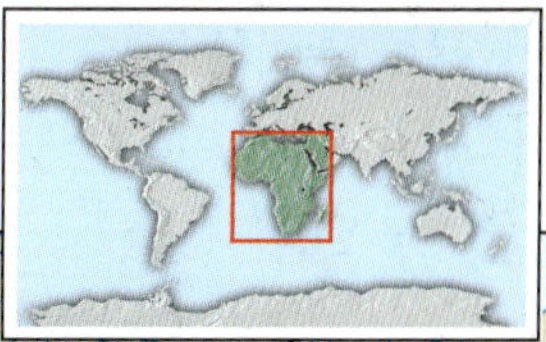

Maßstab 1 : 47 000 000

0 500 1000 1500 2000 km

Afrika

Regenwald und Wüste

Afrika ist mit rund 30 Mio. km² zweitgrößter Kontinent. Er nimmt etwa ein Fünftel der Landmasse der Erde ein. Der Name geht auf die Römer zurück, die das Land um Karthago im heutigen Tunesien nach dem Stamm der Afri Africa nannten; später wurde die Bezeichnung auf den ganzen Kontinent ausgedehnt.

Afrika erstreckt sich über 8 000 km von Norden nach Süden und über 7 600 km von Westen nach Osten. Die Küste ist schwach gegliedert; ihr sind nur wenige Inseln vorgelagert. Einzige große Insel ist Madagaskar im Südosten. Von Europa wird Afrika durch das Mittelmeerbecken getrennt. Mit Asien hängt es an der Landenge von Sues unmittelbar zusammen; im Übrigen ist es durch den Graben des Roten Meeres von ihm getrennt.

Sudan. Von etwa 900 v. Chr. bis 300 n. Chr. bestand am Nil das Reich Kusch, dessen Hauptstadt die heutige Ruinenstätte Meroë war; aus dieser Zeit stammen die pyramidenförmigen Königsgräber.

Berge und Ebenen: Das Relief wird weitgehend von Plateaus und Tafelländern bestimmt, die im Süden und Osten im Mittel über 1 000 m ansteigen. Die Hälfte der Fläche liegt unter 500 Meter. Die Küsten sind meist Steilküsten, besonders im Norden und Süden. In den Tropen wird die Küste häufig von Mangroven und vorgelagerten Korallenriffen geprägt, sonst ist sie flach und sandig mit starker Brandung. Abgesehen vom geologisch jungen Atlas (bis 4 165 m), besteht Afrika aus einem alten Sockel, der von flachen Schwellen in Becken gegliedert wird. An kleinere, abflusslose Becken der Sahara schließen sich im Sudan Niger-, Tschad- und Weißnilbecken an, in Mittelafrika das riesige Kongobecken, im Süden das Kalaharibecken, das im Südosten von einem alten Gebirgssystem (in den Drakensbergen bis 3 482 m) umgeben ist. Den Osten vom Roten Meer bis zum Sambesi durchzieht das Ostafrikanische Grabensystem mit Tanganjika- und Njassasee; es ist von Vulkanen begleitet, darunter mit Kilimandscharo (5 892 m) und Mount Kenia (5 199 m) die höchsten Berge des Kontinents.

Flüsse und Seen: Das größte Binnengewässer ist der Victoriasee im Osten; zu den abflusslosen Binnenseen gehört der Tschadsee. Die Flüsse der Winterregengebiete (Atlasländer, südwestliches Afrika) führen periodisch Wasser, in den Wüsten gibt es nur episodisch durchflossene Täler (Wadis). In abflusslosen Becken bilden sich durch die hohe Verdunstung ausgedehnte Salzpfannen (Schotts, Sebchas). Im tropischen Feuchtgebiet entwickelten sich mächtige Ströme, die mit Katarakten und Wasserfällen die Beckenränder durchbrechen. Dazu zählen der Nil, mit 6 671 km der zweitlängste Fluss der Erde, sowie Kongo, Niger und Sambesi.

Ägypten. Blick auf die Stadt Kairo und den Nil.

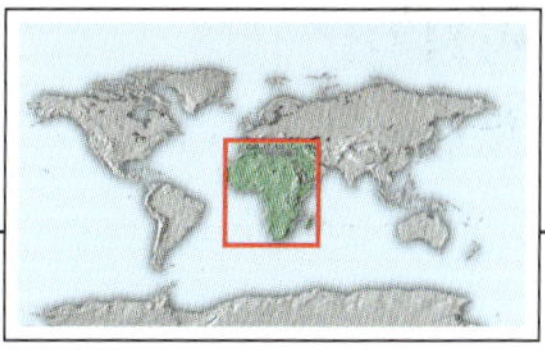

Tansania. Im Nordosten Tansanias liegt der höchste Berg Afrikas, der 5 892 m hohe Kilimandscharo; der Gebirgsstock besteht aus den drei zusammengewachsenen Vulkanen Schira, Mawensi und Kibo.

Namibia. Die Wüste Namib erstreckt sich entlang der gesamten Küste Namibias bis in die nördlich und südlich angrenzenden Länder Angola und Südafrika.

Klima und Vegetation: Infolge seiner Lage beiderseits des Äquators zeigt Afrika die Klima- und Vegetationszonen in nahezu idealtypischer Anordnung. Die äquatoriale Tropenzone mit Regen zu allen Jahreszeiten weist Regenwald auf (Guineabucht, nördliches Kongobecken), der in den letzten 30 Jahren durch Rodungen stark dezimiert wurde. Nördlich und südlich schließen sich Zonen mit zwei Regenzeiten an, getrennt durch eine kurze Sommer- und eine lange Wintertrockenzeit. Hier herrschen Savannen vor, zunächst Feuchtsavanne mit immergrünen Bäumen und Hochgrasfluren. Zu den Randtropen hin (Sudanzone, Sambesihochland) vereinigen sich beide Regenzeiten zu einer einzigen (im Sommer), die mit wachsendem Abstand vom Äquator immer geringere Niederschlagsmengen bringt. Es folgen Trocken-, dann Dornstrauchsavannen, die in der Sahelzone schließlich in die subtropischen Trockengebiete der Sahara und im Süden in die Namib mit nur noch episodischen Niederschlägen übergehen. Nord- und Südküste weisen Mittelmeerklima auf.

Staatliche Gliederung

Ägypten	Kap Verde	Ruanda
Algerien	Kenia	Sambia
Angola	Komoren	São Tomé und Príncipe
Äquatorialguinea	Kongo, Demokratische Republik	Senegal
Äthiopien	Kongo, Republik	Seychellen
Benin	Lesotho	Sierra Leone
Botswana	Liberia	Simbabwe
Burkina Faso	Libyen	Somalia
Burundi	Madagaskar	Südafrika
Djibouti	Malawi	Sudan
Elfenbeinküste	Mali	Swasiland
Eritrea	Marokko	Tansania
Gabun	Mauretanien	Togo
Gambia	Mauritius	Tschad
Ghana	Moçambique	Tunesien
Guinea	Namibia	Uganda
Guinea-Bissau	Niger	Zentralafrikanische Republik
Kamerun	Nigeria	

Nicht selbstständige Gebiete

von Marokko besetzt:	zu Großbritannien:	zu Portugal:
Westsahara	Sankt Helena	Madeira
zu Frankreich:	zu Jemen:	zu Spanien:
Mayotte	Sokotra	Kanarische Inseln
Réunion		Ceuta und Melilla

ATLANTISCHER OZEAN
MITTELMEER
SPANIEN
PORT.
Madeira (PORT.)
Funchal
Kanarische Inseln (SP.)
Santa Cruz de Tenerife
Las Palmas de Gran Canaria
Lanzarote
Fuerteventura
Gran Canaria
Teneriffa
La Palma
Gomera
Hierro
Pico de Teide 3718 m
MAROKKO
Casablanca
Rabat
Marrakesch
Fès
Meknès
Tanger
Tétouan
Agadir
Safi
El Jadida
Essaouira
Oujda
Ceuta (SP.)
Melilla (SP.)
Gibraltar (G.B.)
Str. v. Gibraltar
Málaga
Cádiz
Jerez
Marbella
Almería
Cartagena
Mulhacén 3478 m
Rif
Mittlerer Atlas
Hoher Atlas
Antiatlas
Jebel Toubkal 4165 m
Adrar Mkorn 3222 m
Jebel Mesrouh 2714 m
Adrar bou Nasser 3340 m
Hamada du Drâa
Tarfaya
Tan-Tan
Sidi Ifni
Tindouf
Kap Juby
Westsahara (von Marokko besetzt)
El Aaiún
Daora
Semara
Tifariti
K. Bojador
Ad Dachla
Nördlicher Wendekreis
Guelta Zemmur
Aïn Ben Tili
ALGERIEN
Algier
Oran
Blida
Sétif
Batna
Biskra
Tlemcen
Sidi Bel Abbès
Mostaganem
Tiaret
Djelfa
Laghouat
Ghardaïa
Ouargla
Touggourt
Bechar
Beni Abbès
Timimoun
Adrar
Reggane
Aoulef
In-Salah
Tell-Atlas
Sahara-Atlas
Großer Westlicher Erg
Großer Östlicher Erg
Plateau du Tademaït
Tidikelt
Erg Iguidi
Erg Chech
El Eglab
Tanezrouft
Ahaggar
Tamanrasset
In Ebeggi
Bordj Omar Driss
Garet el Djenoun 2327 m
Djebel Telertheba 2455 m
Tahat 2918
POSTE WEYGAND
POSTE MAURICE CORTIER
Adrar des Iforas
Tessalit
Aguelhok
Kidal
Tin-Zaouâten
MAURETANIEN
Nouakchott
Nouadhibou
Kap Blanc
PARC NATIONAL DU BANC D'ARGUIN
Atâr
Akjoujt
Zouérat
Kediet Ijill 915 m
Ouadane
Chinguetti
Tidjikdja
Tichît
Kiffa
Néma
Oualâta
Rosso
Bogué
Kaédi
Adrar
Tagant
Aoukar
El Djouf
Ouarane
MALI
Bamako
Timbuktu
Gao
Mopti
Ségou
Kayes
Sikasso
Araouane
Taoudenni
Azaouâd
Hombori Tondo 1155 m
SENEGAL
Dakar
Saint-Louis
Thiès
Kaolack
Tambacounda
GAMBIA
Banjul
GUINEA-BISSAU
Bissau
Bissagosinseln
GUINEA
Conakry
Kankan
Labé
SIERRA LEONE
Freetown
Loma Mansa 1948 m
ELFENBEINKÜSTE
BURKINA FASO
Ouagadougou
Bobo Dioulasso
GHANA
Tamale
TOGO
BENIN
Parakou
Niamey
Sokoto
Niger
Senegal
SAHARA

Maßstab 1 : 16 700 000

0 250 500 750 km

-6000 m 0 6000 m

Marokko, Algerien und Tunesien

Afrika

Maßstab 1 : 6 700 000

0 100 200 300 km

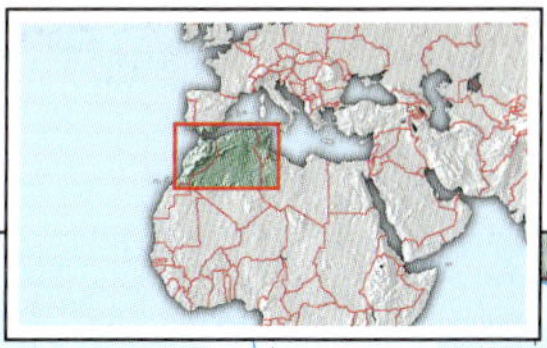

M E E R
E L M
In ALGERIEN und TUNESIEN sind die Verwaltungsgebiete nach ihren Hauptstädten benannt.
ALGIER
La Galite
K. de Fer
Chetaibi
Kap Rosa
Tabarqah
Collo
Annaba
Menzel Bourguiba
Biserta
Res Jebel
Golf von Tunis
Kap Bone
Kebili
Menzel Temime
Ariana
Tunis
Ben Arous
KARTHAGO
Korba
Nabeul
Hammamet
Golf von Hammamet
Pantelleria
Pantelleria (ITALIEN)
Agrigent
Cagliari
Pelagische Inseln (ITALIEN)
Linosa
Lampedusa
Dellys
Tigzirt
Kap Sigli
Bejaïa
Jijel
Skikda
Azzaba
Guelma
El Milia
Mila
Constantine
El Khroub
Zeralda
Tipasa
Boufarik
Blida
El Affroun
Miliana
Médéa
Khemis Miliana
Boumerdes
Tizi Ouzou
Bouira
Sétif
Bordj Bou Arreridj
El Eulma
Aïn M'Lila
Oum el Bouaghi
Aïn Beida
Batna
BATNA
TIMGAD
Khenchela
KHENCHELA
Djebel Mahmel 2321 m
Tébessa
TÉBESSA
Bir el Ater
Cheria
Souk Ahras
Sedrata
El Tarf
Beja
Jendouba
Le Kef
Siliana
Zaghouan
Sousse
Monastir
Moknine
Mahdia
Ksour Essef
Kairouan
Msaken
Djemmal
El Djem
TUNESIEN
Kasserine
Sbeitla
Jabal ash Sha'nabi 1544 m
Thelepte
Sidi Bou Zid
SFAX
Sfax
Kerkennainseln
Mallitah
MITTELMEER
Golf von Gabès
Gabès
GABES
Houmt-Souk
Djerba
Golf von Bū Ghirārah
Zarzis
Medenine
MEDENINE
Ben Guerdane
Tataouine
TATAOUINE
Kap Ajdīr
Ra's Ajdīr
Tripolis
Sabrātah
Zuwārah
Al Jamil
Surmān
Az Zawiya
Dreffia
Yafren
Jadu
Tiji
Kabaw
Nalūt
Jabal Nafūsah
Tripolitanien
Sinawin
Al Hamadāh al Hamra
Ghadāmis
Dirj
Bi'r Zūgrar
LIBYEN
Hamadāt Tinghert
Edeien Ubari
Bi'r Bū Kūsā
Hasy Timenocalin
Bi'r Tegheri
Hasy Sūs
Zarzaïtine
In-Amenas
Hassi el Mislane
Edjeleh
Ohanet
ILLIZI
Illizi
Bordj Omar Driss
Hamada de Tinrhert
Edehin Ouarene
Isaouanne-n-Irarraren
Hassi Tabelbalet
TAMANRASSET
Plateau du Tademaït
Foggaret ez Zoua
In-Salah
In-Rhar
Tit
GERIEN
Hassi Inifel
El Golea
Hassi Khanem
GHARDAÏA
Ghardaïa
Hassi Fahl
Metlili Chaamba
Berriane
Guerara
Hassi er Rebib
LAGHOUAT
Laghouat
Aflou
Djelfa
DJELFA
Messaad
Oued Djedi
M'zab
Hassi Bou Zid
Ouargla
Hassi Messaoud
Hassi el Hadjar
OUARGLA
Großer Östlicher Erg
SIF FATIMA
TUNESIEN ALGERIEN
TUNESIEN LIBYEN
Adh Dhahibat
Ramādah
KEBILI
Douz
Qibili
El Fawwār
Al Hammah
Nefta
Tozeur
TOZEUR
Schott el Djerid
Schott el Fedjaj
GAFSA
Gafsa
Negrine
El Oued
EL OUED
Guemar
Djamaa
Touggourt
Temacine
El Alia
Schott Merouane
Schott Melrhir
BISKRA
Biskra
Ouled Djellal
Barika
M'SILA
M'Sila
Bou Saâda
Schott el Hodna
Hassi Bahbah
Aïn Oussera
Ksar el Boukhari
Tissemsilt
Mehdia
Sidi Aïssa
Schotts
Atlas
Ras el Oued
Aïn Oulmene
Aïn Touta
Sour El Ghozlane
Berrouaghia
El Kseur
Akbou
Chelghoum El Aïd
Aïn Fakroun
Ouenza
El Aouinet
Tajirwin
Talah
Sbeitla
Al Mikhasi
Aş Şukhayrah
Bir Ali Bin Khalifah
Makthar
D
E
F
G
4°
8°
© HAMMOND WORLD ATLAS CORPORATION

−6000 m 0 6000 m

Libyen, Ägypten und Israel

Afrika

Maßstab 1 : 6 700 000

0 100 200 300 km

ÄGYPTISCHE GOVERNORATE
① AL ISKANDARĪYAH
② KAFR ASH SHAYKH
③ AL GHARBĪYAH
④ AL MINŪFĪYAH
⑤ AD DAQAHLĪYAH
⑥ DUMYĀṬ
⑦ BŪR SA'ĪD
⑧ ASH SHARQĪYAH
⑨ AL ISMĀ'ĪLĪYAH
⑩ AL QALYŪBĪYAH
⑪ AL QĀHIRAH
⑫ AL FAYYŪM
⑬ BANĪ SUWAYF
ÄGYPTEN
ALEXANDRIA
KAIRO
GIZE
Port Said
Sues
Ismailia
Nildelta
Plateau
Kattarasenke
MAṬRŪḤ
Oase Siwa
Siwah
Marsá Maṭrūḥ
As Sallūm
Sīdī Barrānī
Golf von Sollum
Kap Mişrātah
El Alamein
Arabische Bucht
Damanhūr
Ṭanṭā
Az Zaqāzīq
Banhā
Al Manṣūrah
Damiette
Idkū
Kafr ad Dawwār
Shibīn al Kaum
Mansalasee
Sueskanal
Bittersee
Fajjum
Banī Suwayf
Al Minyā
AL MINYA
Mallawī
Dayrūṭ
ASYŪṬ
Assiut
Abnūb
Ṭahṭā
Akhmīm
SUHĀJ
Suhāj
Jirjā
Qinā
QINĀ
Luxor
Karnak
THEBEN
Armant
Isnā
Idfū
Kawm Umbū
Assuan
ASWĀN
Nassersee
Abu Simbel
Wadi Halfa
2. Katarakt
1. Katarakt
Bahrija-Oase
Al Bawītī
Farafra-Oase
Qaṣr al Farāfirah
Westliche Wüste
Dachla-Oasen
Al Qaṣr
Mūṭ
Charga-Oase
Al Khārijah
Bārīs
AL WĀDĪ AL JADĪD
Toschka-senke
Hadabat al Jilf al Kabīr
1098 m
Großer Erg
Arabische Wüste
AL BAḤR AL AḤMAR
Golf von Sues
Golf von Akaba
ROTES MEER
Al Ghurdaqah
Būr Safājah
Al Quṣayr
Marsá al 'Alam
Berenike
Halbinsel Sinai
SHAMĀL SĪNĀ'
JANŪB SĪNĀ'
Al 'Arīsh
Jabal Katrīnā 2642 m
Ras Ghārib
Aṭ Ṭūr
Scharm asch Schaich
Dhahab
Nuwaybi'
Tiran
Jabal Shā'ib al Banāt 2005 m
Jabal Ḥamāṭah 1977 m
Nördlicher Wendekreis
ISRAEL
JORDANIEN
SAUDI-ARABIEN
SUDAN
SYRIEN
Tel Aviv - Jaffa
Jerusalem
Amman
Netanya
Petah Tiqwa
Holon
Gaza
Gazastreifen
Beersheba
Elat
Akaba
Negev
Westjordanland
Az Zarqā'
Al Mafraq
Irbid
Ma'dabā
Al Karak
Aṭ Ṭafīlah
Totes Meer
Ḥaql
Jabal al Lawz 2580 m
Jabal Ramm 1754 m
Dubā
Al Muwayliḥ
Midian
Kap Muḥammad
Mitlapass
Khatmiapass
Jadipass
Pyramiden von Gize
Memphis
Tal der Könige
Assuan-Hochdamm
Abydos
AL JĪZAH
AS SUWAYS
AL BUḤAYRAH
Ägypten
Sudan
D E F G
28° 32°
-74 m
427 m
© HAMMOND WORLD ATLAS CORPORATION

-6000 m 0 6000 m

Nordöstliches Afrika

Afrika

Maßstab 1 : 16 700 000

0 250 500 750 km

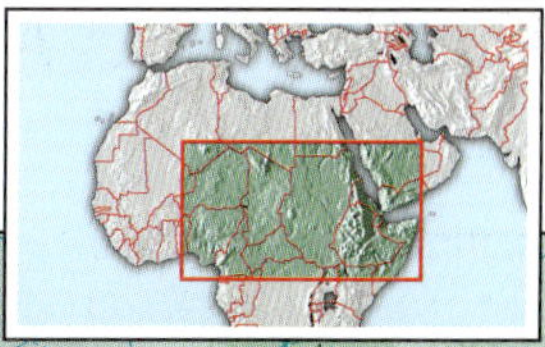

ROTES MEER
SAUDI-ARABIEN
Riad
Mekka
Djidda
Medina (Al Madinah)
At Ta'if
Najd
Jabal Tuwayq
Jabal al Hijaz
Rub` al Khali
GRENZE NICHT FESTGELEGT
OMAN
JEMEN
Sanaa
Aden
Al Mukalla
Hadramaut
Golf von Aden
Bab el Mandeb
DJIBOUTI
Djibouti
ERITREA
Asmara
Massaua
Dahlak-Archipel
Farasan-inseln
Suakin-Archipel
Port Sudan
Red Sea Hills
Nubische Wüste
Arabische Wüste
Assuan
Luxor
Nassersee
SUDAN
Omdurman
Khartoum-Nord
Khartoum
Wad Madani
Kassala
El-Obeid (Al Ubayyid)
Nubaberge
Sudd
Juba
ÄTHIOPIEN
Addis Abeba
Äthiopisches Hochland
Semien
Ras Daschan 4620 m
Gondar
Bahir Dar
Dessie
Dire Dawa
Harar
Afarsenke
Ogaden
SOMALIA
Mogadischu
Berbera
Karkaar
INDISCHER OZEAN
Turkanasee
KENIA
UGANDA
Nördlicher Wendekreis
©HAMMOND WORLD ATLAS CORPORATION

−6000 m 0 6000 m

Westafrika

Afrika

SENEGAL
MAURETANIEN
GAMBIA
GUINEA-BISSAU
GUINEA
SIERRA LEONE
LIBERIA
ATLANTISCHER OZEAN
Dakar
Thiès
Rufisque
Tivaouane
Diourbel
Mbacké
Kaolack
Fatick
Louga
SAINT-LOUIS
LOUGA
DIOURBEL
KAOLACK
FATICK
MATAM
GORGOL
GUIDIMAKA
ASSABA
HODH EL GHARBI
Ferlo
Tambacounda
TAMBACOUNDA
KOLDA
Kolda
ZIGUINCHOR
Ziguinchor
Banjul
Mansa Konko
Georgetown
Basse Santa Su
Farim
Bissau
Bafatá
Cacheu
Bolama
Bissagos-inseln
Kédougou
Kayes
KAYES
Falaise de Tambaoura
Bafoulabé
Kita
KOULIKORO
PN DE LA BOUCLE DU BAOULÉ
PN DU NIOKOLO-KOBA
Massif du Tamgue
Labé
Fouta Djalon
Mamou
Dabola
Kindia
Conakry
Coyah
Forécariah
Boké
Kamsar
Fria
Siguiri
Kankan
Kouroussa
Faranah
Kissidougou
Guéckédou
Macenta
Nzérékoré
Loma Mts.
Tingi Mts.
NORTHERN
Kabala
Makeni
Port Loko
Freetown
FREETOWN (LUNGI INT'L)
WESTERN AREA
Bo
Kenema
EASTERN
SOUTHERN
Sherbro Island
Turtle Is.
Banana Is.
Shenge Pt.
Koidu
Kailahun
Pujehun
LOFA
BONG
NIMBA
GRAND CAPE MOUNT
MONTSERRADO
Monrovia
MONROVIA (ROBERTS INT'L)
Robertsport
Tubmanburg
Kakata
Gbarnga
Buchanan
GRAND BASSA
River Cess
SINOE
Greenville
Sasstown
MARYLAND
Harper
Zwedru
Sanniquellie
Mt. Nimba 1752 m
Bama

Maßstab 1 : 6 700 000

0 100 200 300 km

TOMBOUTOU
GAO
MOPTI
TILLABÉRI
Niamey
SÉGOU
Sudan
OUDALAN
SOUM
SÉNO
YATENGA
BURKINA FASO
Ouagadougou
GOURMA
TAPOA
Bobo Dioulasso
KÉNÉDOUGOU
HOUET
MOUHOUN
SISSILI
KOMOÉ
PONI
UPPER WEST
UPPER EAST
NORTHERN
GHANA
Tamale
BENIN
TOGO
Lomé
ELFENBEINKÜSTE
Bouaké
Yamoussoukro
Abidjan
BRONG-AHAFO
ASHANTI
Kumasi
EASTERN
VOLTA
WESTERN
CENTRAL
Accra
Voltasee
PARC NATIONAL DE LA KOMOÉ
Macina
Sekondi
Takoradi
Cape Coast
Bucht von Benin

−6000 m 0 6000 m

Zentralafrika

Afrika

Maßstab 1 : 16 700 000

0 | 250 | 500 | 750 km

SUDAN
ÄTHIOPIEN
Äthiopisches Hochland
Addis Abeba
DJIBOUTI
SOMALIA
ALAFRIKANISCHE REPUBLIK
DEMOKRATISCHE REPUBLIK KONGO
Kongo-becken
UGANDA
Kampala
KENIA
Nairobi
RUANDA
Kigali
BURUNDI
Bujumbura
TANSANIA
Dodoma
Daressalam
SAMBIA
MALAWI
MOÇAMBIQUE
KOMOREN
Moroni
INDISCHER OZEAN
Victoriasee
Tanganjikasee
Turkanasee
Albertsee
Sudd
Nubaberge
Jabal Marrah
Weißer Nil
Blauer Nil
Ostafrikanischer Graben
Zentralafrikanischer Graben
Monts Mitumba
Katanga
Ogaden
Ahmargeberge
Mount Kenya 5199 m
Kilimandjaro 5892 m
Margherita 5110 m
Mt. Elgon 4321 m
Juba
Kisangani
Mombasa
Lubumbashi
Kolwezi
Mbuji-Mayi
Kananga
Goma
Bukavu
Mwanza
Tabora
Mbeya
Kitwe
Ndola
Chingola
Kismaayo
Harar
Dirē Dawa
Gondar
Bahir Dar
Dessie
Nazrēt
Jima
Nyala
Wāw
Malakāl
Entebbe
Jinja
Kisumu
Nakuru
Eldoret
Arusha
Moshi
Tanga
Sansibar
Kigoma
Kalemie
Lamu
© HAMMOND WORLD ATLAS CORPORATION

−6000 m | 0 | 6000 m

Zentralafrikanischer Graben

Afrika

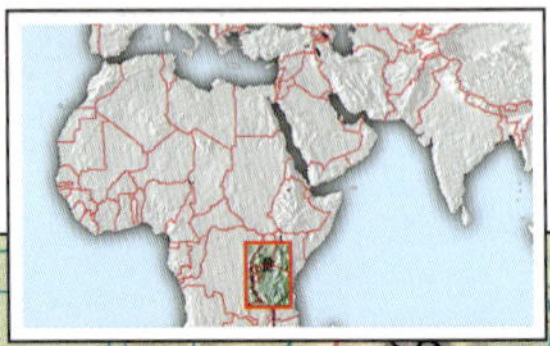

Maßstab 1 : 6 700 000

0 100 200 300 km

JEMEN
Sanaa
Aden
Al Mukallā
Al Ḥudaydah
Ta'izz
Dhamār
Ibb
Yarīm
Zabīd
Bayt al Faqīh
Al Mukhā
Lahij
Zinjibār
Shaqrā'
Al Bayḍā
Lawdar
Mārib
Ḥarib
Ataq
Ar Rawḍah
Yashbum
Ḥabbān
Mayfa'ah
Al Ḥuwaymī
Balḥāf
Bi'r 'Alī
Mijdāḥah
As Sufāl
Burūm
Ar Riyān
Ash Shiḥr
Al Fardah
Al Khuraybah
Shabwah
'Amd
Al Maghārim
'Iyādh
Nuqūb
Bayḥān al Qiṣāb
Niṣāb
Nūsah
Al Ḥawrah
Al 'Irqah
Aḥwar
Al Ḥumayshah
Aş Şawma'ah
Mūdiyah
Jabal an Nabī Shu'ayb 3760 m
Jabal Thamar 2514 m
Naqīl Sumārah 2800 m
Manākhah
Bājil
Az Zaydiyah
Kawkabān
Ḥajjah
'Amrān
Al Luḥayyah
Kamaran
Şalīf
Qa'ṭabah
Māwiyah
Musaymīr
Mawshij
Ramādah
Fayrā
At Turbah
Dhubāb
Al Kawd
Shaykh 'Uthmān
Madīnat ash Sha'b
Ḥanīsh al Kabīr
Jabal Zuqar
Al Fāzah
ROTES MEER
ERIT.
Assab
Raḥayta
Bab el Mandeb
DJIBOUTI
Djibouti
Musa Ali 2063 m
Khor Angar
Dorra
Obock
Kap Bir
Randa 1783 m
FORÊT DU DAY NP
Tadjoura
Golf von Tadjoura
Lac Assal
Assal 153 m
Arta
Dikhil
Ali Sabieh
Golf von Aden
SOMALIA
Berbera
Hargeysa
Burco
Boosaaso
Caluula
Kap Caluula
Bareeda
Abo
Qandala
Baargaal
2200 m
Karin
Laas Qoray
Kap Sura
Maydh
Xiis
Shimber Berris 2408 m
1829 m
Ceerigaabo
Kap Khansiir
Karin
Cankhor
Laas Dhaareed
Ceel Afweyne
Borraan
Karkaar
Iskushuban
Hurdiyo
Hafun
Bandarbeyla
Qardho
Dhuudo
Dinach
Taleex
Xalin
Kalyexeed
Sinujif
Kalis
Garoowe
Nogal
Laascaanood
Caynabo
Darie Hills
Buuhoodle
Durukhsi
Davegoriale
Ood Weyne
Beerato
Sheikh
Cadaadle
Daragodleh
Bullaxaar
Seylac
Kap Maskan
Sillil
Boorama
Eyl
Kap Illigh
Domo
Haud
Tukayel
Ceel Xamurre
Bacaadweeyn
Beyra
Gaalkacyo
Garacad
Daborow
Iidaan
Godinlabe
Dhuusamarreeb
Ceeldheere
Sina Dhaqa
Hobyo
INDISCHER OZEAN
Feerfeer
Berdale
Belethuen
ÄTHIOPIEN
Ogaden
Harar
Jijiga
Dugu
Gursum
Alem Maya
Fedis
Dire Dawa
K'aha
Dibilē
Degeh Bur
Gos
Āwarē
Mersin Galgalo
Daga Medo
Segag
Bircot
Hamero Hadad
Koloio
Dihun
Welwel
Werdēr
Gedlegubē
Geladi
Dudub
K'ebri Dehar
K'orahē
Denan
Garmuda
Guguergu
Shilabo
Hananō
Gode
Imī
El Kerē
Buddi
K'elafo
El Ābrēd
Mustahil
Hargele
El Dere
El K'oran
Lema Shilindi
Āysha
Ādigala
Fik'
Webe Shebele
Fafen Shet'
Jerer Shet'
Daketa Shet'
SOMALIA ÄTHIOPIEN
ÄTHIOPIEN SOMALIA
DJI. SOM.
44°
48°
12°
8°
© HAMMOND WORLD ATLAS CORPORATION

−6000 m
0
6000 m

Südliches Afrika, Madagaskar

Afrika

D.R.K.
DEMOKRATISCHE
REPUBLIK
KONGO
ANGOLA
SAMBIA
NAMIBIA
BOTSWANA
SÜDAFRIKA
ATLANTISCHER
OZEAN
Südlicher Wendekreis
Luanda
Ambriz
Ponta das Palmeirinhas
Porto Amboim
Sumbe
Lobito
Benguela
Canhoca
Namibe
Tombua
Ponta da Marca
Foz do Cunene
C. Fria
Toscanini
Swakopmund
Walfischbai
Lüderitz
Oranjemund
Alexander Bay
Port Nolloth
Hondeklipbaai
Vredendal
Clanwilliam
St. Helena Bay
Velddrif
Vredenburg
Kapstadt
Kap der Guten Hoffnung
False Bay
Quoin Pt.
C. Agulhas
Bredasdorp
Bellville
Paarl
Worcester
Mosselbaai
George
Knysna
Oudtshoorn
C. Recife
Port Elizabeth
Grahamstown
Uitenhage
Huambo
Hochland von Bié
Morro de Môco 2620 m
Hochland von Huíla
Lubango
Menongue
Cuito-Cuanavale
Ondjiva
Ruacana-fälle
Etoscha NP
Windhuk
Rehoboth
Kalahari
Brandberg 2573 m
Chowagasberg 2063 m
Gobabis
Keetmanshoop
Karasburg
Upington
Kimberley
Bloemfontein
Gaborone
Mahalapye
Francistown
Maun
Okawango-delta
Kasane
Victoriafälle
Livingstone
Ngonye Falls
Mongu
Kolwezi
Lubumbashi
Dilolo
Saurimo
Luena
Kalabo
Chobe Nat'l Park
Gemsbok NP
Kalahari-Gemsbok-NP
Große Karru
Mountain Zebra NP
Great Winterhoek 2077 m
Kompasberg 2505 m
Springbok
Calvinia
Vryburg
Klerksdorp
Welkom
Virginia
Kuruman
Mafikeng
Rustenburg
Carletonville
Ghanzi
Tsabong
Mamuno
Rundu
Katima Mulilo
Tsumeb
Otavi
Grootfontein
Okahandja
Omaruru
Karibib
Usakos
Khorixas
Outjo
Mariental
Maltahöhe
Bethanie
Aus
Seeheim
Grünau
Ariamsvlei
Nakop
Keimoes
Prieska
Britstown
De Aar
Carnarvon
Sakrivier
Beaufort West
Graaff-Reinet
Middelburg
Cradock
Somerset East
Fort Beaufort

Maßstab 1 : 16 700 000

0 250 500 750 km

−6000 m 0 6000 m

Südliches Afrika – westlicher Teil

Afrika

Maßstab 1 : 6 700 000
0
100
200
300 km
116–119
PARQUE NACIONAL DA CAMEIA
Lunache
Chilombo
Lumbala Kaquengue
Macondo
Caripande
Lingelengenda
Kalombo
Chavuma Falls
Nyakulenga
Chinyama Litapi
Chinyingi
Zambezi
Kanyilombi
WEST LUNGA NP
NORTH-WESTERN
Kawana
Chizela
Kasempa
Kabompo
Chisasa
Solwezi
Chililabombwe
Chingola
Nchanga
Mufulira
Chambishi
Sakania
Garneton
Kalulushi
Kitwe
Ndola
DEM. REP. KONGO
Saint Mary's
Fisenge
Twapia
Luanshya
COPPERBELT
Kipilingu
Walamba
Masofu
NORTHERN
Kapengwe
KASANKA NP
Kanona
Serenje
Muchinga Mts.
SOUTH LUANGWA NAT'L PARK
Ndabala
Chisomo
Mkushi
Kapiri Mposhi
Mufulwe Hills
Kakonga
Kayomba Hills
Ngabwe
SAMBIA
LIUWA PLAIN NP
Lukulu
KAFUE NATIONAL PARK
Kaindu
Kabwe
Chibwe
CENTRAL
WONDER GORGE
Mboloma
Petauke
EASTERN
Nyimba
Kachalola
Lukanga-sümpfe
Kalwelwe
Litete
Miswa
Mulungushi
Kaoma
Luena Flats
Luampa
Kalabo
Nanikelako
Lealui
Limulunga
Mongu
SAMBIA ANGOLA
Mumbwe
Kasalu
Chisamba
Rufunsa
LUSAKA
Kaulashishi 1420 m
Montes Cavese
MOÇ.
Cabora-Bassa-See
Zumbu
BLUE LAGOON NP
Westwood
Ngwerere
Balmoral
Lusaka
Chongwe
Undaunda
LOWER ZAMBEZI NP
Chilanga
Kafue
Kafue Flats
Namwala
LOCHINVAR NP
Mazabuka
Kaleya
KAFUE DAMM
Chiawa
MANA POOLS NP
CHEWORE GAME RSV.
Chirundu
Nega Nega
Magoye
WESTERN
Chicote
Senanga
Kataba
Chitongo
Chongo
Monze
Shangombo
Santa Cruz do Cuando
Sitoti
SOUTHERN
Mbabala
Pemba
Gwembe
Kariba
KARIBADAMM
Siavonga
Ngonye Falls
Machobani
Mulobezi
Sibanyati
Batoka
Muzoka
Choma
Tara
Kalomo
Siasikabole
Sinazongwe
Mamba
Bowwood
Zimba
MATUSADONA NP
MASHONALAND WEST
Mwami
Karoi
Doma
Guruve
Mavuradonha Mts.
MASHONALAND CENTRAL
Mutepatepa
SIOMA NGWEZI NP
Ngambwe Rapids
Katundu
Kasanga Falls
Imusho
Luiana
Sesheke
Katima Mulilo
Kongola
Makunka
Mambova
Kasane
Livingstone
ZAMBEZI NP
Victoria Falls
Victoriafälle
MOSI-OA-TUNYA NP
Sambesi
Tundazi 1433 m
CHIZARIRA NP
Chizarira Hills
Binga
Lions Den
CHINHOYI CAVES
Chinhoyi
Zawi
Kildonan
Glendale
Bindura
Jumbo
Concession
Trelawney
Maryland Junction
Darwendale
Mazoe
Harare
Ruwa
Norton
Makwiro
Chitungwiza
Selous
MASHONALAND EAST
Gadzema
Chakari
Golden Valley
Chegutu
Kadoma
Eiffel Flats
Mubayira
Gokwe
Mafungabusi Plateau
WESTERN CAPRIVI GAME PARK
Andara
Mohembo
Kavimba
Kachikau
CHOBE
Linyanti-sümpfe
KAZUMA PAN NP
Matetsi
Hwange
Kamativi
Pandamatenga
CHOBE NATIONAL PARK
Chinamba Hills
Dete
HWANGE (WANKIE) NAT'L PARK
MATABELELAND NORTH
Lupane
Shangani
Tsodilo Hills
Sepopa
Okawangodelta
MOREMI WILDLIFE RESERVE
Gumare
Ummati
Kwekwe
Redcliff
Featherstone
MIDLANDS
Chivhu
The Range
SIMBABWE
Gwaai
Mvuma
Buhera
Felixburg
Gweru
Shurugwi
Chatsworth
Nokaneng
NGAMILAND
NXAI PAN NP
Nxai Pan
Sawmills
Tsholotsho
Inyati
Somabhula
Insiza
Shangani
DHLO DHLO
Nyamandhlovu
Bembesi
Fort Rixon
Maun
Bushman Pits
SIMBABWE BOTSWANA
Maitengwe
Bulawayo
Heany Junction
Gwela
Nata
Mashaba
Gaths Mine
Masvingo
Tsao
Toteng
Sehithwa
Kgwebe Hills
Makalamabedi
Ntwetwe Pan
Figtree
Matopos
Zvishavane
Chibi
MAKGADIKGADI PANS GAME RESERVE
Makgadikgadi
Sowa Pan
Ramokgwebana
Mosetse
Tshesebe
Plumtree
Mbalabala
Filabusi
Mberengwa
1637 m
Ngomahuru
MASVINGO
Mangwe
Kezi
MATOBO (MATOPOS) NP
Colleen Bawn
West Nicholson
Sebina
NORTH-EAST
Rakops
Xhumo
Mopipi
Mosu
Orapa
Francistown
Antelope Mine
Gwanda
Mphoengs
MATABELELAND SOUTH
Rutenga
Mwenezi
Mbizi
Letlhakane
Shashe
Tonota
GONAREZHOU NAT'L PARK
BOTSWANA
Motloutse
Mmadinare
Bobonong
Tuli
Mazunga
Mateke Hills
GHANZI
CENTRAL KALAHARI GAME RESERVE
CENTRAL
Serule
Selebi-Phikwe
Tuli Block
MAPUNGUBWE
Beitbridge
Limpopo
Musina
Tswaane
Serowe
Palapye
Mogapinyana
BOTSWANA
SÜDAFRIKA
Alldays
Tshipise
THULAMELA
Pafuri
MOÇ.
Punda Maria
Kalahari
Maunatlala
Tswapong Hills
Maasstroom
Kalamare
Shoshong
Seleka
Sefhare
Blouberg 2051 m
Soutpansberg
DZATA
Sibasa
Thohoyandou
Mahalapye
Louis Trichardt
Wyllie's Poort
KRÜGER-NATIONAL-PARK
Shingwidzi
Ruskamp
Bochum
Giyani
GALAGADI
Tsetseng
KHUTSE GAME RESERVE
Lephepe
Parr's Halt
Steilloopbrug
Dendron
Klein-Letaba
Mmamabula
Stockpoort
Südlicher Wendekreis
Soekmekaar
Kang
KWENENG
Grootgeluk
Ellisras
LIMPOPO
24°
28°
16°
20°
D
E
F
2
3
4
© HAMMOND WORLD ATLAS CORPORATION
−6000 m
0
6000 m

PARQUE NACIONAL DA CAMEIA
D
E
F
1612 m
24°
28°
Chisasa
Solwezi
LUAPULA
NORTHERN
Chilombo
ANGOLA
MOXICO
Lumbala Kaquengue
Macondo
Kanyilombi
WEST LUNGA NP
NORTH-WESTERN
Chizela
Kawana
Kasempa
Caripande
Lingelengenda
Kalombo
Chavuma Falls
Nyakulenga
Chinyama Litapi
Chinyingi
Zambezi
Kabompo
Lutembo
Lumbala N'guimbo
2
Kakonga
Lukulu
LIUWA PLAIN NP
Luena Flats
Kaoma
Luampa
Kalabo
Nanikelako
Lealui
Limulunga
Mongu
ANGOLA
SAMBIA
WESTERN
Senanga
Sitoti
Kataba
Ngonye Falls
Machobani
Mulobezi
Chicota
Santa Cruz do Cuando
Shangombo
16°
SIOMA NGWEZI NP
Ngambwe Rapids
Katundu
Kasanga Falls
Imusho
Katima Mulilo
Sesheke
Luiana
CUANDO-CUBANGO
NAMIBIA
Kongola
Kasane
Mucusso
Andara
3
WESTERN CAPRIVI-GAME PARK
Mohembo
Shakawe
1375 m
Tsodilo Hills
Sepopa
Kavimba
Kachikau
CHOBE
CHOBE NATIONAL PARK
Chinamba Hills
Pandamatenga
Gumare
MOREMI WILDLIFE RESERVE
Okavango delta
Aha Hills
Nokaneng
NGAMILAND
20°
Maun
NXAI PAN NP
Bushman Pits
Koanaka Hills
Tsao
Toteng
Sehithwa
Makalamabedi
MAKGADIKGADI PANS GAME RESERVE
Gweta
Nata
Rakops
Xhumo
Mopipi
Orapa
Letlhakane
Mosu
Ghanzi
4
BOTSWANA
GHANZI
CENTRAL
CENTRAL KALAHARI GAME RESERVE
Tswaane
Kalahari
KGALAGADI
Tsetseng
KUTSE GAME RESERVE
Südlicher Wendekreis
KWENENG
Kang
Serowe
Palapye
Kalamare
Shoshong
Mahalapye
Lephepe
Mmamabula
Mookane
Grootgeluk
Ellisras
Stockpoort
Parr's Halt
Seleka
Sefhare
LIMPOPO
Chililabombwe
Konkola
Chingola
Tshinsenda
Nchanga
Mufulira
KATANGA
Mumbotuta Falls
Kabunda
Kapalala
Kakielo
Mukuku
LIVINGSTONE MEMORIAL
KASANKA NP
Chiundaponde
LAVUSHI MANDA NP
Kapengwe
Sakania
Mutenge
DEM. REP. KONGO
Garneton
Kalulushi
Kitwe
Ndola
Fisenge
Twapia
Saint Mary's
Luanshya
Kipilingu
1891 m
COPPERBELT
Walamba
Musofu
Kanona
Serenje
Ndabala
Mkushi
Chisomo
Mufulwe Hills
Kayamba Hills
Ngabwe
Kapiri Mposhi
SAMBIA
Chibwe
Kabwe
CENTRAL
Mboloma
WONDER GORGE
Luwembe
Nyimba
Petauke
KAFUE NATIONAL PARK
Kaindu
Lukanga-sümpfe
Kalwelwe
Liteta
Mulungushi
Kachalola
Muchinga-Randstufe
SAMBIA
MOÇAMBIQUE
Mumbwa
Misiwa
Chisamba
Rufunsa
LUSAKA
Kaulashishi 1420 m
Montes Cacuse
Kasalu
Ngwerere
Westwood
Undaunda
Chongwe
BLUE LAGOON NP
Balmoral
Sanje
Chilanga
Lusaka
LOWER ZAMBEZI NP
Zumbu
Namwala
LOCHINVAR NP
Mazabuka
Kafue
Kaleya
Nega Nega
KAFUE DAMM
Chiawa
MANA POOLS NP
CHEWORE GAME RSV.
Chirundu
Chitongo
Magoye
Chongo
Monze
SOUTHERN
Mbabala
Pemba
Gwembe
Kariba
Siavonga
KARIBADAMM
Mwami
Doma
1731 m
Mavurad
Sibanyati
Batoka
Muzoka
Choma
Karoi
Tara
Kalomo
Siasikabole
Sinazongwe
Mamba
Bowwood
Zimba
Makunka
Mambova
Livingstone
MOSI-OA-TUNYA NP
ZAMBEZI NP
Victoria Falls
Victoria-fälle
KAZUMA PAN NP
Matetsi
Hwange
Kamativi
Sambesi
Tundazi 1433 m
CHIZARIRA NP
Binga
Chizarira Hills
MATUSADONA NP
MASHONALAND WEST
Zawi
Lions Den
CHINHOYI CAVES
Chinhoyi
Kildonan
Glendale
Mutepatepa
Mazowe
Trelawney
Maryland Junction
Darwendale
Harare
Gadzema
Norton
Makwiro
Chakari
Selous
Chitungwiza
Gokwe
Golden Valley
Chegutu
Kadoma
Eiffel Flats
Beatrice
Mubayira
Mafungabusi Plateau
Dete
MATABELELAND NORTH
HWANGE (WANKIE) NAT'L PARK
Lupane
Shangani
Umniati
Kwekwe
Redcliff
Featherstone
MIDLANDS
Chivhu
Gwaai
SIMBABWE
Gweru
Shurugwi
Mvuma
Sawmills
Tsholotsho
Inyati
Somabhula
Insiza
Shangani
DHLO DHLO
Nyamandhlovu
Bembesi
Fort Rixon
Mashaba
SIMBABWE BOTSWANA
Maitengwe
Bulawayo
Heany Junction
Zvishavane
Masvingo
Figtree
Matopos
Mbalabala
Chibi
Plumtree
Ramokgwebana
Mosetse
Tshesebe
Mangwe
MATOBO (MATOPOS) NP
Filabusi
Mberengwa
1637 m
MASVINGO
Ngomahuru
Sebina
NORTH EAST
Kezi
Gwanda
Colleen Bawn
Ngundu Halt
Antelope Mine
West Nicholson
Francistown
Mphoengs
MATABELELAND SOUTH
Rutenga
Shashe
Tonota
Mwenezi
Mbizi
Motloutse
Mmadinare
Bobonong
Tuli
Mazunga
Mateke Hills
Serule
Selebi-Phikwe
Tuli Block
MAPUNGUBWE
Beitbridge
Chicualacuala
Mogapinyana
BOTSWANA SÜDAFR.
Musina
Tshipise
THULAMELA
Maunatlala
Tswapong Hills
Maasstroom
Alldays
SÜDAFRIKA
Punda Maria
Soutpansberg
DZATA
Sibasa
Thohoyandou
Shingwedzi
Blouberg 2051 m
Louis Trichardt
Wyllie's Poort
Bochum
Giyani
KRUGER NATIONAL PARK
Steilloopbrug
Dendron
Soekmekaar
Kleine Letaba
Groot Letaba

Maßstab 1 : 6 700 000

0 100 200 300 km

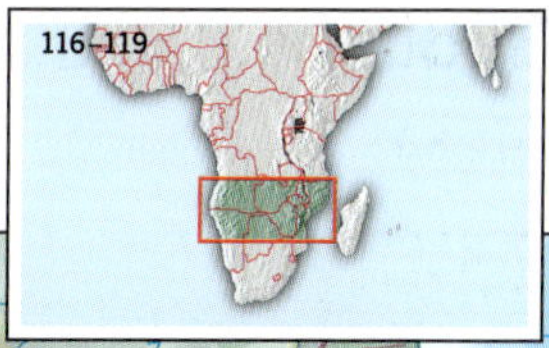
116–119

G
H
J
36°
32°
12°
16°
20°
2
3
4
NORTH LUANGWA NP
Mbuzi
Edingeni
Mcoche
Lundazi
NORTHERN
Katete
Likoma I. (MALAWI)
Cóbuè
Mwase Lundazi
Malawisee
Ostafrikanischer Graben
LUAMBE NP
LUKUSUZI NP
KASUNGU NP
Kasungu
Nkhotakota
MOÇAMBIQUE
MALAWI
Macaloge
Metangula
Maniamba
Lichinga-
Hochland
NIASSA
Lichinga
Monte Mecula 1738 m
Mecula
CABO DELGADO
Macomia
Quissanga
Ibo
Montepuez
Pemba
Marrupa
Nungo
Metoro
Mecúfi
Kakumbi
EASTERN
CENTRAL
Nchisi
Chipata
Mchinji
Kasiya
Lilongwe
Salima
Chipoka
Monkey Bay
LAKE MALAWI NP
Namitete
Nathenje 2198 m
Dedza
Golomoti Station
1554 m
Chiponde
Mandimba
Mangoche
SOUTHERN
LIWONDE NP
Balaka
Liwonde
Utale
2087 m
Kasupe
Nayuci
Domasi
Zomba
Chilembwe
Katete
Chadiza
Mlolo
Dzalanyama Ra.
Chifunde
Furancungo
Ulongue
Blira
Ncheu
Namuno
Namapa
Lúrio
Maúa
Nantúpi
1448 m
1598 m
Memba
Ponta Nangata
NAMPULA
Nacala
Cuamba
Malema
Ribauè
Muecate
Monapo
Mossuril
Meconta
Lumbo
Moçambique
Ponta Bajone
Nampula
Lioma
2419 m
Sa. Namúli
Alto Molócue
Murrupula
CABORA-BASSA-DAMM
Songo
Kazula
Kholombidzo-Fälle
Walkers Ferry
Lunzu
Mwanza
Lirangwe
Namadzi
Chiradzulu
Blantyre
Limbe
Phalombe
3002 m
Mulanje
Mphende
TETE
Tete
Benga
Chikwawa
LENGWE NP
Thyolo
Milange
Namarrói
Ile
Nametil
Mogincual
Monte Mabu 1710 m
Gilé
Ponta Selela
Angoche
Mandié
Ngabu
Chiromo
Chiperone 2054 m
Lugela
Mazoe
Luenha
Tambara
Doa
Nyamapande
Nsanje
Sambesi
Mocuba
ZAMBÉZIA
Mualama
Moma
Ponta Lipobane
Chemba
Mutoko
Guro
MASHONALAND EAST
Vila de Sena
Nhamayabué
Morrumbala
Maganja da Costa
Pebane
Ponta Monaepa
Nyangui 2222 m
MOÇAMBIQUE
Namacurra
Rozendo
Caia
Mopeia
Quelimane
Marringuè
Catandica
Inyanga
Inyangani 2592 m
NYANGA NP
Pungwe Falls
Mtarazi Falls
Mt. Nuza 2033 m
MTARAZI FALLS NP
Chupanga
Marromeu
Luabo
Ponta Olinda
Serra da Gorongosa 1863 m
Inhaminga
Gorongosa
SOFALA
Chinde
Ponta Timbué
PARQUE NACIONAL DA GORONGOSA
Hochland von Chimoio
Penhalonga
Manica
Mutare
Chimoio
Inchope
MANICALAND
CHICAMBA-REAL-DAMM
Mutambara
MANICA
Cashel
Monte Binga 2440 m
CHIMANIMANI NP
Chimanimani
Dondo
Búzi
Beira
Fairview 1959 m
Chipinge
Mount Selinda
Chibabava
Sofala
Espungabera
Chiurairue
Chitobe
SIMBABWE
MOÇAMBIQUE
Machanga
Nova Mambone
Maave
Ponta Macovane
Bartolomeu Dias
Save
Massangena
PN DE ZINAVE
Inhassoro
Ponta Dom Carlos
Ilha do Bazaruto
I. de Santo António
Vilankulo
Ponta São Sebastião
Mabote
Machaila
Chitobiço
Chichocane
INHAMBANE
PARQUE NACIONAL DE BANHINE
Chigubo
Camo-Camo
Funhalouro
Ponta da Barra Falsa
Massinga
GAZA
Mabalane
Straße von Moçambique
INDISCHER
OZEAN
Bassas da India (FRANKR.)
Île Europa (FRANKR.)
© HAMMOND WORLD ATLAS CORPORATION

–6000 m 0 6000 m

NAMIBIA
BOTSWANA
SÜDAFRI
NORTHERN CAPE
WESTERN CAPE
ATLANTISCHER OZEAN
NAMIB-NAUKLUFT PARK
GEMSBOK NATIONAL PARK
MABUASEHUBE GAME RES.
KALAHARI-GEMSBOK NP
KGALAGADI
KUTSE GAME RESERVE
Huib-Plateau
Namaqualand
Buschmannland
Griqualand West
Große Karru
Kl. Karru
Langeberg
Swartberge
Tsarisberge
Schwarzrand
Kapp Mts.
Asbestos Mts.
Oranje
Fish
Nossob
Molopo
Auob
Löwen
Konkiep
Vaal
Rehoboth
Südlicher Wendekreis
Solitaire
Abbabis
Gobabeb
Anichab
Uraras
Kalkrand
Nabis
Mariental
Stampriet
Hardap-Damm
Aranos
Leonardville
Aminuis
Eirup
Nomtsas
Haribes
Kalkhügel
Maltahöhe
Gibeon
Witbooisvlei
Asab
Mata Mata
Tses
Koes
Brukkaros 1586 m
Berseba
Wasser
Helmeringhausen
Bethanie
Keetmanshoop
Goageb
Seeheim
Aus
Guibes
Konkiep
Lüderitz
Kolmanskop
Augub 1490 m
Aukam
Grosse Münzenberg 720 m
Narubis
Schroffenstein 2202 m
Graberberg 1942 m
Aroab
Holoog
Klein Karas
Grünau
Witputz
Gochas
Roojberg 1121 m
Rosh Pinah
Ai-Ais
AI-AIS HOT SPRINGS
Boegoeberg 502 m
Karasburg
Ariamsvlei
Nakop
Ham River
Norotshama 859 m
Warmbad
Klein Vaaldoorn
Aussenkehr
RICHTERSVELD NP
Oranjemund
Alexander Bay
Noordoewer
Augrabiesfälle
AUGRABIES FALLS NP
Upington
Keimoes
Kakamas
Kanoneiland
Groblershoop
Kenhardt
Pofadder
Wreck Pt.
Port Nolloth
Nababeep
Okiep
Springbok
Kleinsee
Kamieskroon
Hondeklipbaai
Garies
1706 m
Bitterfontein
Loeriesfontein
Nieuwoudtville
Vanrhynsdorp
Calvinia
Vredendal
Lambert's Bay
Clanwilliam
TANKWA KAROO NP
Sneeuberg 2026 m
Citrusdal
St. Helena Bay
Velddrif
C. Columbine
Vredenburg-Saldanha
Langebaanweg
Piketberg
Great Winterhoek 2077 m
Matroosberg 2251 m
Moorreesburg
Gouda
Ceres
WEST COAST NP
Dasseneiland
Darling
Malmesbury
Wellington
Paarl
Worcester
De Doorns
Touwsrivier
Tafelbucht
Goodwood
Bellville
Stellenbosch
KAPSTADT
Parow
Somerset West
Strand
Grassy Park
Simonstown
False Bay
Kap der Guten Hoffnung
Hawston
Hermanus
Caledon
Gansbaai
Danger Pt.
Bredasdorp
Elim
Quoin Pt.
C. Agulhas
Struisbaai
Robertson
Ashton
Montagu
Swellendam
BONTEBOK NP
Heidelberg
Suurbraak
Riversdale
Albertinia
Stilbaai
C. Infanta
Laingsburg
Ladismith
Sutherland
Bontberg 1922 m
Fraserburg
Williston
Sakrivier
Brandvlei
Vanwyksvlei
Carnarvon
Loxton
Victoria West
Richmond
Vosburg
Britstown
De Aar
Hanover
Philipstown
Petrusville
Strydenburg
Prieska
Hopetown
Douglas
Griquatown
Postmasburg
1682 m
Danielskuil
Lohatlha
Sishen
Gakarosa 1855 m
Kuruman
Dibeng
Hotazel
Tsineng
Vanzylsrus
Askham
Bokspits
Khuis
Tsabong
McCarthy's Rust
Vorstershoop
Werda
Tshidilamolomo
Morokweng
Ganyesa
Vryburg
Pudimoe
Taung
Jan Kempdorp
Warrenton
Delport
Barkly West
VAALBOS NP
Kimberley
Ritchie
Jacobsdal
Koffiefontein
Marydale
Kang
Tsetseng
Lehututu
Hukuntsi
Tshane
Luthle
Dutlwe
Motokwe
Khudumelapye
Letlhakeng
Kokong
Sekoma
Khakhea
Jwaneng
Prince Albert
Willowmore
Rietbron
Beaufort West
KAROO NP
1831 m
Murraysburg
Kompasberg 2505 m
VALLEY OF DESOLATION
Aberdeen
Klipplaat
CANGO CAVES
Oudtshoorn
Dysselsdorp
Blesberg 2085 m
Antoniesberg 1721 m
Uniondale
Mannetjiesberg 1955 m
Blanco
George
Knysna
Pacaltsdorp
C. Saint Blaize
Mosselbaai
C. Seal
Formosa Pk. 1675 m
Kruisfontein
Humansdorp
TSITSIKAMA FOREST AND COASTAL NP
Meob Bay
Black Reef
Black Rock
Easter Pt.
Knoll Pt.
Dolphin Head
Hottentot Bay
Hottentots Pt.
Elizabeth Bay
Albatross Rock
BOGENFELS
Witberg 426 m
Chowagasberg 2068 m
Schwartzerberg 1922 m
Awasibberge 1752 m
2025 m
677 m
24°
28°
32°
16°
20°
A
B
C
1
2
3
4

Maßstab 1 : 6 700 000

0 100 200 300 km

INDISCHER
OZEAN
JOHANNESBURG
Soweto
Tshwane
Pretoria
Maputo
Matola
Durban
Pietermaritzburg
Port Elizabeth
East London
Bloemfontein
Maseru
Mbabane
Polokwane
LESOTHO
SWASILAND
MOÇAMBIQUE
GAZA
INHAMBANE
MAPUTO
LIMPOPO
MPUMALANGA
GAUTENG
KWAZULU-NATAL
FREE STATE
Drakensberge
Stormberg
Winterberge
Wild Coast
KRÜGER-NATIONAL-PARK
Lebombo Mts.
Delagoabai
Cabo de Santa Maria
Lake St. Lucia
Richard's Bay
Südlicher Wendekreis
Ponta do Ouro
Kokstad
Umtata
Queenstown
Grahamstown
Port Shepstone
Newcastle
Ladysmith
Welkom
Kroonstad
Nelspruit
Vereeniging
Potchefstroom
Rustenburg
Mafikeng
Gaborone
© HAMMOND WORLD ATLAS CORPORATION
28°
32°
36°
24°
D
E
F
G
1
2
3
4

−6000 m 0 6000 m

Australien, Neuseeland und Ozeanien

1 **größter Staat nach Fläche** Australien (7 692 030 km²)
2 **bevölkerungsreichster Staat** Australien (21,28 Mio. Einw.)
3 **bevölkerungsreichste Stadt** Sydney (4,34 Mio. Einw.; Kernbereich, ohne Agglomeration)
4 **höchster Berg** Puncak Jaya (4 884 m)
5 **längster Fluss** Murray (2 570 km)
6 **Größter See nach Fläche** Eyresee (gefüllt bis 13 000 km², jedoch zumeist ausgetrocknet)

Australien, politisch

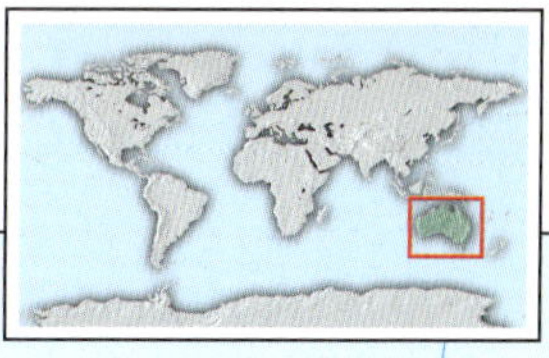

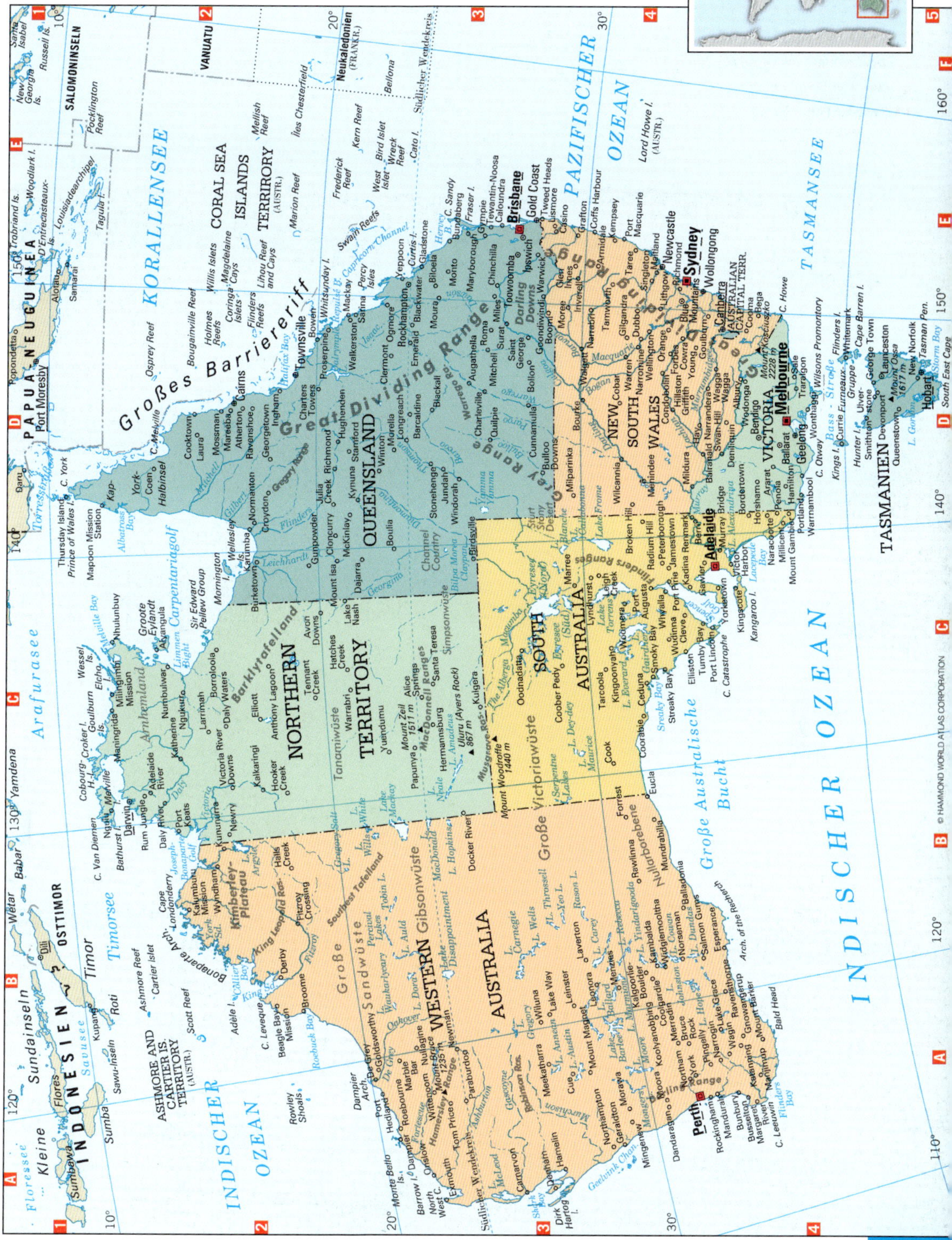

Maßstab 1 : 25 600 000

0 | 300 | 600 | 900 | 1200 km

Australien und Ozeanien

Der Inselkontinent und die Inselwelten

Australien ist der kleinste Erdteil, ein abseits gelegener Inselkontinent auf der Südhalbkugel der Erde, beiderseits des südlichen Wendekreises, zwischen Indischem und Pazifischem Ozean. Er umfasst mit 7,7 Millionen km^2 nur ca. 5,5 % der Landfläche der Erde.

Die Entfernung bis Afrika beträgt rund 8 000 km, bis Südamerika rund 15 000 km. Nur im Norden und Nordwesten stellen Neuguinea und der Malaiische Archipel eine Verbindung zum asiatischen Kontinent her. Immer häufiger werden Australien und Neuseeland gemeinsam mit der melanesischen Inselwelt als Australasien und dazu mit dem Malaiischen Archipel, Mikronesien und Polynesien insgesamt als Ozeanien bezeichnet.

Australien: Australien, Tasmanien, Neuseeland und Neuguinea gehörten mit Hochafrika, Madagaskar und Vorderindien vom Devon bis zum Jura zu der großen alten Landmasse des Gondwanalands. Seit dem Auseinanderdriften dieses Südkontinents in der späten Kreidezeit

Australien. Der Ayers Rock ist ein mythischer Ort der Ureinwohner. 1985 wurde er mit dem Nationalpark Uluru-Kata Tjuta dem Stamm der Anangu rückübereignet.

Australien. Nur noch wenige der Aborigines leben ihr traditionelles Leben als Jäger und Sammler.

Australien. Sydney, die älteste und größte Stadt an der Südostküste des Kontinents, hat beiderseits der Port Jackson Bay eine etwa 60 km lange Küstenlinie; der Hafen ist der bedeutendste Australiens. Wahrzeichen der Stadt ist das Opernhaus mit seinen charakteristischen Schalen aus Stahlbeton.

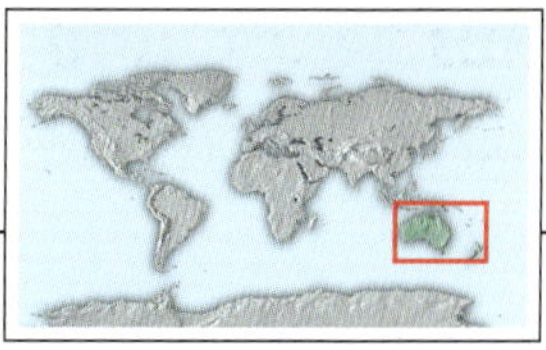

oder im Frühtertiär wurde Australien einschließlich Tasmaniens, Neuseelands und Neuguineas völlig isoliert. Neuguinea und Tasmanien wurden erst durch den nacheiszeitlichen Anstieg des Meeresspiegels vom australischen Festland getrennt.

Der Kontinent umfasst das australische Festland sowie Inseln auf dem Schelf, in der Bass-Straße, in der Torresstraße und vor der australischen Westküste. Das australische Festland und die Inseln bilden politisch den Bundesstaat Australien. Er liegt im Bereich tropischer und subtropischer Klimate. Die Breitenlage von Sydney und Melbourne entspricht der von Tanger und Casablanca in Nordafrika. Der Norden ist mit dem tropischen Sudan zu vergleichen.

Neuseeland. Geysir am Rotoruasee in einer Caldera auf der Nordinsel.

Ozeanien: Ozeanien besteht aus rund 7 500 größeren Inseln. Sie umfassen – ohne die australische Landmasse – eine Landfläche von fast 1,3 Mio. km², die sich über ein Meeresgebiet von rund 70 Mio. km² verteilt. Überwiegend handelt es sich um Vulkaninseln, die häufig durch Saumriffe geschützt sind, Koralleninseln und Atolle. Die meisten Inseln ragen nur wenige Meter aus dem Wasser. Die bedeutendsten Ausnahmen sind Neuguinea und die beiden Hauptinseln Neuseelands.

Das Klima ist tropisch-maritim, durch kühlende Seewinde gemildert; die aus Nordosten und Südosten kommenden Passate bringen ganzjährig Niederschläge. Durch Ausläufer kalten Auftriebswassers von Südamerika her entstehen allerdings gelegentlich beträchtliche Dürren (Niño). Die Temperaturen liegen bei 25 °C oder höher. Im Sommer und Herbst treten vor allem im Westen der Inselflur tropische Wirbelstürme auf.

Die Pflanzenwelt ist gegenüber dem Festland stark verarmt, besonders auf den Koralleninseln. Die meisten Nutzpflanzen, auch die Kokospalme, wurden hier erst vom Menschen verbreitet. Infolge dieser Veränderungen (verstärkt seit der Europäisierung) lässt sich die ursprüngliche Vegetation kaum noch ermitteln.

Staatliche Gliederung		
Australien	Nauru	Samoa
Fidschi	Neuseeland	Tonga
Kiribati	Palau	Tuvalu
Marshallinseln	Papua-Neuguinea	Vanuatu
Mikronesien	Salomoninseln	
Nicht selbstständige Gebiete		
zu den USA:	zu Frankreich:	zu Chile:
Amerikanisch-Samoa	Französisch-Polynesien	Osterinsel
Guam	Neukaledonien	zu Australien:
Hawaii	Wallis und Futuna	Norfolk-Insel
Howland Island	zu Großbritannien:	zu Neuseeland:
Jarvis	Pitcairn	Cookinseln
Johnstonatoll	zu Indonesien:	Niue
Nordmarianen	Papua	Tokelau
Wake		

Nauru. Strand mit vorgelagertem Korallenriff an der Anibare-Bucht.

116°
120°
16°
20°
INDISCHER
OZEAN
Scott Reef
Mavis Reef
Adèle I.
Buccaneer Arch.
WOTJALUM ABOR. LAND
Cape Leveque
Pender Bay
PENDER BAY ABOR. LAND
King Sound
Oobagooma
Emeriau Point
Beagle Bay Mission
BEAGLE BAY ABOR. RSV.
Cape Baskerville
Derby
Coulomb Point
COULOMB POINT NATURE RSV.
Yeeda
Rowley Shoals
Broome
Roebuck Plains
Gantheaume Point
Roebuck Bay
Cape Villaret
Dampier Downs
Cape Latouche Treville
FRAZIER DOWNS
False Cape Bossut
Cape Bossut
La Grange
ABOR. LAND
Cape Jaubert
Anna Plains
Eighty Mile Beach
Wallal Downs
WEST
Große Sa
AUSTR
Poissonnier Point
Pardoo
De Grey
Goldsworthy
Shay Gap
Port Hedland
STRELLEY ABOR. LAND
PIPPINGARRA ABOR. LAND
CARLINDIE ABOR. LAND
COONGAN ABOR. LAND
De Grey
Dampier Arch.
Nickol B.
Mundabullangana
LALLA ROOKH ABOR. LAND
Dooleena 346 m
Monte Bello Is.
Wickham
Cape Dupuy
BARROW I. NATURE RSV.
Dampier
Karratha
Roebourne
Cape Preston
Marble Bar
Mt. Edgar 371 m
Lake Waukarlycarly
Barrow I.
Mary Anne Passage
MT. WELCOME ABOR. LAND
KANGAN ABOR. LAND
MILLSTREAM-CHICHESTER NAT'L PARK
YANDEEARRA ABORIGINAL RSV.
367 m
Chichester Range
Mt. Flora 613 m
Pannawonica
Mt. Margaret 880 m
Nullagine
Onslow
PEEDAMULLA ABOR. LAND
Mt. Elvire 673 m
Hamersley Range
Fortescue
Oakover
Lake Dora
RUDALL RIVER NAT'L PARK
North West Cape
Exmouth
Exmouth Gulf
Wittenoom
Mt. Brockman 1132 m
Roy Hill
Lake Blanche
CAPE RANGE NAT'L PARK
Mt. Hollister 315 m
Mt. Bruce 1235 m
563 m
Learmonth
Ethel Creek
Yanrey
Boolaloo
Mt. Turner 1013 m
Tom Price
HAMERSLEY RANGE NP
Mt. Meharry 1251 m
WALAGUNYA ABOR. LAND
Mt. Alexander 418 m
Mt. Newman 1056 m
BARLEE RANGE NATURE RSV.
Barlee Range
Ashburton
Ophthalmia Ra.
Newman
Point Cloates
Paraburdoo
JIGALONG ABOR. LAND
Lake Disappointment
Winning
Point Maud
Ashburton Downs
Deadman Hill 731 m
Mt. Palgrave 704 m
Mundiwindi
Südlicher Wendekreis
Lyndon
Mount Vernon
Lofty Range

Maßstab 1 : 6 700 000

0 100 200 300 km

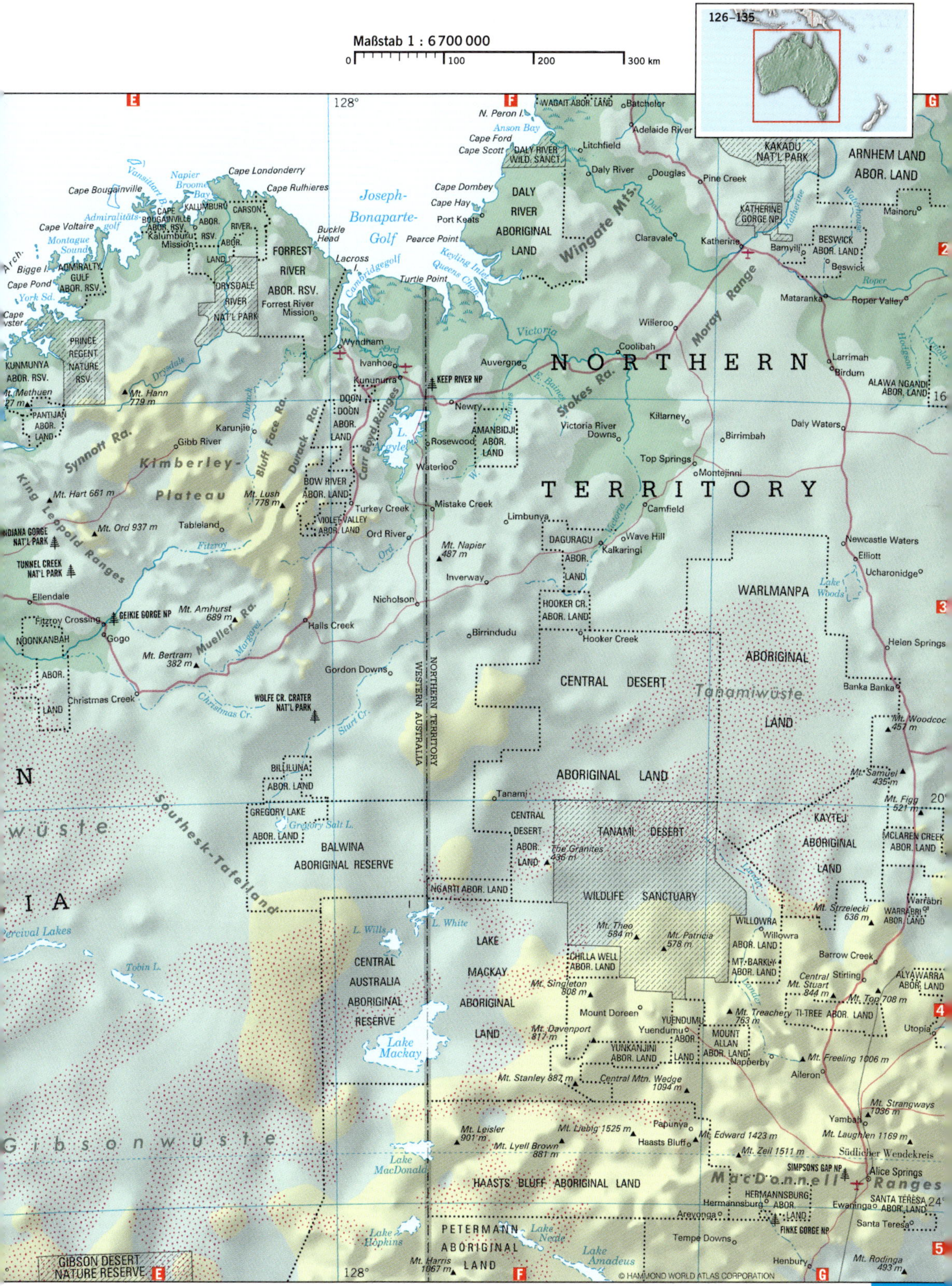

126–135
E
F
G
128°
N. Peron I.
Anson Bay
Cape Ford
Cape Scott
WAGAIT ABOR. LAND
Batchelor
Adelaide River
DALY RIVER WILD. SANCT.
Litchfield
Daly River
KAKADU NAT'L PARK
ARNHEM LAND ABOR. LAND
Douglas
Pine Creek
DALY RIVER ABORIGINAL LAND
Cape Dombey
Cape Hay
Port Keats
Pearce Point
Wingate Mts.
Daly
KATHERINE GORGE NP
Katherine
Mainoru
Claravale
Katherine
BESWICK ABOR. LAND
Bamyili
Beswick
Roper
Mataranka
Roper Valley
Moray Range
Cape Londonderry
Cape Rulhieres
Cape Bougainville
Napier Broome Bay
Vansittart B.
Admiralitäts-golf
CAPE BOUGAINVILLE ABOR. RSV.
KALUMBURU ABOR. RSV.
Kalumburu Mission
CARSON RIVER ABOR. LAND
Cape Voltaire
Montague Sound
Joseph-Bonaparte-Golf
Buckle Head
FORREST RIVER ABOR. RSV.
Forrest River Mission
Lacross I.
Cambridgegolf
Keyling Inlet
Queens Chan.
Turtle Point
ADMIRALTY GULF ABOR. RSV.
Bigge I.
Cape Pond
York Sd.
DRYSDALE RIVER NAT'L PARK
PRINCE REGENT NATURE RSV.
KUNMUNYA ABOR. RSV.
Wyndham
Ord
Ivanhoe
Kununurra
KEEP RIVER NP
Victoria
Willeroo
Coolibah
Auvergne
NORTHERN
TERRITORY
Larrimah
Birdum
ALAWA NGANDI ABOR. LAND
Hodgson
16
Mt. Methuen 727 m
Mt. Hann 779 m
Drysdale
PANTIJAN ABOR. LAND
DOON DOON ABOR. LAND
Newry
Stokes Ra.
E. Baines
Killarney
Daly Waters
Karunjie
Bluff Face Ra.
Durack Ra.
Carr Boyd Ranges
L. Argyle
Rosewood
AMANBIDJI ABOR. LAND
Victoria River Downs
Birrimbah
Synnott Ra.
Gibb River
Kimberley-Plateau
Waterloo
Top Springs
Montejinni
King Leopold Ranges
Mt. Hart 661 m
Mt. Lush 778 m
BOW RIVER ABOR. LAND
Turkey Creek
Mistake Creek
Limbunya
Camfield
VIOLET VALLEY ABOR. LAND
Ord River
Tableland
Mt. Ord 937 m
INDIANA GORGE NAT'L PARK
Fitzroy
DAGURAGU ABOR. LAND
Wave Hill
Kalkaringi
Newcastle Waters
Elliott
Mt. Napier 487 m
TUNNEL CREEK NAT'L PARK
Inverway
Ucharonidge
Ellendale
Nicholson
HOOKER CR. ABOR. LAND
WARLMANPA ABORIGINAL LAND
Lake Woods
Fitzroy Crossing
GEIKIE GORGE NP
Mt. Amhurst 689 m
Mueller Ra.
Halls Creek
Birrindudu
Hooker Creek
Helen Springs
NOONKANBAH ABOR. LAND
Gogo
Margaret
Mt. Bertram 382 m
Gordon Downs
CENTRAL DESERT ABORIGINAL LAND
Tanamiwüste
Banka Banka
Christmas Creek
Christmas Cr.
WOLFE CR. CRATER NAT'L PARK
Sturt Cr.
NORTHERN TERRITORY
WESTERN AUSTRALIA
Mt. Woodcock 457 m
N
BILLILUNA ABOR. LAND
Mt. Samuel 435 m
Tanami
Mt. Figg 521 m
20°
Wüste
GREGORY LAKE ABOR. LAND
Gregory Salt L.
BALWINA ABORIGINAL RESERVE
Southesk-Tafelland
CENTRAL DESERT ABOR. LAND
The Granites 436 m
TANAMI DESERT WILDLIFE SANCTUARY
KAYTEJ ABORIGINAL LAND
MCLAREN CREEK ABOR. LAND
I A
NGARTI ABOR. LAND
Warrabri
WARRABRI ABOR. LAND
Mt. Strzelecki 636 m
Percival Lakes
L. Wills
L. White
Mt. Theo 584 m
Mt. Patricia 578 m
WILLOWRA ABOR. LAND
Willowra
Barrow Creek
Tobin L.
CENTRAL AUSTRALIA ABORIGINAL RESERVE
LAKE MACKAY ABORIGINAL LAND
CHILLA WELL ABOR. LAND
MT. BARKLY ABOR. LAND
Central Mt. Stuart 844 m
Stirling
ALYAWARRA ABOR. LAND
Mt. Singleton 808 m
Mt. Top 708 m
Mount Doreen
YUENDUMU ABOR. LAND
Mt. Treachery 753 m
TI-TREE ABOR. LAND
Utopia
Lake Mackay
Mt. Davenport 817 m
Yuendumu
MOUNT ALLAN ABOR. LAND
YUNKANJINI ABOR. LAND
Napperby
Mt. Freeling 1006 m
Aileron
Mt. Stanley 887 m
Central Mtn. Wedge 1094 m
Mt. Strangways 1036 m
Yambah
Mt. Leisler 901 m
Mt. Liebig 1525 m
Papunya
Mt. Edward 1423 m
Mt. Laughlen 1169 m
Gibsonwüste
Mt. Lyell Brown 881 m
Haasts Bluff
Mt. Zeil 1511 m
Südlicher Wendekreis
Lake MacDonald
SIMPSONS GAP NP
Alice Springs
HAASTS BLUFF ABORIGINAL LAND
MacDonnell Ranges
HERMANNSBURG ABOR. LAND
Hermannsburg
Ewaninga
SANTA TERESA ABOR. LAND
24°
Areyonga
Santa Teresa
PETERMANN ABORIGINAL LAND
Lake Neale
FINKE GORGE NP
Lake Hopkins
Tempe Downs
Lake Amadeus
GIBSON DESERT NATURE RESERVE
Mt. Harris 1067 m
Henbury
Mt. Rodinga 493 m
2
3
4
5
© HAMMOND WORLD ATLAS CORPORATION

–6000 m 0 6000 m

Nordaustralien

Australien

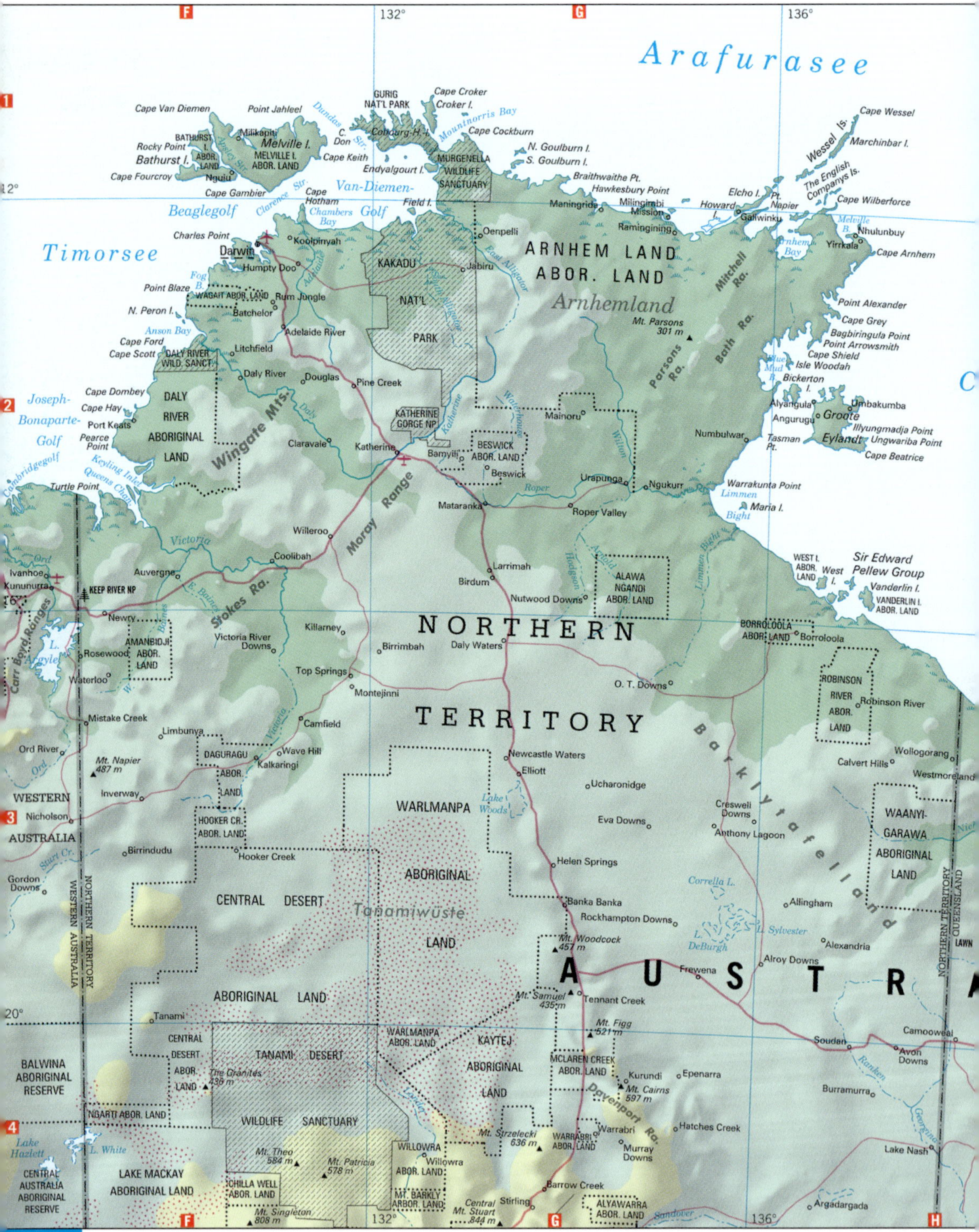

Maßstab 1 : 6 700 000

0 100 200 300 km

126–135
Port Moresby
CENTRAL
PAPUA-NEUGUINEA

140°
144°
148°
12°
16°
20°
J
K
L
1
2
3
4
Torresstraße
Warrior Reefs
Mulgrave I.
TORRES STR. IS. ABOR. LAND
Banks I.
Portlock Reefs
Pandora Passage
Boot Reefs
Eastern Fields
Efogi
Kwikila
Hood Point
Thursday Island
Prince of Wales I.
Endeavour Str.
Cape York
Sladt Point
CAPE YORK ABOR. RSV.
Cowal Creek Abor. Community
Jardine
JARDINE R. NAT'L PARK
MAPOON
False Orford Ness
ABORIGINAL
Mapoon Mission Station
RESERVE
Shelburne Bay
Cape Grenville
KORALLENSEE
WEIPA
ABOR.
RSV.
Duifken Point
Weipa
Weipa South
Albatross Bay
Temple Bay
IRON RANGE NAT'L PARK
Cape Weymouth
Iron Range
GREAT
Mt. Tozer 545 m
Cape Direction
Thud Point
AURUKUN
LOCKHART R.
Lockhart River Abor. Community
Mt. Carter 665 m
ABOR.
LAND
Carpentariagolf
ARCHER BEND NAT'L PARK
Archer
Kap-
ROKEBY-CROLL CR. NAT'L PARK
Cape Sidmouth
BARRIER
Cape Keer-weer
LAND
Coen
York-
Claremont Pt.
REEF
Großes Barriere-Riff
Princess Charlotte Bay
Cape Melville
CAPE MELVILLE NAT'L PARK
Osprey Reef
Mt. Ryan 518 m
Abbey Pk. 585 m
Barrow Point
PORMPURAAW
ABOR.
LAND
Edward River Abor. Community
Halbinsel
LAKEFIELD NAT'L PARK
Murdock Point
Musgrave
MARINE
KOWANYAMA ABOR. LAND
STARCKE NP
Lookout Point
Cape Flattery
HOPE VALE ABOR. LAND
Hope Vale Abor. Comm.
MITCHELL AND ALICE RIVERS NAT'L PARK
Kowanyama Abor. Community
Cape Bedford
Great Dividing Range
Normanby
ENDEAVOUR RIVER NP
Rutland Plains
Alice
Laura
Cooktown
PARK
BLACK MOUNTAIN NP
Bougainville Reef
Dunbar
Mitchell
Mt. Finnigan
CEDAR BAY NP
MORNINGTON I. ABOR. LAND
Mornington I.
Palmerville
Wujal Wujal Abor. Comm.
CORAL SEA
Cape Van Diemen
Wellesley Islands
Staaten
DAINTREE NAT'L PARK
Cape Tribulation
CAPE TRIBULATION NAT'L PARK
Pt. Parker
STAATEN RIVER NAT'L PARK
Mitchell
Cape Kimberley
Newell
Mossman
DAGMAR RANGE NP
ISLANDS
Sweers I.
Point Burrowes
Bentinck I.
MORR.
MORR.
ABOR.
LAND
Gilbert
Vanrook
Walsh
Port Douglas
Mount Molloy
Holmes Reef
Clifton Beach
GREAT
Grafton Passage
Alligator Point
Karumba
BARRON GORGE NP
Cairns
Edmonton
Chillagoe
Mareeba
Dimbulah
Lynd
TERRITORY
Burketown
Einasleigh
Abingdon Downs
Atherton
Kairi
Gordonvale
BARRIER
Doomadgee Abor. Community
Normanton
Herberton
BELLENDEN KER NP
Leichhardt Falls
Floraville
QUEENSLAND
Millaa Millaa
Babinda
Ravenshoe
EUBENANGEE SWAMP NP
Mount Garnet
PALMERSTON NP
Innisfail
REEF
Flinders Reefs
Croydon
FORTY MILE SCRUB NP
El Arish
Kurrimine Beach
Norman
Mount Surprise
Gregory Range
Herbert
HERBERT RIVER FALLS NP
Mission Beach
Tully
Vena Park
Georgetown
Herbert R. Falls
EDMUND KENNEDY NP
Cape Sandwich
Forsayth
YAMANIE FALLS NP
MARINE
Yamanie Falls
Cardwell
HINCHINBROOK I. NP
Flinders
Gilbert
Macknade
Halifax
Magnetic Passage
Trebonne
LIEN
Leichhardt
Lynd
Greenvale
Ingham
Palm Is.
Palm Island Abor. Settlement
PARK
JOURAMA FALLS NP
Halifax Bay
Pelham
MOUNT SPEC NP
Picnic Bay
Pallarenda
MAGNETIC I. NAT'L PARK
CAPE CLEVELAND NP
Dobbyn
Townsville
Millungera
Cape Bowling Green
Woolgar
MOUNT ELLIOT NP
BOWLING GREEN BAY NP
Kajabbi
Giru
Ayr
Burdekin
Upstart Bay
Home Hill
Cape Upstart
CAPE UPSTART NP
Mount Isa
Mary Kathleen
Cloncurry
Julia Creek
Mt. Abbot 1056 m
Abbot Point
Merinda
Bowen
George Point
PORCUPINE GORGE NATIONAL PARK
Charters Towers
Selwyn Ra.
Maxwelton
Richmond
Flinders
Homestead
MT. ABERDEEN NP
Malbon
Pentland
Dalrymple Lake
Leichhardt Ra.
Clarke Ra.
Cannonvale
Duchess
Hughenden
Proserpine
McKinlay
Prairie
Torrens Cr.
Cape
Collinsville
Selwyn
© HAMMOND WORLD ATLAS CORPORATION

−6000 m 0 6000 m

Südwestaustralien

Australien

Maßstab 1 : 6 700 000

0 100 200 300 km

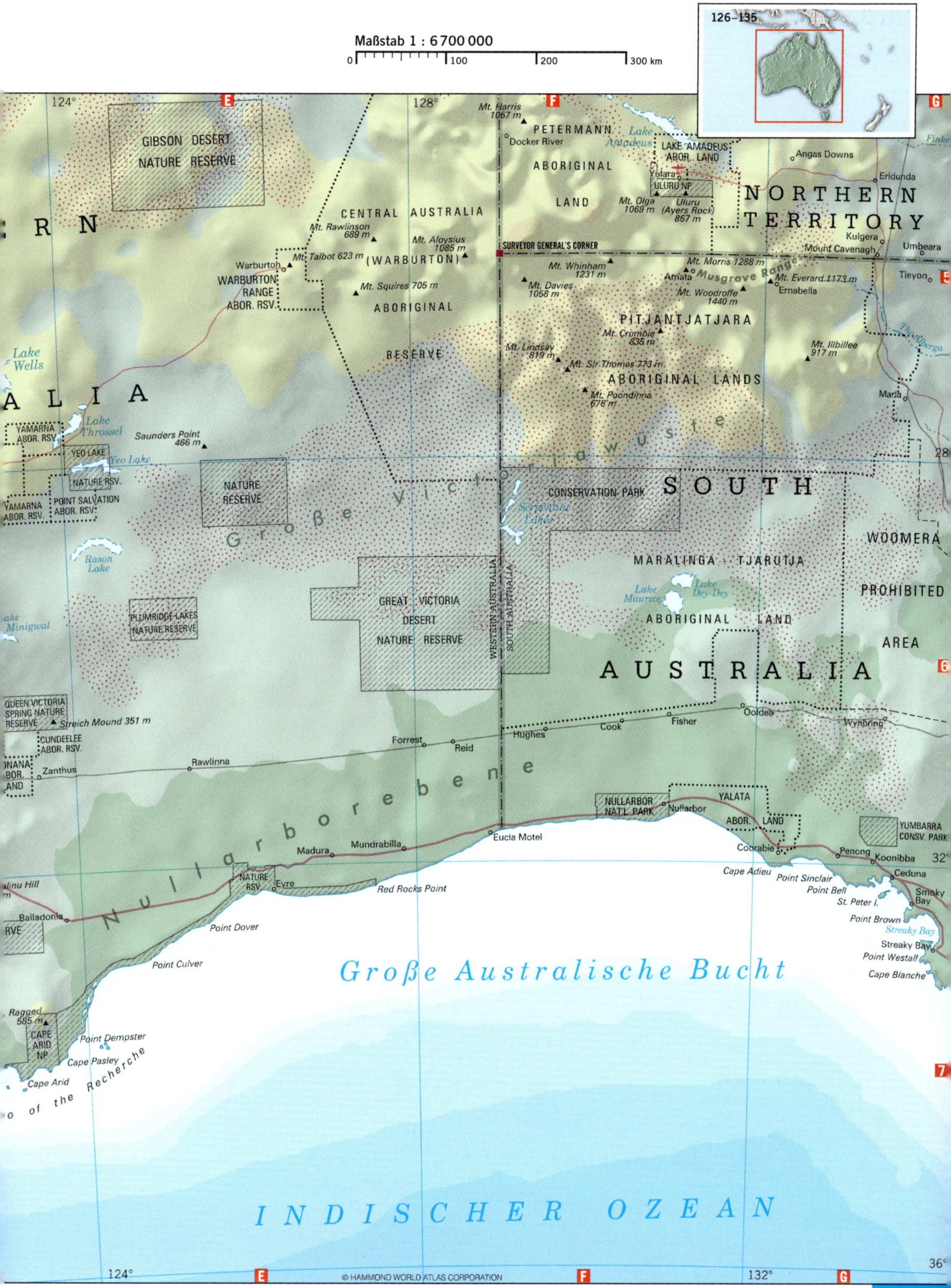
126–135
124°
128°
132°
E
F
G
5
6
7
28°
32°
36°
GIBSON DESERT NATURE RESERVE
Mt. Harris 1067 m
Docker River
PETERMANN
ABORIGINAL
LAND
Lake Amadeus
LAKE AMADEUS ABOR. LAND
Yulara
ULURU NP
Mt. Olga 1069 m
Uluru (Ayers Rock) 867 m
Angas Downs
Erldunda
NORTHERN TERRITORY
Kulgera
Mount Cavenagh
Umbeara
Tieyon
Finke
CENTRAL AUSTRALIA
Mt. Rawlinson 689 m
Mt. Aloysius 1085 m
Mt. Talbot 623 m
(WARBURTON)
Warburton
WARBURTON RANGE ABOR. RSV.
Mt. Squires 705 m
ABORIGINAL
RESERVE
SURVEYOR GENERAL'S CORNER
Mt. Whinham 1231 m
Mt. Davies 1058 m
Mt. Morris 1288 m
Amata
Musgrave Ranges
Mt. Everard 1173 m
Ernabella
Mt. Woodroffe 1440 m
PITJANTJATJARA
Mt. Crombie 835 m
Mt. Lindsay 819 m
Mt. Sir Thomas 773 m
ABORIGINAL LANDS
Mt. Illbillee 917 m
Mt. Poondinna 678 m
Marla
Alberga
Lake Wells
R N
A L I A
YAMARNA ABOR. RSV.
Lake Throssel
Saunders Point 466 m
YEO LAKE
Yeo Lake
NATURE RSV.
POINT SALVATION ABOR. RSV.
YAMARNA ABOR. RSV.
NATURE RESERVE
Große Victoriawüste
CONSERVATION PARK
Serpentine Lakes
SOUTH
WOOMERA
PROHIBITED
AREA
Rason Lake
MARALINGA TJARUTJA
Lake Maurice
Lake Dey-Dey
ABORIGINAL LAND
Lake Minigwal
PLUMRIDGE LAKES NATURE RESERVE
GREAT VICTORIA DESERT NATURE RESERVE
WESTERN AUSTRALIA
SOUTH AUSTRALIA
AUSTRALIA
QUEEN VICTORIA SPRING NATURE RESERVE
Streich Mound 351 m
CUNDEELEE ABOR. RSV.
Zanthus
Rawlinna
Forrest
Reid
Hughes
Cook
Fisher
Ooldea
Wynbring
Nullarborebene
NULLARBOR NAT'L PARK
Nullarbor
YALATA ABOR. LAND
YUMBARRA CONSV. PARK
Eucla Motel
Madura
Mundrabilla
Coorabie
Penong
Koonibba
Ceduna
Cape Adieu
Point Sinclair
Point Bell
St. Peter I.
Smoky Bay
Point Brown
Streaky Bay
Streaky Bay
Point Westall
Cape Blanche
NATURE RSV.
Eyre
Red Rocks Point
Balladonia
Point Dover
Point Culver
Große Australische Bucht
Ragged 585 m
CAPE ARID NP
Point Dempster
Cape Pasley
Cape Arid
of the Recherche
INDISCHER OZEAN
© HAMMOND WORLD ATLAS CORPORATION

–6000 m 0 6000 m

Zentral- und Ostaustralien

Australien

Maßstab 1 : 6 700 000

0 100 200 300 km

126–135

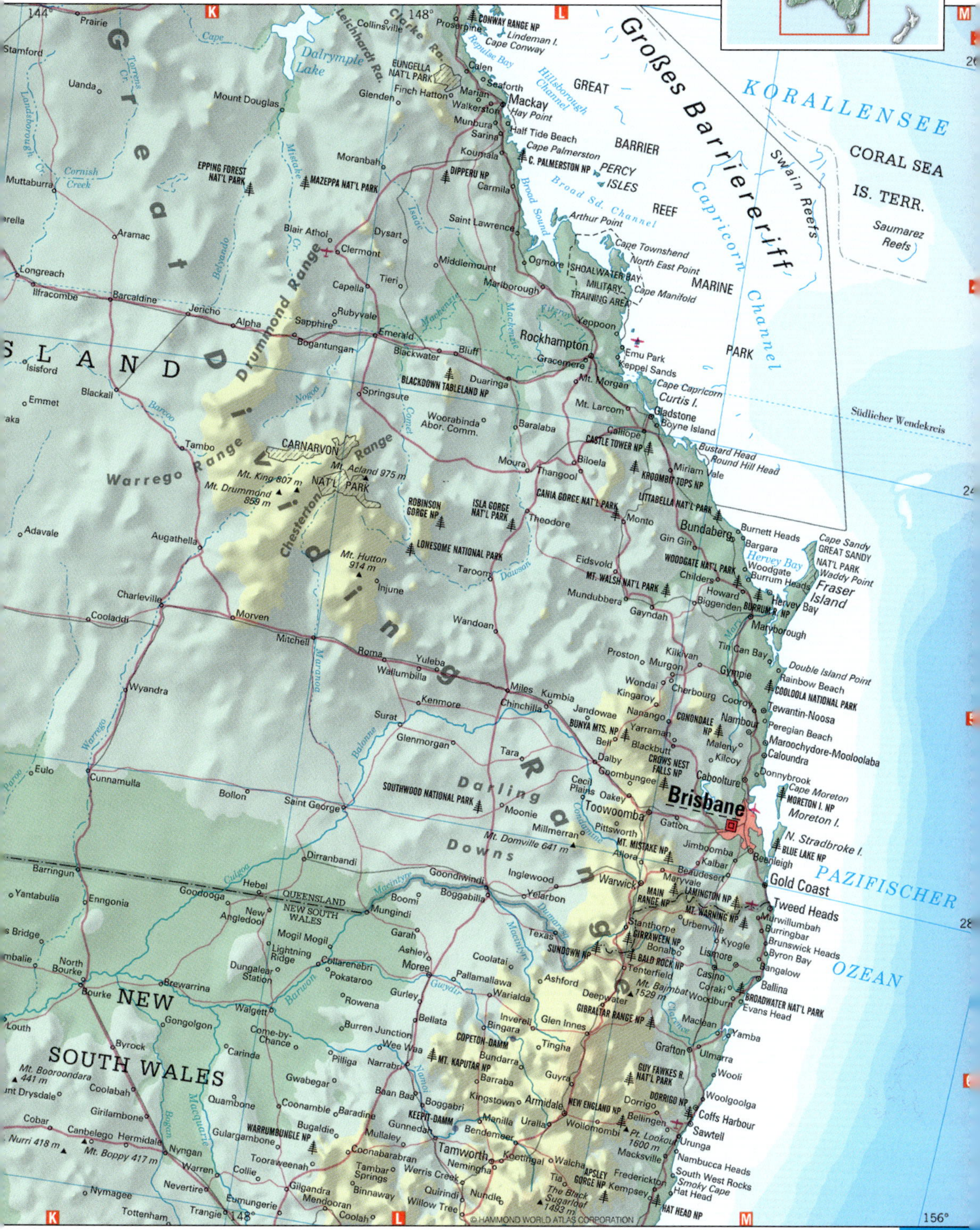
K
L
M
144°
148°
156°
Great Dividing Range
Großes Barriereriff
KORALLENSEE
CORAL SEA IS. TERR.
PAZIFISCHER OZEAN
GREAT BARRIER REEF MARINE PARK
Capricorn Channel
Swain Reefs
Saumarez Reefs
Südlicher Wendekreis
Stamford
Prairie
Uanda
Mount Douglas
Dalrymple Lake
Leichhardt Ra.
Clarke Ra.
Collinsville
Proserpine
CONWAY RANGE NP
Lindeman I.
Cape Conway
Repulse Bay
EUNGELLA NAT'L PARK
Glenden
Finch Hatton
Galen
Seaforth
Marian
Walkerston
Mackay
Hay Point
Hillsborough Channel
Munbura
Sarina
Half Tide Beach
Cape Palmerston
C. PALMERSTON NP
PERCY ISLES
Koumala
Broad Sd. Channel
Broad Sound
Moranbah
DIPPERU NP
Carmila
Arthur Point
Cape Townshend
North East Point
Muttaburra
Cornish Creek
Landsborough Cr.
Torrens Cr.
Cape
EPPING FOREST NAT'L PARK
MAZEPPA NAT'L PARK
Mistake Cr.
Isaac
Dysart
Saint Lawrence
Aramac
Belyando
Blair Athol
Clermont
Middlemount
Ogmore
SHOALWATER BAY MILITARY TRAINING AREA
Cape Manifold
Longreach
Ilfracombe
Barcaldine
Jericho
Alpha
Drummond Range
Capella
Tieri
Marlborough
Rubyvale
Sapphire
Emerald
Mackenzie
Fitzroy
Yeppoon
Rockhampton
Emu Park
Keppel Sands
Bogantungan
Blackwater
Bluff
Gracemere
Isisford
Blackall
Emmet
Barcoo
Nogoa
Springsure
Duaringa
BLACKDOWN TABLELAND NP
Mt. Morgan
Cape Capricorn
Curtis I.
Mt. Larcom
Gladstone
Boyne Island
Woorabinda Abor. Comm.
Comet
Baralaba
Calliope
CASTLE TOWER NP
Tambo
Warrego Range
CARNARVON NAT'L PARK
Mt. King 807 m
Mt. Acland 975 m
Mt. Drummond 859 m
Chesterton Range
Moura
Thangool
Biloela
Bustard Head
Round Hill Head
Miriam Vale
KROOMBIT TOPS NP
CANIA GORGE NAT'L PARK
ROBINSON GORGE NP
ISLA GORGE NAT'L PARK
Theodore
Monto
UTTABELLA NAT'L PARK
Adavale
Augathella
Mt. Hutton 914 m
LONESOME NATIONAL PARK
Taroom
Dawson
Eidsvold
Bundaberg
Gin Gin
Burnett Heads
Bargara
Hervey Bay
Woodgate
WOODGATE NAT'L PARK
MT. WALSH NAT'L PARK
Childers
Burrum Heads
Cape Sandy
GREAT SANDY NAT'L PARK
Waddy Point
Fraser Island
Hervey Bay
Injune
Charleville
Cooladdi
Morven
Mitchell
Maranoa
Mundubbera
Gayndah
Howard
Biggenden
BURRUM R. NP
Maryborough
Wandoan
Roma
Yuleba
Wallumbilla
Proston
Kilkivan
Murgon
Tin Can Bay
Gympie
Double Island Point
Rainbow Beach
COOLOOLA NATIONAL PARK
Wyandra
Miles
Kumbia
Chinchilla
Kenmore
Wondai
Kingaroy
Cherbourg
Cooroy
Nambour
Tewantin-Noosa
Peregian Beach
Maroochydore-Mooloolaba
Caloundra
Surat
Jandowae
Nanango
CONONDALE NP
BUNYA MTS. NP
Yarraman
Bell
Blackbutt
Maleny
Kilcoy
Glenmorgan
Balonne
Tara
Dalby
CROWS NEST FALLS NP
Caboolture
Donnybrook
Goombungee
Eulo
Paroo
Cunnamulla
Warrego
Bollon
Saint George
SOUTHWOOD NATIONAL PARK
Darling Downs
Moonie
Cecil Plains
Oakey
Toowoomba
Brisbane
Cape Moreton
MORETON I. NP
Moreton I.
Gatton
Millmerran
Pittsworth
Condamine
N. Stradbroke I.
BLUE LAKE NP
Mt. Domville 641 m
MT. MISTAKE NP
Allora
Jimboomba
Beenleigh
Kalbar
Beaudesert
Gold Coast
Dirranbandi
Barringun
Hebel
Culgoa
Goondiwindi
Inglewood
Warwick
Maryvale
Yantabulla
Enngonia
Goodooga
QUEENSLAND
NEW SOUTH WALES
Mungindi
Boomi
Boggabilla
Yelarbon
MAIN RANGE NP
LAMINGTON NP
MT. WARNING NP
Tweed Heads
New Angledool
Macintyre
Dumaresq
Stanthorpe
Urbenville
Murwillumbah
Burringbar
Brunswick Heads
Byron Bay
Bridge
Mogil Mogil
Garah
Ashley
Texas
GIRRAWEEN NP
Bonalbo
Kyogle
Lismore
Lightning Ridge
SUNDOWN NP
BALD ROCK NP
Tenterfield
Casino
Coraki
Ballina
BROADWATER NAT'L PARK
Evans Head
North Bourke
Dungalear Station
Collarenebri
Pokataroo
Moree
Coolatai
Pallamallawa
Warialda
Ashford
Mt. Bajimba 1529 m
Woodburn
Brewarrina
Bourke
NEW SOUTH WALES
Walgett
Barwon
Rowena
Gwydir
Gurley
Deepwater
GIBRALTAR RANGE NP
Maclean
Yamba
Louth
Gongolgon
Burren Junction
Bellata
Inverell
Bingara
Glen Innes
Byrock
Come-by-Chance
Carinda
Wee Waa
COPETON-DAMM
Tingha
Grafton
Ulmarra
Mt. Booroondara 441 m
Pilliga
Narrabri
MT. KAPUTAR NP
Bundarra
Barraba
Guyra
GUY FAWKES R. NAT'L PARK
Wooli
Mt Drysdale
Coolabah
Gwabegar
Bogan
Macquarie
Quambone
Coonamble
Baradine
Bean Bag
KEEPIT-DAMM
Boggabri
Kingstown
Armidale
NEW ENGLAND NP
DORRIGO NP
Dorrigo
Bellingen
Woolgoolga
Coffs Harbour
Sawtell
Girilambone
Cobar
Canbelego
Hermidale
Nurri 418 m
Mt. Boppy 417 m
Nyngan
Gulargambone
WARRUMBUNGLE NP
Bugaldie
Mullaley
Gunnedah
Manilla
Uralla
Bendemeer
Walcha
Wollomombi
Pt. Lookout 1600 m
Urunga
Macksville
Nambucca Heads
Warren
Tooraweenah
Collie
Coonabarabran
Tambar Springs
Tamworth
Nemingha
Werris Creek
Kootingal
APSLEY GORGE NP
Fredericton
South West Rocks
Smoky Cape
Hat Head
Kempsey
Nevertire
Nymagee
Gilgandra
Mendooran
Binnaway
Quirindi
Nundle
Tia
The Black Sugarloaf 1493 m
HAT HEAD NP
Tottenham
Trangie
Eumungerie
Willow Tree
Coolah
© HAMMOND WORLD ATLAS CORPORATION
20
24
28

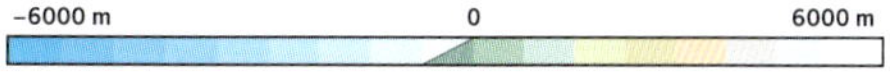
−6000 m
0
6000 m

Südostaustralien

Australien

Maßstab 1 : 6 700 000

0 100 200 300 km

126–135

NEW SOUTH WALES
TASMANSEE
SYDNEY
Canberra
Newcastle
Wollongong
Gosford
Maitland
Port Macquarie
Hat Head
Camden Haven
Wauchope
Kendall
Taree
Harrington
Old Bar
Forster
Cape Hawke
Bulahdelah
MYALL LAKES NAT'L PARK
Port Stephens
Nelson Bay
Anna Bay
Nords Wharf
Gwandalan
The Entrance
BRISBANE WATERS NAT'L PARK
Broken Bay
ROYAL NATIONAL PARK
Avondale
Kiama
Gerringong
Greenwell Point
Crocodile Head
Jervis Bay
AUSTL. CAP. TERR.
Ulladulla
MURRAMARANG NAT'L PARK
Batemans Bay
Burrewarra Point
Tuross Head
Dalmeny
Narooma
Bermagui
Tathra
Merimbula
Eden
Twofold Bay
BEN BOYD NATIONAL PARK
Green Cape
Cape Howe
Mallacoota
CROAJINGOLONG NP
Cape Everard
THE LAKES NAT'L PARK
Lakes Entrance
Paynesville
Bairnsdale
Sale
Traralgon
L. Wellington
Yarram
Port Albert
VICTORIA
TASMANIEN
Kent Group
Deal I.
North Point
Flinders I.
Cape Frankland
Emita
Whitemark
Mt. Strzelecki 756 m
Lady Barron
Cape Barren I.
Cape Sir John
Clarke I.
Bankstraße
Cape Portland
Cape Naturaliste
MT. WILLIAM NAT'L PARK
Bridport
Eddystone Point
Herrick
Saint Helens Point
Saint Helens
Saint Marys
Legges Tor 1573 m
Fingal
BEN LOMOND NP
Avoca
Campbell Town
Ross
Bicheno
Cranbrook
Swansea
Cape Forestier
FREYCINET NAT'L PK.
Schouten I.
Triabunna
Mt. Maria 710 m
MARIA I. NAT'L PK.
Sorell
Midway Point
Forestier Pen.
Taranna
Tasman Pen.
Cape Pillar
Mt. Kosciuszko 2228 m
KOSCIUSZKO NP
Australische Alpen
Great Dividing Range
Mt. Bogong 1986 m
Mt. Buller 1802 m
Mt. Cobberas 1838 m
ALPINE NP
SNOWY R. NP
MITCHELL RIVER NP
Albury
Wodonga
Wagga Wagga
Dubbo
Orange
Bathurst
Lithgow
Katoomba
Goulburn
Queanbeyan
Cooma
Bega
Tumut
Young
Cowra
Parkes
Forbes
Griffith
Mudgee
Muswellbrook
Singleton
Scone
Cessnock
Mt. Canobolas 1395 m
Barrington Tops 1585 m
BARRINGTON TOPS NP
The Black Sugarloaf 1493 m
WERRIKIMBE NP
CROWDY BAY NAT'L PARK
148°
152°
160°
© HAMMOND WORLD ATLAS CORPORATION

–6000 m 0 6000 m

TASMANSEE
Nord-
insel
Auckland
Manukau
Takapuna
Hamilton
Tauranga
Rotorua
Taupo
Gisborne
Napier
Hastings
New Plymouth
Wanganui
Palmerston North
Whangarei
Three Kings Islands
C. Maria van Diemen
North Cape
Ninety Mile Beach
Great Exhibition Bay
Doubtless Bay
Bay of Islands
Hokianga Harbour
Kaipara Harbour
Great Barrier Island
Coromandel Peninsula
Hauraki-golf
Firth of Thames
Bay of Plenty
East Cape
Mahia Peninsula
Hawke Bay
North Taranaki Bight
South Taranaki Bight
C. Egmont
L. Taupo
Waitakere
Waitakere Range
Hauraki-golf
Tamaki Strait
Waiheke Island
Rakino Island
Manukau Harbour
Auckland Int'l
Devonport
Northcote
Birkenhead
Henderson
Glen Eden
Howick
Otahuhu
Papatoetoe
Papakura
Helensville
10 km
© HAMMOND W.A.C.

Maßstab 1 : 6 700 000

0 | 100 | 200 | 300 km

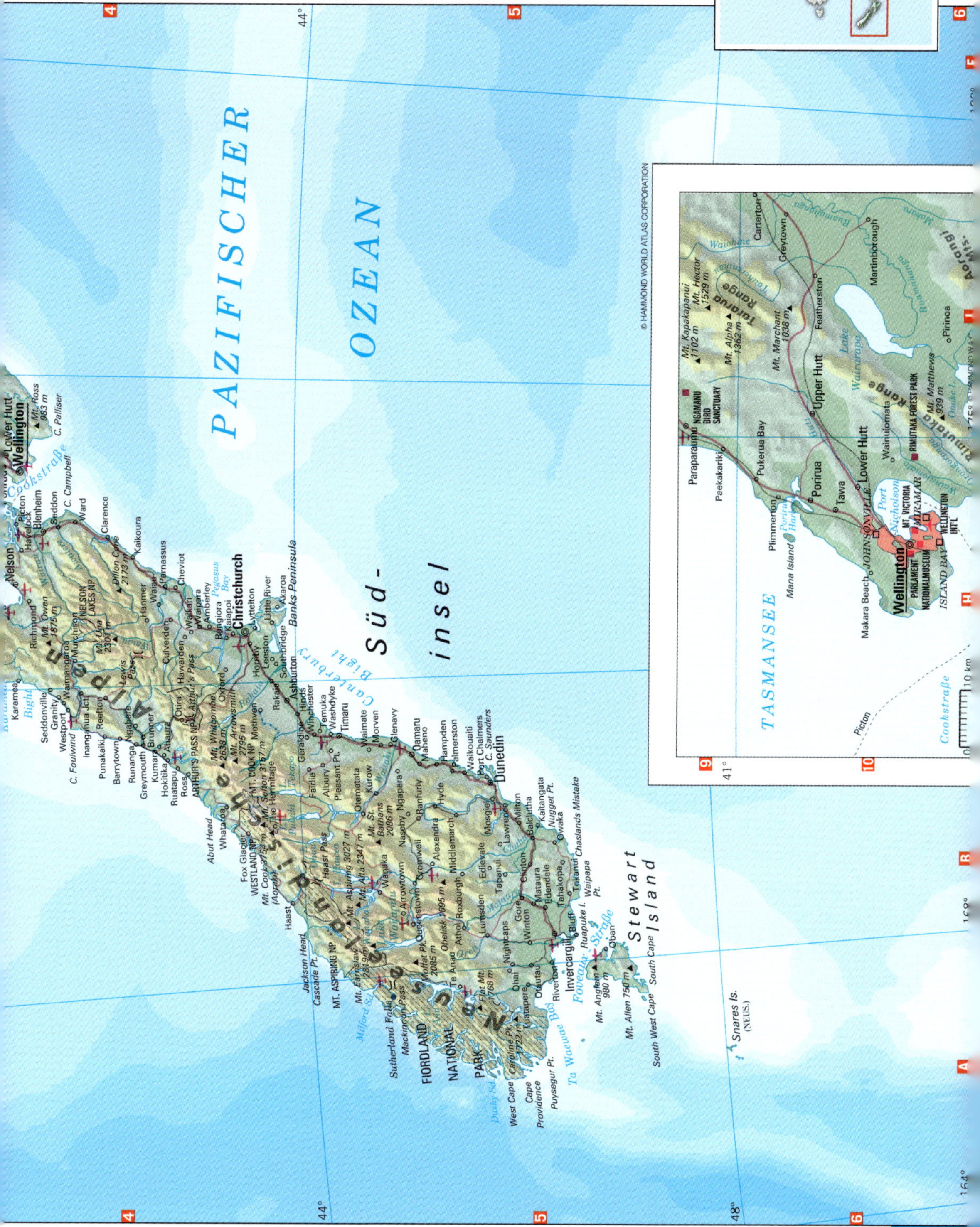
PAZIFISCHER
OZEAN
Süd-
insel
TASMANSEE
Stewart
Island
Cookstraße
Canterbury Bight
Wellington
Lower Hutt
Nelson
Christchurch
Dunedin
Invercargill
Timaru
Oamaru
Greymouth
Westport
Kaikoura
Blenheim
Picton
Banks Peninsula
FIORDLAND NATIONAL PARK
Foveaux Straße
Snares Is. (NEUS.)
Porirua
Upper Hutt
Tararua Range
Rimutaka Range
© HAMMOND WORLD ATLAS CORPORATION

-6000 m
0
6000 m

Ozeanien

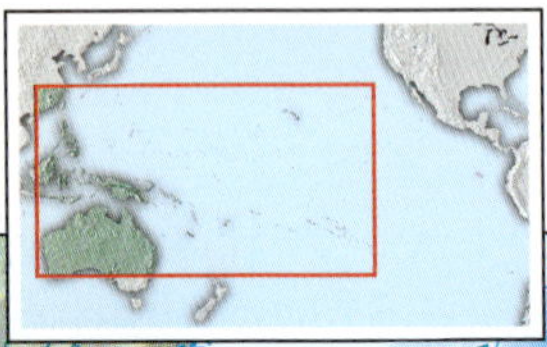

CHINA
JAPAN
TAIWAN
Taipei
Kaohsiung
Okinawa
Amami-Inseln
Ryukyu-Inseln
Daito-Inseln
Boninınseln
Vulkaninseln
Ogasawara
Iwo Jima
Tori-Shima
Nördlicher Wendekreis
Minami-Tori-Shima
Okino-Tori
PHILIPPINENSEE
PHILIPPINEN
Luzon
Manila
Quezon City
Mindanao
Davao
Cebu
Nordmarianen
Guam
Saipan
Mikronesien
Melanesien
NORD
SÜD
MARSHALLINSELN
Ralikkette
Ratakkette
Dalap-Uliga-Darrit
Bikini
Enewetok
Kwajalein
Majuro
Wake I.
PALAU
Melekeok
KAROLINEN
FÖDERIERTE STAATEN VON MIKRONESIEN
Kolonia
Chuuk Is.
Kosrae
NAURU
GILBERTINSELN
Bairiki
Tarawa
K
TUVALU
INDONESIEN
Celebes (Sulawesi)
Celebessee
Halmahera
Ternate
Makassar
Ambon
Äquator
Schouten-Inseln
Admiralitätsinseln
Bismarckarchipel
Bismarcksee
New Ireland
New Britain
Bougainville
Neuguinea
PAPUA-NEUGUINEA
Port Moresby
Salomonsee
Puncak Jaya 4884 m
Jayapura
Bandasee
Arafurasee
Timorsee
Torresstraße
OSTTIMOR
Dili
Timor
Flores
Sumba
SALOMONINSELN
Honiara
Guadalcanal
Santa Isabel
Malaita
Santa-Cruz-Inseln
Louisiadearchipel
VANUATU
Port Vila
Espiritu Santo
NEUE HEBRIDEN
FIDSCHI
Suva
Viti Levu
Wallis
Neukaledonien
Nouméa
Loyaltyinseln
KORALLENSEE
Großes Barriereriff
INDISCHER OZEAN
AUSTRALIEN
Carpentariagolf
Cape York Peninsula
Kimberley Plateau
Große Sandwüste
Gibsonwüste
Große Victoriawüste
Nullarborebene
Große Australische Bucht
Südlicher Wendekreis
Great Dividing Range
Uluru (Ayers Rock) 867 m
Musgrave Ra.
Darwin
Cairns
Townsville
Alice Springs
Brisbane
Gold Coast
Sydney
Canberra
Wollongong
Newcastle
Adelaide
Perth
Kalgoorlie-Boulder
TASMANSEE
Lord Howe I.
Norfolk I.
KERMADECINSELN
NEUSEELAND
Auckland
Nordinsel
Datumsgrenze
110°
120°
130°
140°
150°
160°
170°

Maßstab 1 : 40 800 000

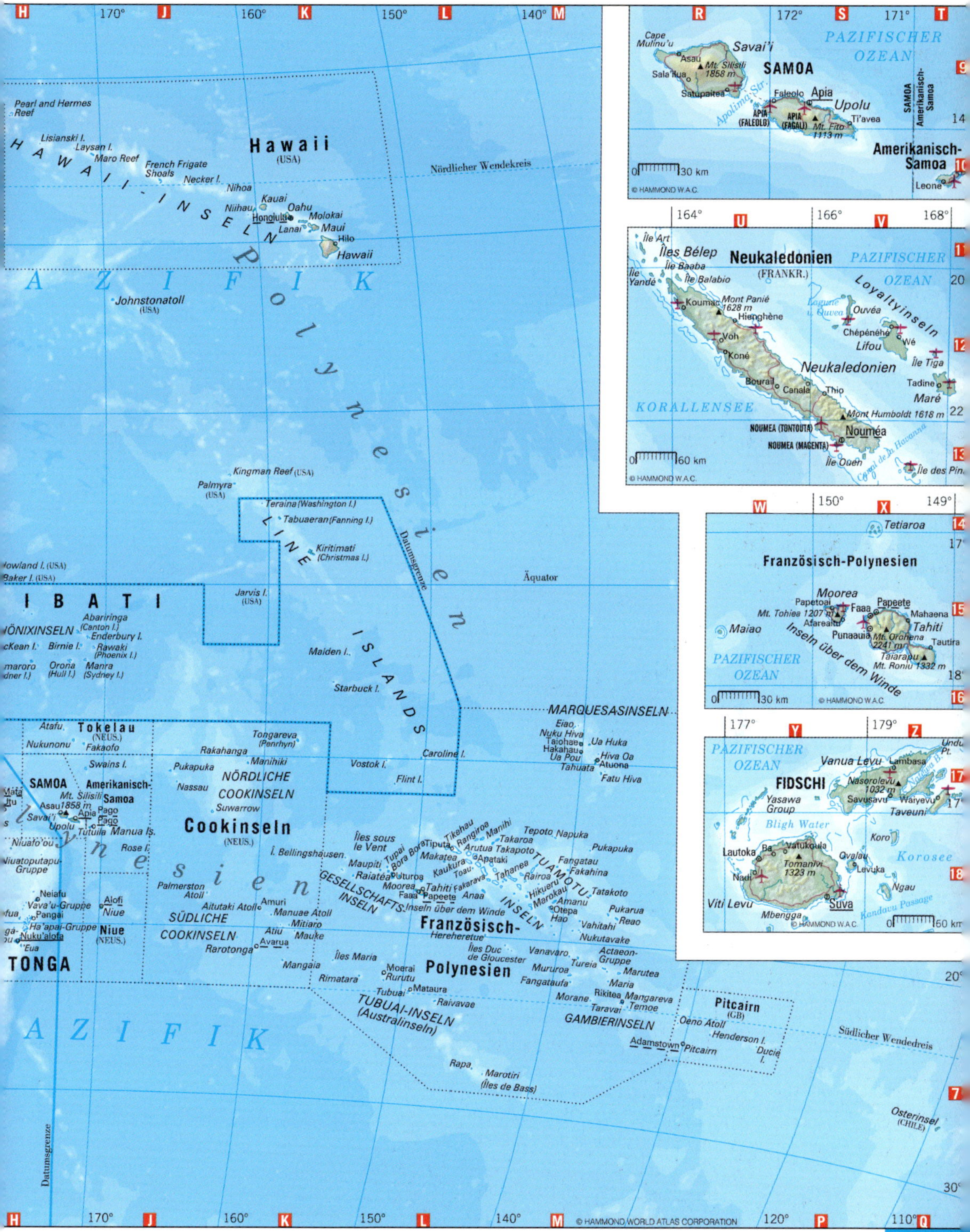

Nord- und Mittelamerika

1 **größter Staat nach Fläche** Kanada ($9\,984\,670\ km^2$)

2 **bevölkerungsreichster Staat** Vereinigte Staaten Staaten von Amerika (301,62 Mio. Einw.)

3 **bevölkerungsreichste Stadt** Mexiko (8,72 Mio. Einw.; Kernbereich, ohne Agglomeration)

4 **höchster Berg** Mount McKinley (6 198 m)

5 **längster Fluss** Mackenzie (4 241 km)

6 **Größter See nach Fläche** Oberer See ($82\,100\ km^2$)

Nord- und Mittelamerika, politisch

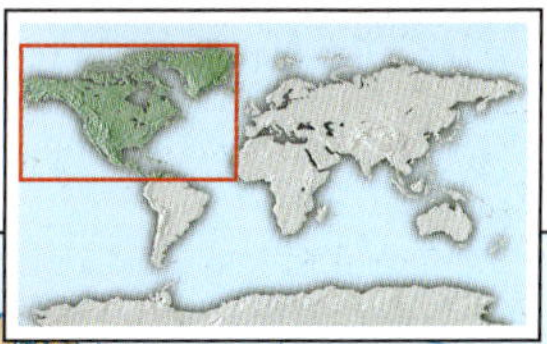

Maßstab 1 : 47 000 000

0 500 1000 1500 2000 km

Amerika umfasst die beiden Erdteile Nordamerika und Südamerika, die durch die Land- und Inselbrücke Mittelamerikas miteinander verbunden sind. Der Doppelkontinent erreicht mit über 42 Mio. km² nicht die Größe Asiens. Benannt ist der Kontinent nach dem italienischen Seefahrer Amerigo Vespucci.

Amerika kommt Asien im Nordwesten in der Beringstraße auf 35 km nahe, ist aber im Übrigen durch den Pazifischen Ozean im Westen, den Atlantischen Ozean und das Nordpolarmeer im Osten und Norden deutlich von den anderen Erdteilen getrennt. Es erstreckt sich in Nord-Süd-Richtung über mehr als 14 000 Kilometer. Nord- und Südamerika haben fast die gleiche West-Ost-Erstreckung (rund 5 000 km), doch liegt die Mittelachse Südamerikas um 35° östlicher als die Nordamerikas. Beide Erdteile haben gemeinsame Grundzüge in Bau und Oberflächengestalt: entlang der Westküste die Hochgebirgsketten der Kordilleren, an die sich ostwärts große Tafelländer, Stromtiefländer und alte Gebirgsrümpfe nahe der Ostküste anschließen; in den natürlichen Gegebenheiten und den Lebensbedingungen bestehen aber große Unterschiede.

Vereinigte Staaten von Amerika. Der im Denali National Park in Alaska gelegene Mount McKinley ist oberhalb von 2 000 m Höhe ständig mit Schnee bedeckt.

Nordamerika: Nordamerika ist der nördliche Teil des Doppelkontinents Amerika und mit 21,8 Mio. km² der drittgrößte Kontinent der Erde. Er umfasst unter anderem Kanada, die USA und die im Nordosten vorgelagerte Insel Grönland. Die Nord-Süd-Erstreckung beträgt rund 6 500 km und die Ost-West-Ausdehnung ist im Norden mit 5 500 km am größten. Auf den Kanadisch-Arktischen Archipel, die Inselwelt des Nordens und das zu Dänemark gehörende Grönland entfallen 16,7 % der Gesamtfläche von Nordamerika.

Im Osten wird die Landmasse vom Atlantischen Ozean, im Norden vom Nordpolarmeer und im Westen vom Pazifischen Ozean begrenzt. Eine physisch-geografische Südgrenze Nordamerikas wird vielfach im Bereich des Isthmus von Tehuantepec, also innerhalb Mexikos, gezogen, kulturell gehört Mexiko jedoch zu Lateinamerika. Unter Ausschluss Mexikos ist der südlichste Punkt Nordamerikas die Südspitze Floridas.

Höchster Berg ist der Mount McKinley in der Alaskakette mit 6 198 m. Der längste Fluss ist der Mississippi mit 3 765 Kilometern. Die Großen Seen im Norden bilden die größte zusammenhängende Süßwasserfläche der Erde.

Nordamerika hat Anteil an fast allen Klimazonen der Erde. Der Norden mit Alaska und dem Kanadisch-Arktischen Archipel hat Polarklima. Die Ostseite ist im Norden feucht-kühl, im Süden sub- bis randtropisch; die Westküste hat warmgemäßigtes Klima. Das Binnenland hat Kontinentalklima mit heißen Sommern und kalten Wintern. Da ein breitenkreisparalleles Gebirge fehlt, können sich Hitzewellen vom Golf von Mexiko weit nach N ausbreiten und umgekehrt Kaltluftströme ungehindert von der Hudsonbai und vom Nordpolarmeer nach S vordringen. Die extremen Temperaturschwankungen begünstigen das Entstehen von Hurrikanen und Tornados.

Staatliche Gliederung Nordamerika
Kanada
Vereinigte Staaten von Amerika (USA)
Nicht selbstständige Gebiete
zu Dänemark:
Grönland
zu Frankreich:
Saint-Pierre-et-Miquelon
zu Großbritannien:
Bermudainseln

Vereinigte Staaten von Amerika. Durch Verwitterung und Erosion entstanden in den rötlichen Sandsteinschichten des Arches National Park in Ost-Utah zahlreiche Naturbrücken und turmartige Gebilde; der Delicate Arch ist ein Wahrzeichen des Südwestens der USA.

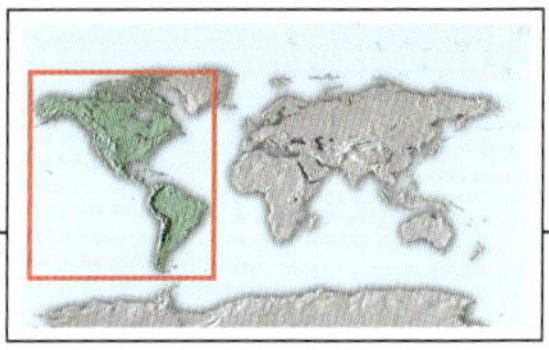

Kanada. Das Altstadtbild von Quebec am Sankt-Lorenz-Strom wird von dem Backstein-Hochhausbau des Hotels Chateau Frontenac (1892) geprägt.

Mittelamerika: Mittelamerika ist der Großraum zwischen den Kontinenten Nordamerika und Südamerika. Er umfasst Mexiko, Zentralamerika (die Festlandbrücke zwischen Nord- und Südamerika, von Guatemala bis Panama) und die Karibischen oder Westindischen Inseln.

Zentralamerika wird von den Faltengebirgszügen der Kordilleren durchzogen, die zum Pazifischen Ozean steil abfallen und zum Karibischen Meer hin in Hügelland übergehen, an das sich zum Teil sumpfiges Schwemmland und schließlich großenteils flache Ausgleichsküsten mit Strandseen anschließen. Zwischen der nördlichen und der südlichen Kette der Kordilleren liegen ausgedehnte Hochflächen und weite Becken.

In der Nicaraguasenke liegen mit dem Nicaraguasee (8 264 km^2) und dem Managuasee (1 040 km^2) die beiden größten Seen. Der höchste Berg Mittelamerikas ist der Tajumulco (4 220 m), ein Vulkan im südlichen Guatemala. Entlang der pazifischen Seite Zentralamerikas verläuft eine tektonische Schwächezone, die durch häufige Erdbeben und ausgedehnten, z. T. noch tätigen Vulkanismus gekennzeichnet ist.

Mittelamerika hat tropisches Klima, das zum Teil durch die Höhenlage und durch den Einfluss der Meere abgemildert wird. Die größten Niederschläge fallen auf den Inseln und der karibischen Seite Zentralamerikas. Die inneren Täler und Hochbecken im Windschatten der Gebirge sind zum Teil recht trocken. Schwere Wirbelstürme mit Starkregen sind häufig.

Die feuchtheißen Tiefländer werden von immergrünen Regenwäldern eingenommen. An der pazifischen Küste herrschen regengrüne Savannenwälder und Dornbusch vor.

Jamaika. Landschaft in den Blue Mountains im Osten der Insel.

Staatliche Gliederung Mittelamerika		
Antigua und Barbuda	El Salvador	Mexiko
Bahamas	Grenada	Nicaragua
Barbados	Guatemala	Panama
Belize	Haiti	Saint Kitts und Nevis
Costa Rica	Honduras	Saint Lucia
Dominica	Jamaika	Saint Vincent und die Grenadinen
Dominikanische Republik	Kuba	Trinidad und Tobago
Nicht selbstständige Gebiete		
zu Großbritannien:	zu Frankreich:	zu den Niederlanden:
Anguilla	Guadeloupe	Aruba
British Virgin Islands	Martinique	Niederländische Antillen
Cayman Islands		zu den USA:
Montserrat		Puerto Rico
Turks- und Caicosinseln		Virgin Islands of the United States

Alaska und Nordkanada

Nordamerika

Maßstab 1 : 13 300 000
0
200
400
600 km
144–149
150°
140°
130°
120°
110°
100°
90°
80°
70°
80°
70°
D
E
F
G
H
J
K
L
Q
1
2
3
Queen Elizabeth Islands
Ellesmere
Island
C. Columbia
Challenger Mts.
British Empire Ra.
United States Ra.
Barbeau Peak 2616 m
QUTTINIRPAAQ NP
Alert
Alert Point
C. Colgate
C. Stallworthy
Nansen Sd.
Princess Margaret Ra.
Axel Heiberg Island
Greely Fd.
Agassiz-Island Eisfeld
Eureka
Fosheim Pen.
Stor I.
Raanes Pen.
Svendsen Pen.
Bjorne Pen.
Graham I.
Bay
Norwegian
Meighen I.
NÖRDLICHER MAGNETPOL
C. Isachsen
Peary Chan.
Sverdrup Chan.
Sverdrup Islands
Borden I.
Isachsen
Ellef Ringnes I.
Amund Ringnes I.
Hassel Sd.
Massey Sd.
Prince Gustaf Adolf Sea
Brock I.
Mackenzie King I.
Prince Patrick I.
Mould Bay
C. Manning
Eglinton
Fitzwilliam Str.
Hazen Str.
Parry Islands
Lougheed I.
King Christian I.
Cornwall I.
Belcher Chan.
C. Scott
Melville Island
776 m
Hecla and Griper B.
Byam Martin Chan.
Cameron I.
I. Vanier
412 m
Bathurst I.
Penny Str.
Grinnell Pen.
Queens Chan.
Wellington Chan.
Jones Sound
Grise Fiord
Coburg I.
Clarence Head
KANADA
Grönland
Lincoln-See
Kennedy-Channel
Daugaard-Jensen Land
Kane Basin
Nares-straße
Grönland (Kalaallit Nunaat) (DÄN)
Hayes Pen.
Qaanaaq
Pituffik (Thule Air Base)
ER
C. Prince Alfred
C. Wrottesley
AULAVIK NP
Bernard
Thomsen
Banks Island
Big
Liddon G.
Dundas Pen.
McClure-Straße
Viscount Melville Sd.
Byam Martin I.
Cornwallis I.
Resolute
Devon Island
C. Sherard
Sound
Lancaster
Prince Leopold I.
Barrow Str.
Russell I.
Kilian I.
Stefansson I.
Prince of Wales Str.
Prince Albert Peninsula
Minto Inlet
Ulukhaktok
Kuujjua
Victoria Island
Hadley Bay
McClintock Channel
Prince of Wales Island
Peel Sound
Somerset Island
Prince Regent Inlet
Admiralty Inlet
Navy Board Inlet
Bylot Island
C. Liverpool
SIRMILIK NP
Pond Inlet
Arctic Bay
Borden Pen.
Eclipse Sound
Baffinmeer
Buchan Gulf
C. Adair
Brodeur Peninsula
Prince Albert Sound
Wollaston Peninsula
Dolphin and Union Str.
Zeta L.
Gatesheadl.
Larsen Sound
Bellot Str.
Boothia Peninsula
Gulf of Boothia
Berner Bay
Baffin Island
Conn
Gifford
Bieler L.
Isabella Bay
Home Bay
Nunavut
Washburn L.
Ferguson
Cambridge Bay
Crown Prince Frederik I.
Fury and Hecla Str.
Koch I.
Coronation Gulf
Dease Str.
Kugluktuk
Kent Pen.
Melbourne I.
Victoria Str.
James Ross Str.
King William I.
Gjoa Haven
Taloyoak
Jens Munk I.
Bray I.
Igloolik
Rowley I.
Flint L.
Foley I.
AUYUITTUQ NATIONAL PARK
Queen Maud Gulf
Jenny Lind I.
Rasmussen Basin
Pelly Bay
Simpson Pen.
Garry Bay
Hall Beach
Spicer Is.
Prince Charles Island
Air Force I.
Bathurst Inlet
Adelaide Pen.
Chantrey Inlet
Kugaaruk
Committee Bay
Wales I.
Melville Peninsula
Parry Bay
Kanada
Coppermine
Takijuq L.
Burnside
Ellice
Perry
Simpson
Hayes
Back
C. Wilson
Foxe Basin
Nördlicher Polarkreis
Koukdjuak
Nettilling Lake
Contwoyto
Garry L.
Rae Isthmus
Repulse Bay
Bowman Bay
Amadjuak L.
Vansittart I.
C. Dorchester
Frozen Str.
Foxe Chan.
Foxe Pen.
Wager Bay
Aylmer L.
Clinton-Colden L.
Aberdeen L.
Tehek L.
Quoich
Lorillard
Baker Lake
Baker L.
Thelon
McLeod Bay
Reliance
Lutselk'e
Nonacho L.
Lynx L.
Dubawnt L.
Yathkyed L.
Chesterfield Inlet
Daly Bay
Roes Welcome Sound
Southampton Island
Coral Harbour
Bay of Gods Mercy
Boas
South Bay
Bell Pen.
Evans Str.
Fisher Str.
C. Low
Coats I.
Mansel I.
Nottingham I.
Mill I.
Seahorse Point
Cape Dorset
Salisbury I.
Markham Bay
Hudsonstraße
Big I.
Charles I.
Ivujivik
Québec
Kangiqsujuaq
Rankin Inlet
Hudson-bay
Kweeti
Lake
Rae
110°
90°
80°
© HAMMOND WORLD ATLAS CORPORATION

–6000 m 0 6000 m

Kanada – südwestlicher Teil

Nordamerika

Maßstab 1 : 13 300 000
0
200
400
600 km
144–149
H
J
K
L
N
100°
90°
80°
60°
50°
3
4
5
Gateshead I.
Larsen Sound
Boothia Peninsula
Gulf of Boothia
Crown Prince Frederik I.
Baffin Island
Bieler L.
Cambridge Bay
Victoria Str.
King William I.
James Ross Str.
Taloyoak
Kent Pen.
Melbourne I.
Queen Maud Gulf
Jenny Lind I.
Gjoa Haven
Rasmussen Basin
Adelaide Pen.
Chantrey Inlet
Kugaaruk
Simpson Pen.
Pelly Bay
Fury and Hecla Str.
Jens Munk I.
Koch I.
Bray I.
Igloolik
Rowley I.
Hall Beach
Spicer Is.
Foley I.
Prince Charles Island
Air Force I.
Home Bay
Qikiqtarjuaq
AUYUITTUQ NATIONAL PARK
Davisstraße
C. Dyer
C. Walsingham
Cumberland Peninsula
Pangnirtung
Hoare Bay
C. Mercy
Cumberland Sound
Garry Bay
Committee Bay
Wales I.
Melville Peninsula
Parry Bay
Rae Isthmus
C. Wilson
Foxe Basin
Koukdjuak
Nettilling Lake
Bathurst Inlet
Ellice
Perry
Simpson
Hayes
Back
Garry L.
Nunavut
Repulse Bay
Vansittart I.
C. Dorchester
Bowman Bay
Amadjuak L.
McKeand
Brevoort I.
Wager Bay
Frozen Str.
Foxe Chan.
Roes Welcome Sound
Southampton Island
Coral Harbour
Bell Pen.
Foxe Pen.
Cape Dorset
Mill I.
Seahorse Point
Salisbury I.
Markham Bay
Iqaluit
Hall Pen.
Cornelius Grinnell Bay
Loks Land
Frobisher Bay
Kimmirut
Meta Incognita Pen.
Big I.
Edgell I.
Resolution I.
Hudsonstraße
Aberdeen L.
Tehek L.
Quoich
Baker Lake
Thelon
Baker L.
Dubawnt L.
Chesterfield Inlet
Lorillard
Daly Bay
Bay of Gods Mercy
South Bay
Evans Str.
Nottingham I.
Charles I.
Yathkyed L.
Rankin Inlet
C. Low
Fisher Str.
Coats I.
Ivujivik
Kangiqsujuaq
Cap Hopes Advance
Quaqtaq
Killinek I.
C. Chidley
Port Burwell
Whale Cove
C. Southampton
Mansel I.
Kazan
Tha-anne
Austin I.
Arviat
Akpatok I.
Kangirsuk
Kasba L.
Nueltin Lake
Thlewiaza
Smith I.
Cape Smith
R. de Povungnituk
Vachon
Arnaud
Ungava Bay
Ungava Peninsula
Nejanilini L.
Hudson-bay
Povungnituk
Ottawa Is.
L. Payne
Lac aux Feuilles
Kangiqsualujjuaq
Kuujjuaq
Koksoak
Seal
Churchill
Brochet
C. Churchill
Inukjuak
R. aux Feuilles
Southern Indian L.
Reindeer L.
Churchill
WAPUSK NP
Sleeper Is.
King George Is.
Nastapoka Is.
R. aux Mélèzes
C. Tatnam
York Factory
Lac Guillaume-Delisle
Lac à l'Eau Claire
Caniapiscau
Granville L.
Nelson
Gillam
Belcher Islands
Petite R. de la Baleine
Thompson
Split L.
Burntwood
Grande R. de la Baleine
L. Bienville
L. Caniapiscau
Manitoba
Hayes
Gods
Winisk
C. Henrietta Maria
Kuujjuarapik
Sipiwesk L.
Gods L.
Pointe Louis XIV
R. Kanaaupscow
La Grande Rivière
Norway House
Sachigo
Fawn
Shamattawa
Chisasibi
Island L.
Big Trout L.
Ekwan
James Bay
L. Sakami
Winnipegosis
Winnipegsee
Severn
North Caribou L.
Akimiski I.
Wemindji
Eastmain
Naococane
Sandy L.
Attawapiskat
Poplar
Pipestone
Attawapiskat
Kapiskau
Fort Albany
Charlton I.
Rés. Manicouagan
Péribonka
Waskaganish
R. Rupert
Québec
Bloodvein
Albany
Albany
Moosonee
L. Mistassini
Gimli
Red Lake
L. St. Joseph
R. Nottaway
RIDING MTN. NP
Minnedosa
Pine Falls
Lac Seul
Ontario
Baie-du-Poste
Selkirk
Pinawa
Missinaibi
Chibougamau
Rés. Pipmuacan
Beauséjour
Sioux Lookout
Kenogami
R. Harricana
Bell
Carman
Winnipeg
Kenora
Dryden
Dolbeau
Mistassini
Morden
Winkler
Lake of the Woods
Nipigonsee
Geraldton
Hearst
Abitibi
Rés. Gouin
L. St-Jean
Roberval
Chicoutimi
Jonquière
Roseau
International Falls
Kapuskasing
Cochrane
La Sarre
Amos
Dakota
Rainy River
Rainy L.
Fort Frances
Atikokan
Nipigon
Iroquois Falls
Abitibi
St-Maurice
Devils Lake
Minnesota
VOYAGEURS NP
Thunder Bay
Marathon
White River
Timmins
Rouyn-Noranda
Val-d'Or
Grand Forks
Red Lake
Red River of the North
Red Lakes
Oberer See
PUKASKWA NP
Kirkland Lake
Rés. Cabonga
La Tuque
PN DE LA MAURICIE
Québec
ISLE ROYALE NP
Chapleau
© HAMMOND WORLD ATLAS CORPORATION

–6000 m   0   6000 m

Kanada – östlicher Teil

Nordamerika

Maßstab 1 : 13 300 000

0 200 400 600 km

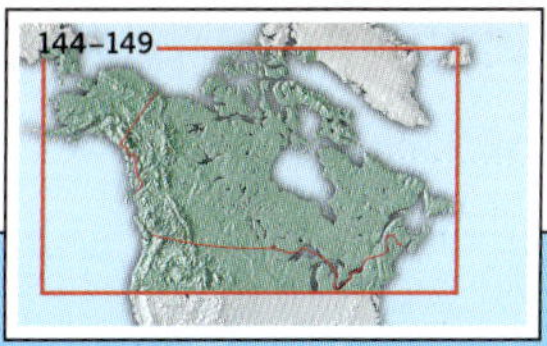
144–149

L
M
N
P
70°
60°
50°
40°
80°
4
5
6
Baffin Island
Meta Incognita Pen.
Frobisher Bay
Grinnell Bay
Loks Land
Edgell I.
Resolution I.
Big I.
Charles I.
Hudsonstraße
Kangiqsujuaq
Cap Hopes Advance
Quaqtaq
Port Burwell
Killinek I.
C. Chidley
Akpatok I.
N. Aulatsivik I.
Kangirsuk
Ungava Bay
LABRADOR-SEE
Saglek Bay
Kangiqsualujjuaq
Cod I.
Okak I.
S. Aulatsivik I.
Nain
Voisey Bay
Tunungayualok I.
Ungava Peninsula
Povungnituk
Smith
Kuujjuaq
R. George
R. à la Baleine
Inukjuak
Nastapoka Is.
Lac Guillaume-Delisle
Lac à l'Eau Claire
Petite R. de la Baleine
Grande R. de la Baleine
L. Bienvenue
L. Caniapiscau
R. Caniapiscau
Schefferville
Hopedale
Makkovik
C. Harrison
Mount Benedict 739 m
Hamilton Inlet
Cartwright
Rigolet
Smallwood Res.
Churchill Falls
Happy Valley-Goose Bay
Labrador
Newfoundland and Labrador
Churchill
Labrador City
Kanaaupscow
La Grande Rivière
L. Sakami
Eastmain
R. Rupert
Waskaganish
Gagnon
Rés. Manicouagan
Québec
Chisasibi
C. Bauld
Saint Anthony
Str. of Belle Isle
White Bay
Notre Dame Bay
Baie Verte
Gander
Bonavista
TERRA NOVA NP
GROS MORNE NP
Gros Morne 806 m
Grand Falls
Harbour Grace
St. John's
Corner Brook
Stephenville
Neufundland
Avalon Pen.
C. Race
Marystown
Grand Bank
Channel-Port aux Basques
C. Ray
C. St. George
Saint-Pierre-et Miquelon (FRANKR.)
Havre-Saint-Pierre
MINGAN ARCH. NP
Île d'Anticosti
Pointe Heath
Sept-Îles
Port-Cartier
Port-Menier
Honguedo Pass.
Mont Jacques Cartier 1268 m
Gaspé
Cap-Chat
PN DE FORILLON
Percé
Chandler
Halbinsel Gaspé
Matane
Sankt-Lorenz-Golf
Cabot Strait
Îles de la Madeleine
Baie-Comeau
Hauterive
Mont-Joli
Rimouski
Sankt-Lorenz-Strom
L. Mistassini
Baie-du-Poste
Chibougamau
Mistassini
Dolbeau
Alma
Chicoutimi
Roberval
Jonquière
L. St-Jean
Rés. Gouin
La Sarre
Amos
Rouyn-Noranda
Val-d'Or
La Tuque
PN DE LA MAURICIE
Québec
Lévis
Rivière-du-Loup
Baie-Saint-Paul
Shawinigan
Trois-Rivières
Victoriaville
Drummondville
Sherbrooke
Mont-Laurier
Joliette
Montréal
Laval
Hawkesbury
Gatineau
Ottawa
Pembroke
Renfrew
North Bay
Haileybury
Huntsville
Parry Sound
Cornwall
Massena
Ogdensburg
Brockville
Kingston
Belleville
Peterborough
Orillia
Barrie
Toronto
Oshawa
Mississauga
Hamilton
Niagarafälle
Niagara Falls
Buffalo
Rochester
Syracuse
Oswego
Watertown
Rome
Utica
Auburn
Ithaca
Cortland
Elmira
Corning
Binghamton
Olean
Bradford
Erie
Warren
Pennsylvania
Williamsport
Wilkes-Barre
Scranton
New York
Newark
N.J.
Yonkers
Poughkeepsie
Kingston
Albany
Schenectady
Glens Falls
Adirondacks
L. Champlain
Burlington
Montpelier
Vt.
N.H.
Rutland
Concord
Manchester
Nashua
Lowell
Boston
Mass.
Worcester
Springfield
Providence
Hartford
Conn.
R.I.
New Haven
New London
Bridgeport
Waterbury
Riverhead
New Bedford
C. Cod
C. Ann
Portsmouth
Laconia
Berlin
Portland
Lewiston
Augusta
Rumford
Bangor
Maine
ACADIA NP
Golf von Maine
Millinocket
Mt. Katahdin 1606 m
Presque Isle
Caribou
Edmundston
Grand Falls
Mount Carleton 820 m
Campbellton
Bathurst
Chaleur Bay
Miramichi
KOUCHIBOUGUAC NP
New Brunswick
Moncton
Fredericton
Saint John
FUNDY NP
Calais
Saint Stephen
Bay of Fundy
Prince Edward Island
Charlottetown
Souris
Amherst
New Glasgow
Truro
Antigonish
Inverness
CAPE BRETON HIGHLANDS NP
Glace Bay
Sydney
Cape Breton I.
C. Canso
Nova Scotia
Halifax
Dartmouth
Kentville
Digby
Bridgewater
Liverpool
KEJIMKUJIK NP
Yarmouth
C. Sable
Sable I. (KAN.)
Sable I.
ATLANTISCHER OZEAN
KANADA
USA
KAN.
USA
© HAMMOND WORLD ATLAS CORPORATION

−6000 m 0 6000 m

Vereinigte Staaten von Amerika

Nordamerika

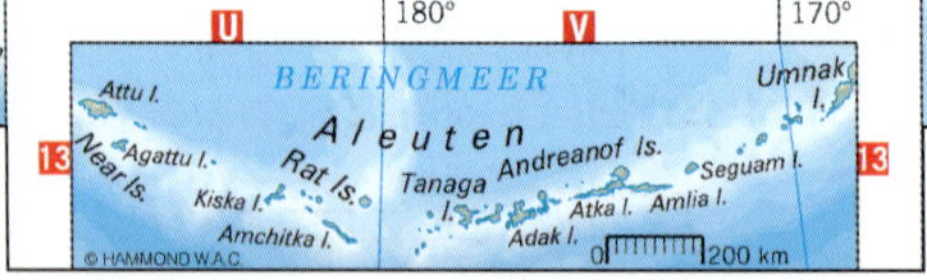

Maßstab 1 : 18 100 000

0 200 400 600 800 km

−6000 m 0 6000 m

Südwesten der USA

Nordamerika

Maßstab 1 : 3 300 000

0 50 100 150 km

116°
114°
112°
E
F
G
3
4
5
38°
36°
34°
Nevada
Utah
Arizona
NELLIS
FORCE RANGE
NEVADA TEST SITE
DESERT NATIONAL WILDLIFE REFUGE
Desert Lake
Kawich Pk. 2866 m
Reveille Pk. 2716 m
Coal Valley
Highland Pk. 2864 m
Caselton
Pioche
Ursine
Panaca
Caliente
Hiko
Alamo
Delamar L.
PAHRANAGAT NWR
Elgin
Carp
Mormon Mts.
Mormon Pk. 2259 m
Muddy
Meadow Valley Wash
Amargosa
Desert
DEATH VALLEY NM
Mercury
Pahrump
RED ROCK CANYON NCA
Charleston Pk. 3633 m
Sheep Mts.
MOAPA R. IR
Overton
NELLIS AIR FORCE RANGE
North Las Vegas
Las Vegas
Paradise
Winchester
East Las Vegas
Henderson
Sloan
Lake Mead
LAKE MEAD NATIONAL REC. AREA
HOOVER DAMM
Boulder City
Shoshone
Tecopa
Potosi Mtn. 2592 m
Spring Mts.
Mosquito L.
Ivanpah
Nipton
Searchlight
Lake Mohave
Dolan Springs
Black Mts.
Chloride
EAST MOJAVE NATIONAL SCENIC AREA
Cima
Baker
Soda L.
Devil's Playground
Kelso
Providence Mts.
Mojave
Troy L.
Katherine
Davis Dam
Bullhead City
Riviera
Oatman
FORT MOJAVE IR
Needles
Fenner
Ludlow
Essex
Amboy
Cadiz
Topock
Lake Havasu
HAVASU NWR
Lake Havasu City
CHEMEHUEVI
LONDON BRIDGE
IND. RES.
TWENTYNINE PALMS
MARINE CORPS BASE
Bristol L.
Cadiz L.
Danby L.
Joshua Tree
Twentynine Palms
Yucca Valley
JOSHUA TREE NAT'L PARK
Eagle Mts.
Palm Springs
Cathedral City
Indio
Coachella
Mecca
Desert Center
Palen L.
CHOCOLATE MTS. AERIAL GUNNERY RANGE
Chocolate Mts.
Salton Sea
SALTON SEA NWR
TORRES MARTINEZ IR
Toro Pk. 2657 m
Santa Rosa Mts.
LOS COYOTES IR
Calipatria
Niland
Westmorland
Brawley
Imperial Valley
EL CENTRO NAVAL AIR FACILITY
Seeley
El Centro
Holtville
Heber
Calexico
Mexicali
Ciudad Morelos
COCOPAH IR
BAJA CALIFORNIA
MEXIKO
USA
Rice
Colorado R. Aqueduct
Earp
Vidal
Parker
Parker Dam
COLORADO RIVER IND. RES.
Poston
Bouse
Quartzsite
Blythe
Ehrenberg
Ripley
Palo Verde
CIBOLA NWR
IMPERIAL NWR
Quartz Pk. 663 m
Glamis
Sand Hills
YUMA PROVING GROUND
KOFA NATIONAL WILDLIFE REFUGE
Kofa Mts.
IMPERIAL DAMM
LAGUNA DAMM
FT. YUMA IR
Winterhaven
Yuma
YUMA MARINE AIR STA.
Somerton
Yuma Desert
Welton
Tacna
Dome
Roll
Dateland
Aztec
Sentinel
Agua Caliente
Gila
BARRY M. GOLDWATER AIR FORCE RANGE
PAPAGO INDIAN RES.
© HAMMOND WORLD ATLAS CORPORATION
Minersville
Greenville
Lund
Escalante Desert
Beryl
Modena
Paragonah
Parowan
Summit
Enoch
Panguitch
Cedar City
CEDAR BREAKS NM
Markagunt Plateau
Newcastle
Kanarraville
Bull Valley Mts.
New Harmony
Pine Valley
Pintura
ZION NAT'L PARK
Veyo
Gunlock
Toquerville
Leeds
Hurricane
Ivins
Santa Clara
Washington
St George
Springdale
Rockville
Hildale
Colorado City
Orderville
Glendale
Mount Carmel
Alton
Hatch
Kanab
Fredonia
Sevier Plateau
Mt. Dutton 3364 m
Aquarius Plateau
CAPITOL REEF NAT'L PARK
Mt. Pennell 3450 m
Escalante
Bryce Canyon
Tropic
Cannonville
Henrieville
BRYCE CANYON NAT'L PARK
GRAND STAIRCASE-ESCALANTE NAT'L MON.
Kaiparowits Plateau
GLEN CANYON NATIONAL REC. AREA
Lake Powell
RAINBOW BRIDGE NM
GLEN-CANYON-DAMM
Page
UTAH ARIZONA
UTAH NEVADA
Cane Beds
KAIBAB IND. RES.
PIPE SPRING NM
Moccasin
VERMILION CLIFFS NM
Marble Canyon
Jacob Lake
Kaibab Plateau
Kaibito
NAVAJO INDIAN RES.
Kaibito Plateau
Tonalea
Tuba City
Moenkopi
HOPI IND. RES.
Littlefield
Mt. Bangs 2442 m
Shivwits Plateau
GRAND CANYON-PARASHANT NAT'L MON.
Hurricane Cliffs
Kanab Plateau
Mt. Trumbull 2447 m
The Dome 1672 m
GRAND CANYON NAT'L PARK
Supai
HAVASUPAI IND. RES.
North Rim
Saddle Mtn. 2568 m
Marble Canyon
Grand Canyon
Grand Colorado
LAKE MEAD NRA
Coconino Plateau
HUALAPAI INDIAN RESERVATION
Cerbat Mts.
Peach Springs
GRAND CANYON CAVERNS
Nelson
Valentine
HUALAPAI IR
Kingman
KINGMAN
Hualapai Pk. 2566 m
Hualapai Mts.
Aquarius Mts.
Trout Creek
Burro Creek
Yucca
Wikieup
Seligman
Ash Fork
Williams
Cameron
Little Colorado
Painted Desert
WUPATKI NM
SUNSET CRATER VOLCANO NM
Kendrick Pk. 3175 m
San Francisco Mts.
Humphreys Pk. 3851 m
Merriam Crater 2077 m
Leupp
Flagstaff
LOWELL OBSERVATORY
WALNUT CANYON NM
METEOR CRATER
Chino Valley
Sedona
Mormon Lake
Paulden
Verde
TUZIGOOT NM
Clarkdale
Cottonwood
Jerome
Cornville
Happy Jack
Mogollon Rim
YAVAPAI IR
CAMP VERDE IR
Prescott Valley
MONTEZUMA CASTLE NM
Camp Verde
Dewey
Iron Springs
Prescott
Humboldt
Mayer
Skull Valley
Kirkland
Mt. Union 2430 m
Bagdad
Hillside
ARCOSANTI
Mazatzal Mts.
Pine
Kohls Ranch
Payson
AGUA FRIA NM
Bumble Bee
Black Canyon City
Yarnell
Congress
Mazatzal Pk. 2404 m
Bill Williams
Alamo Lake
Hassayampa
Wickenburg
Aguila
Morristown
Wittmann
Wenden
Salome
Vicksburg
WADDELL-DAMM
Cave Creek
Carefree
Theodore Roosevelt Lake
FORT MCDOWELL IND. RES.
TONTO NM
Sun City West
Sun City
Fountain Hills
Surprise
Peoria
Paradise Valley
Salt
LUKE AFB
Glendale
Scottsdale
Tortilla Flat
Apache Jct.
Superstition Mts.
Phoenix
Tempe
Mesa
Gilbert
WILLIAMS AFB
Chandler
Superior
Hayden-Rhodes Aqueduct
Tonopah
Wintersburg
Buckeye
Centennial Wash
Arlington
GILA RIVER IND. RES.
HOHOKAM PIMA NM
Queen Creek
Florence Junction
Olberg
Florence
Sacaton
CASA GRANDE RUINS NM
Painted Rock Res.
GILA RIVER INDIAN RESERVATION
SONORAN DESERT NM
Maricopa Mts.
Maricopa
AK CHIN IR
Valley Farms
Randolph
Gila Bend
Stanfield
Casa Grande
Eloy
Arizona City
Picacho

-6000 m 0 6000 m

D
E
F
G
116°
114°
112°
40°
38°
36°
1
2
3
4
Großes Becken
Nevada
Utah
Arizona
Kalifornien
Great Salt Lake Desert
Salt Lake City
West Valley City
Taylorsville-Bennion
Murray
West Jordan
Sandy
Riverton
East Millcreek
Kamas
Heber City
American Fork
Pleasant Grove
Lehi
Lindon
Orem
Provo
Springville
Mapleton
Spanish Fork
Payson
Genola
Santaquin
Goshen
Eureka
Mt. Nebo 3636 m
Nephi
Colton
Helper
Price
Kenilworth
Fountain Green
Mount Pleasant
Moroni
Wales
Spring City
Ephraim
Manti
Huntington
Cleveland
Castle Dale
Gunnison
Mayfield
Centerfield
Ferron
Moore
Redmond
Salina
Emery
Aurora
Sigurd
Glenwood
Venice
Richfield
Annabella
Elsinore
Monroe
Monroe Pk. 3422 m
Joseph
Mt. Marvine 3536 m
Sevier
Koosharem
Marysvale
Fremont
Lyman
Bicknell
Loa
CAPITOL REEF
Teasdale
Torrey
Grover
Wasatch Range
Uinta
Strawberry
Strawberry Res.
Scofield Res.
Duchesne
Utah Lake
Wendover
Bonneville Salt Flats
UTAH TEST AND TRAINING RANGE
DUGWAY PROVING GROUNDS
Dugway
SKULL VALLEY IR
Tooele
CAMP WILLIAMS
Cedar Mts.
Skull Val.
Ibapah
GOSHUTE IND. RES.
Callao
Ibapah Pk. 3684 m
FISH SPRINGS NAT'L WILDLIFE REF.
Trout Creek
Gandy
Sevier Desert
Leamington
Delta
Hinckley
Sevier Lake
Sevier
Baker
Garrison
GREAT BASIN NAT'L PARK
Wheeler Peak 3982 m
Fillmore
Meadow
Hatton
Kanosh
Pavant Range
Milford
Wah Wah Mts.
Beaver
Greenville
Minersville
Delano Pk. 3710 m
Tushar Mts.
Junction
Circleville
Piute Res.
Otter Cr. Res.
Antimony
Aquarius Plateau
Mt. Ellen 3512 m
Sevier Plateau
Mt. Dutton 3364 m
GRAND STAIRCASE-ESCALANTE NM
Mt. Pennell 3450 m
Lund
Beryl
Modena
Escalante Desert
Paragonah
Parowan
Summit
Enoch
Cedar City
CEDAR BREAKS NM
Panguitch
Escalante
Newcastle
Kanarraville
Markagunt Plateau
Hatch
Bryce Canyon
Tropic
Cannonville
Henrieville
BRYCE CANYON NAT'L PARK
Kaiparowits Plateau
GRAND STAIRCASE-ESCALANTE NAT'L MON.
GLEN CANYON NATIONAL REC. AREA
Lake Powell
RAINBOW BRIDGE
Alton
Glendale
Orderville
Mount Carmel
New Harmony
Pintura
ZION NAT'L PARK
Bull Valley Mts.
Veyo
Pine Valley
Toquerville
Leeds
La Verkin
Springdale
Gunlock
Ivins
Hurricane
Rockville
Santa Clara
Washington
Saint George
Hildale
Colorado City
Kanab
Fredonia
Cane Beds
Moccasin
KAIBAB IND. RES.
PIPE SPRING NM
GLEN CANYON DAM
Page
VERMILION CLIFFS NM
Marble Canyon
Kaibito
Kaibito Plateau
NAVAJO
Tonalea
Jacob Lake
Kaibab Plateau
Kanab Plateau
Littlefield
Mt. Bangs 2442 m
Shivwits Plateau
Hurricane Cliffs
GRAND CANYON-PARASHANT NAT'L MON.
Mt. Trumbull 2447 m
The Dome 1672 m
GRAND CANYON NAT'L PARK
Supai
HAVASUPAI IND. RES.
Saddle Mtn. 2568 m
North Rim
Tuba City
Moenkopi
Grand Canyon
Little Colorado
Cameron
Coconino Plateau
Painted Desert
WUPATKI NM
SUNSET CRATER VOLCANO NM
Merriam Crater 2077 m
Kendrick Pk. 3175 m
San Francisco Mts.
Humphreys Pk. 3851 m
Flagstaff
Winona
Williams
LOWELL OBSERVATORY
WALNUT CANYON NM
Ash Fork
Seligman
HUALAPAI INDIAN RESERVATION
GRAND CANYON CAVERNS
Peach Springs
Nelson
HUALAPAI IR
Valentine
Hackberry
KINGMAN
Kingman
Chloride
Cerbat Mts.
Dolan Springs
Black Mts.
Katherine
Bullhead City
Riviera
Grand Wash Cliffs
LAKE MEAD NRA
Lake Mead
LAKE MEAD NATIONAL REC. AREA
Overton
MOAPA R. IR
Boulder City
HOOVER DAMM
Lake Mohave
Searchlight
Nipton
Ivanpah
EAST MOJAVE NATIONAL SCENIC AREA
Cima
Baker
Soda L.
Mosquito L.
Kalifornien
Henderson
Sloan
Potosi Mtn. 2592 m
Spring Mts.
East Las Vegas
Paradise
Las Vegas
North Las Vegas
Winchester
NELLIS AIR FORCE RANGE
Sheep Mts.
Charleston Pk. 3633 m
RED ROCK CANYON NCA
Pahrump
Shoshone
Tecopa
Amargosa Desert
Amargosa Range
DEATH VALLEY NM
Mercury
NEVADA TEST SITE
DESERT NATIONAL WILDLIFE REFUGE
Desert Lake
Pahute Mesa
NELLIS AIR FORCE RANGE
Mormon Pk. 2259 m
Mormon Mts.
Carp
Elgin
Muddy
Meadow Valley Wash
PAHRANAGAT NWR
Alamo
Delamar L.
Hiko
Caliente
Panaca
Coal Valley
Highland Pk. 2864 m
Caselton
Pioche
Ursine
Reveille Pk. 2716 m
Kawich Pk. 2866 m
Troy Peak 3444 m
Grant Range
LUNAR CRATER
Pancake Range
Hot Creek Ra.
Monitor Range
Currant
Currant Mtn 3509 m
DUCKWATER IND. RES.
Duckwater
Preston
Lund
White
Schell Creek Range
Steptoe Valley
Ely
Ruth
McGill
Eureka
Duck Creek
Cherry Creek
Roberts Creek Mtn. 3089 m
Ruby Mts.
Ruby Lake
RUBY LAKE NWR
Ruby Valley
Currie
Goshute Lake
Goshute
Spruce Mtn. 3128 m
Shafter
Valley
SOUTH FORK IR
Lamoille
Carlin
Humboldt
Battle Mountain
Beowawe
Nellis
NEVADA
UTAH
ARIZONA

Maßstab 1 : 3 300 000

0 50 100 150 km

Colorado
New Mexico
Rocky Mts.
Park Range
Front Range
Sawatch Range
San Juan Mts.
Sangre de Cristo Mts.
Uncompahgre Plateau
Roan Plateau
The Flat Tops
Elk Mts.
West Elk Mts.
La Garita Mts.
Cochetopa Hills
Wet Mts.
San Luis Valley
Nacimiento Mts.
Jemez Mts.
San Mateo Mts.
Zuni Mts.
Chaco Mesa
San Juan Basin
Cimarron Range
Tarryall Mts.
La Sal Mts.
Black Mesa
INDIAN RESERVATION
ROCKY MTN. NAT'L PARK
DINOSAUR NAT'L MONUMENT
ARCHES NAT'L PARK
CANYONLANDS NATIONAL PARK
GREAT SAND DUNES NP
MESA VERDE NP
BLACK CANYON OF THE GUNNISON NM
COLORADO NM
FLORISSANT FOSSIL BEDS NM
CHACO CULTURE NAT'L HIST. PARK
CANYON DE CHELLY NAT'L MON.
BANDELIER NM
SOUTHERN UTE IND. RES.
UTE MTN. IND. RES.
JICARILLA APACHE IND. RES.
ZUNI IND. RES.
FOUR CORNERS MONUMENT
Denver
Colorado Springs
Pueblo
Grand Junction
Durango
Farmington
Albuquerque
Santa Fe
Boulder
Aurora
Lakewood
Longmont
Alamosa
Gallup
Moab
Taos
Mt. Elbert 4399 m
Mt. Antero 4349 m
Pikes Pk. 4301 m
Mt. Evans 4348 m
Longs Pk. 4345 m
Uncompahgre Pk. 4361 m
Mt. Sneffels 4313 m
Mt. Wilson 4342 m
Wheeler Pk. 4011 m
Blanca
Crestone Pk. 4357 m
Colorado
Rio Grande
Arkansas
Gunnison
Dolores
San Juan
Chama
Pecos
Cimarron
Navajo Lake
Blue Mesa Res.
COLORADO UTAH
COLORADO NEW MEXICO
108°
106°
110°
40°
38°
36°
H
J
K
1
2
3
4
© HAMMOND WORLD ATLAS CORPORATION

−6000 m 0 6000 m

Wisconsin
Michigansee
Michigan
Indiana
Illinois
Ohio
Huron
Kanada
North Channel
Saginaw Bay
Green Bay
Grand Traverse Bay
L. St. Clair
CHICAGO
Milwaukee
Detroit
Windsor
Toledo
Flint
Lansing
East Lansing
Grand Rapids
Kalamazoo
Battle Creek
Ann Arbor
Jackson
Saginaw
Bay City
Midland
Muskegon
South Bend
Fort Wayne
Gary
Hammond
Evanston
Skokie
Waukegan
Kenosha
Racine
Sheboygan
Manitowoc
Oshkosh
Appleton
Green Bay
Fond du Lac
Sault Sainte Marie
Sault Ste. Marie
Marquette
Escanaba
Traverse City
Alpena
Cadillac
Holland
Port Huron
Pontiac
Warren
Sterling Heights
Southfield
Livonia
Dearborn
Elkhart
Mishawaka
Joliet
Elgin
Naperville
Aurora
Wheaton
Arlington Heights
Des Plaines
Waukesha
West Allis
Wauwatosa
Kentwood
Wyoming
Portage
Benton Harbor
Michigan City
Manitoulin I.
Drummond I.
St. Joseph I.
Elliot Lake
Chatham
Findlay

Maßstab 1 : 3 300 000

0 50 100 150 km

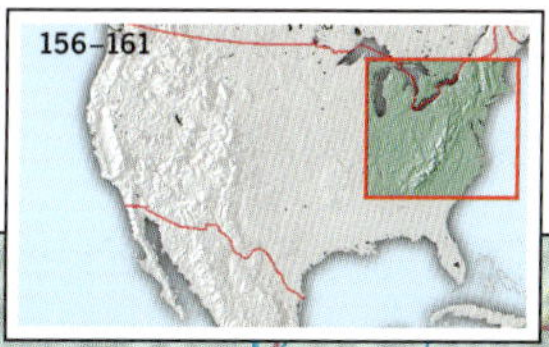
156–161

Kanadischer Schild
Québec
Ontario
Georgian Bay
Ontariosee
Eriesee
New York
Pennsylvania
Appalachen
Alleghenygebirge
Allegheny plateau
Haliburton Highlands
Ottawa
Gatineau
Gloucester
Nepean
Kanata
North Bay
Sudbury
Mattawa
Pembroke
Kingston
Belleville
Peterborough
Oshawa
Whitby
Pickering
Ajax
Markham
Richmond Hill
Brampton
North York
Toronto
Mississauga
Milton
Burlington
Hamilton
Saint Catharines
Niagara Falls
Guelph
Waterloo
Kitchener
Cambridge
Brantford
Woodstock
London
Saint Thomas
Stratford
Barrie
Orillia
Owen Sound
Huntsville
Parry Sound
Buffalo
Cheektowaga
Tonawanda
Rochester
Syracuse
Utica
Rome
Oswego
Watertown
Ogdensburg
Binghamton
Elmira
Ithaca
Jamestown
Olean
Erie
Cleveland
Youngstown
Warren
Williamsport
Scranton
Wilkes-Barre
Pennsylvania Hill 586 m
Connecticut Hill 639 m
Alma Hill 777 m
Cobb Hill 795 m
Elk Hill 821 m
Brier Mtn. 711 m
587 m
541 m
533 m
Lake Simcoe
Lake Muskoka
Nipissingsee
Ottawa (R. des Outaouais)
Thousand Is.
Bruce Peninsula
Saint Lawrence Islands Nat'l Park
Georgian Bay Islands Nat'l Park
Bruce Peninsula NP
Fathom Five Nat'l Marine Pk.
KANADA
USA
ONT.
N.Y.
QUEBEC
ONTARIO
OHIO
PA.
82°
80°
78°
76°
46
44°
42°
© HAMMOND WORLD ATLAS CORPORATION
−6000 m
0
6000 m

USA – nördliche Ostküste

Nordamerika

Maßstab 1 : 3 300 000

0 50 100 150 km

156–161

G
H
J
K
3
4
5
6
76°
74°
72°
40°
38°
New York
Vt.
N. H.
Massachusetts
R. I.
Conn.
New Jersey
Pennsylvania
Maryland
Delaware
Washington D.C.
NEW YORK
Philadelphia
Boston
Baltimore
Albany
Syracuse
Binghamton
Scranton
Wilkes-Barre
Allentown
Bethlehem
Reading
Harrisburg
Lancaster
York
Trenton
Camden
Wilmington
Newark
Jersey City
Paterson
Yonkers
Stamford
Bridgeport
New Haven
Hartford
Springfield
Worcester
Providence
Schenectady
Troy
Utica
Rome
Atlantic City
Ocean City
Dover
Annapolis
Salisbury
Elmira
Ithaca
Poughkeepsie
Kingston
Newburgh
White Plains
Lowell
Nashua
Manchester
Fall River
New Bedford
Long Island
Long Island Sound
Delaware Bay
Chesapeake Bay
Catskill Mts.
Hudson
Susquehanna
Delaware
Mohawk
Slide Mtn. 1281 m
Hunter Mtn. 1234 m
Mt. Greylock 1064 m
Montauk Pt.
Orient Pt.
Block Island
Martha's Vineyard
C. May
C. Henlopen
LA GUARDIA
NEWARK INT'L
JOHN F. KENNEDY INT'L
PHILADELPHIA INT'L
BALTIMORE-WASHINGTON INT'L
RONALD REAGAN WASHINGTON NAT'L
ANDREWS AFB
DOVER AFB
MCGUIRE AFB
FORT DIX
WESTOVER AFB
ASSATEAGUE ISLAND NAT'L SEASHORE
CHINCOTEAGUE NWR
NASA WALLOPS FLIGHT CENTER
DELAWARE WATER GAP NRA
BASEBALL HALL OF FAME
HOWE CAVERNS
SARATOGA NHP
ATLANTISCHER
OZEAN
© HAMMOND WORLD ATLAS CORPORATION

–6000 m 0 6000 m

USA – südliche Ostküste

Nordamerika

Maßstab 1 : 3 300 000

0 50 100 150 km

156–161

Virginia
Carolina
Carolina
South
Carolina
ATLANTISCHER
OZEAN
Richmond
Petersburg
Hampton
Newport News
Norfolk
Virginia Beach
Portsmouth
Chesapeake
Suffolk
Lynchburg
Roanoke
Danville
Winston-Salem
Greensboro
High Point
Burlington
Durham
Chapel Hill
Raleigh
Cary
Rocky Mount
Wilson
Greenville
Goldsboro
Fayetteville
Charlotte
Jacksonville
Camp Lejeune
Wilmington
New Bern
Florence
Sumter
Columbia
Myrtle Beach
North Charleston
Charleston
Mount Pleasant
Albemarle Sound
Pamlico Sound
C. Hatteras
C. Lookout
C. Fear
CAPE LOOKOUT NAT'L SEASHORE
Sea Islands
Hilton Head I.
Blue Ridge Parkway
80°
78°
76°
36°
34°
32°
E
F
G
H
6
7
8
9
© HAMMOND WORLD ATLAS CORPORATION

−6000 m 0 6000 m

Südosten der USA

Nordamerika

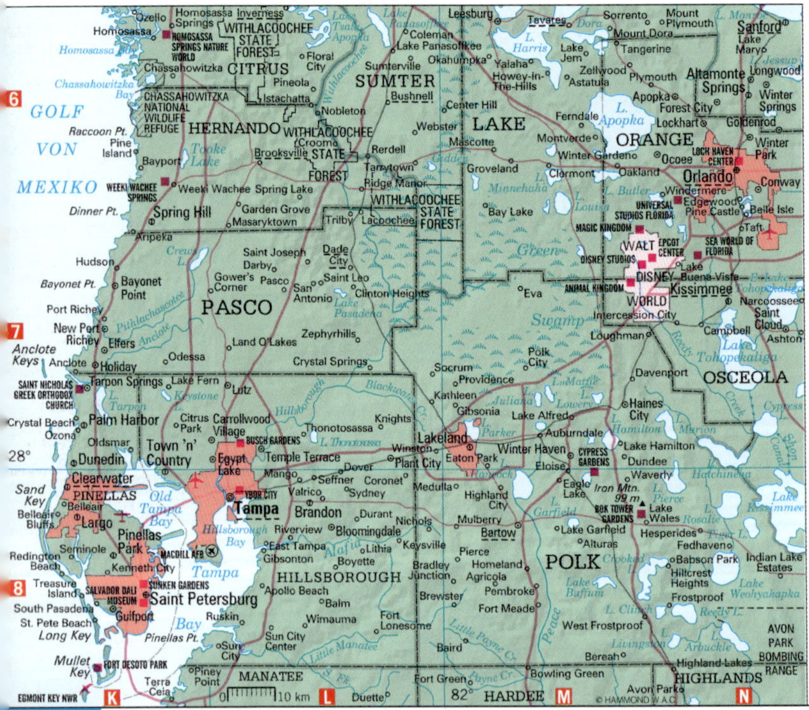

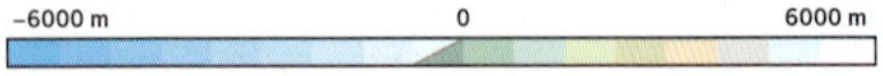

Maßstab 1 : 4 500 000

0 50 100 150 200 km

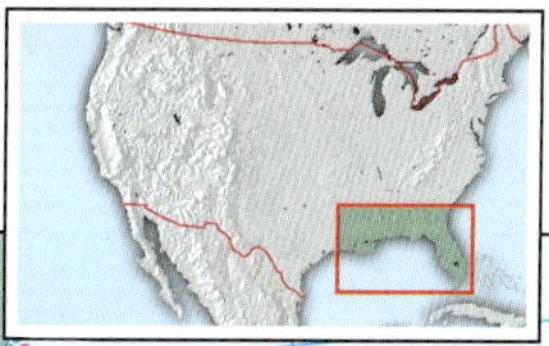

GOLF VON MEXIKO
ATLANTISCHER OZEAN
Georgia
Florida
Sea Islands
FLORIDA KEYS
Jacksonville
Tallahassee
Tampa
Saint Petersburg
Orlando
Miami
Savannah
Columbus
Montgomery
Albany
Dothan
Valdosta
Gainesville
Ocala
Daytona Beach
Melbourne
Sarasota
Fort Myers
Fort Lauderdale
Hollywood
West Palm Beach
Key West
Lake Okeechobee
EVERGLADES NATIONAL PARK
Florida Bay
Apalachee Bay
Höchster Punkt Floridas 105 m
Iron Mtn. 99 m
Dry Tortugas
Marquesas Keys
86°
84°
82°
80°
32
30
28
26°
E
F
G
H
J
2
3
4
5

Karibik und Golf von Mexiko

Mittelamerika

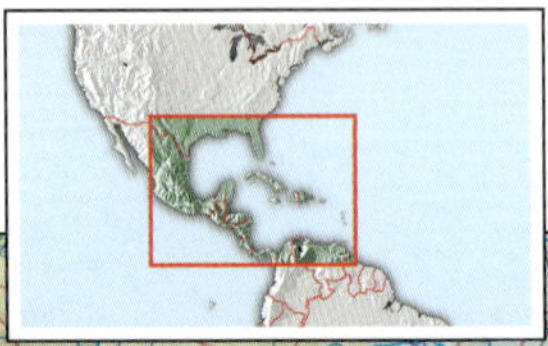

Maßstab 1 : 13 600 000

0 200 400 600 km

ATLANTISCHER OZEAN
BAHAMAS
Grand Bahama
Freeport
Great Abaco
Berry Is.
Bimini Is.
Eleuthera
Nassau
New Providence I.
Andros I.
Große Bahamabank
Exuma Sound
Cat I.
Great Guana Cay
Great Exuma
San Salvador (Watling I.)
Rum Cay
Long I.
Clarence Town
Crooked I.
Acklins I.
Mayaguana
Abraham's Bay
Little Inagua
Matthew Town
Great Inagua
Turks- und Caicosinseln (GB)
Caicosinseln
Grand Turk
Turksinseln
Kew
Nördlicher Wendekreis
Fort Lauderdale
Hollywood
West Palm Beach
Fort Pierce
BISCAYNE NP
KUBA
Sagua la Grande
Santa Clara
Arch. de Camagüey
Morón
Ciego de Ávila
Camagüey
Victoria de las Tunas
Contramaestre
Holguín
Mayarí
Santa Cruz del Sur
Bayamo
Palma Soriano
Guantánamo
Cabo Maisí
Golf von Guacanayabo
Bartolomé Masó
Pico Turquino 1972 m
Santiago de Cuba
GUANTANAMO BAY U.S. NAVAL BASE
Cayman Brac
JAMAICA
Montego Bay
Ocho Rios
Savanna-la-Mar
St. Ann's Bay
May Pen
Blue Mtn. Pk. 2256 m
Kingston
Jamaica Channel
Pedro Cays (JAM.)
Serranilla (KOL.)
Bajo Nuevo (KOL.)
Serrana (KOL.)
Roncador Cay (KOL.)
Große Antillen
WESTINDISCHE INSELN
KARIBISCHES MEER
HAITI
Port-de-Paix
Cap-Haïtien
Windward Passage
G. von Gonaïves
Petite-Rivière-de-l'Artibonite
Jérémie
Port-au-Prince
Pic de Macaya 2300 m
Les Cayes
Jacmel
Pointe à Gravois
Hispaniola
DOMINIKANISCHE REPUBLIK
Monte Cristi
Puerto Plata
Santiago
San Francisco de Macorís
Pico Duarte 3175 m
Hato Mayor
Bonao
Higüey
Azua
Barahona
SANTO DOMINGO
La Romana
Cabo Falso
C. Beata
Mona Passage
Puerto Rico (USA)
San Juan
Caguas
Mayagüez
Ponce
Cabo Rojo
Jungferninseln
St. Thomas (USA)
Charlotte Amalie
Road Town
Tortola (GB)
The Valley
Anguilla (GB)
Saint-Martin (FR.)
Sint Maarten (N.ANT.)
Philipsburg
St. Croix (USA)
Barbuda
Codrington
ANTIGUA UND BARBUDA
Antigua
Saint John's
Basseterre
St. Kitts
Nevis
ST. KITTS UND NEVIS
Montserrat (GB)
Plymouth
Grande-Terre
Guadeloupe (FRANKR.)
Basse-Terre
Marie-Galante
DOMINICA
Roseau
Aves (VEN.)
Inseln über dem Winde
Leeward Is.
Martinique (FRANKR.)
Fort-de-France
Castries
ST. LUCIA
Kingstown
ST. VINCENT UND DIE GRENADINEN
Windward Is.
Carriacou
Mt. St. Catherine 840 m
GRENADA
Saint George's
TRINIDAD UND TOBAGO
Charlotteville
Tobago
Port of Spain
Arima
Princes Town
Trinidad
Kleine Antillen
Inseln unter dem Winde
Aruba (NIEDERL.)
Oranjestad
Niederl. Antillen
Curaçao
Willemstad
Bonaire
Kralendijk
Islas Las Aves (VEN.)
Islas Los Roques (VEN.)
El Roque
I. La Orchila (VEN.)
I. Blanquilla (VEN.)
I. La Tortuga
I. Margarita
Porlamar
Pen. de Paria
Golf von Paria
Punta Gallinas
Cabo de la Vela
Carrizal
Pen. de Guajira
Uribia
Ríohacha
Santa Marta
PN SIERRA NEVADA DE SANTA MARTA
Pico Cristóbal Colón 5775 m
Ciénaga
Barranquilla
Cartagena
Sabanalarga
Turbaco
Valledupar
Agustín Codazzi
El Carmen
Plato
KOLUMBIEN
Magangué
Sincelejo
Sahagún
Montería
El Banco
Planeta Rica
Turbo
Apartadó
Aguachica
Punta San Bernardo
Golf von Venezuela
Maracaibo
Cabimas
Ciudad Ojeda
Punta Cardón
Santa Ana
Puerto Cumarebo
Coro
Mirimire
Maracaibosee
Machiques
San Carlos del Zulia
PN SIERRA NEVADA
El Vigía
Mérida
Tovar
Barinas
Arismendi
Valera
Trujillo
Barquisimeto
Acarigua
Guanare
Puerto Cabello
Valencia
Maracay
Caracas
Petare
VENEZUELA
Villa Bruzual
Calabozo
Valle de la Pascua
Santa María de Ipire
PN AGUARO-GUARIQUITO
Barcelona
Puerto La Cruz
Cumaná
Carúpano
Güiria
Anaco
Zaraza
El Tigre
Pariaguán
Santa Clara
Ciudad Bolívar
Maturín
Tucupita
Barrancas
Ciudad Guayana
Upata
Guasipati
Tumeremo
Orinoco
Apure
Isthmus von Panama
Cativá
Narganá
Ailigandí
Tocumen
Panamá
Puerto Obaldía
Chepigana
Yaviza
I. del Rey
Tacarcuna 1875 m
Golf von Panama
Jaqué
PN DARIEN
Riosucio
Jurado
San Juan
Arecibo
Carolina
Bayamón
I. Mona
C. Rojo
Yauco
Guayama
Vieques (P.R.)
Frederiksted
Christiansted
Jungferninseln (Virgin Islands)
El Yunque 1065 m
St. John (USA)
Virgin Gorda (GB)
Anegada (GB)
Anegada Passage
Saint-Barthélemy (FRANKR.)
Gustavia
Saba (N.ANT.)
Sint Eustatius (N.ANT.)
Oranjestad
Boggy Pk 402 m
Nevis Pk 985 m
Guadeloupe Passage
Port-Louis
Pointe-à-Pitre
PN DE GUADELOUPE
Soufrière 1467 m
Morne Constant 205 m
Dominica Passage
Portsmouth
Morne Diablotin 1447 m
Martinique Passage
Mt. Pelée 1397 m
Saint-Pierre
Sainte-Marie
Saint Lucia Channel
Mt. Gimie 958 m
Micoud
Vieux Fort
St. Vincent Passage
St. Vincent
Soufrière 1234 m
Barrouallie
Bequia
Canouan
Mt. Hillaby 336 m
Bridgetown
BARBADOS
Sauteurs
Leeward Islands
Windward Islands
Inseln über dem Winde
D.R.
I. Blanquilla (VEN.)
Is. Los Testigos
La Asunción
NUEVA ESPARTA
PN PEN. DE PARIA
SUCRE
Bocas del Dragón
Mount Aripo 940 m
Galera Point
Scarborough
Chaguanas
San Fernando
Rio Claro
Point Fortin
Cariaco
El Pilar
Pedernales
Fullarton
80°
75°
68°
64°
60°
65°
© HAMMOND WORLD ATLAS CORPORATION
-6000 m
0
6000 m
0
60 km

San Diego
Chula Vista
Tijuana
Rosarito
Tecate
Mexicali
Kalif.
El Centro
Calexico
Yuma
San Luis Río Colorado
Wellton
Gila Bend
Agua Caliente
Casa Grande
Florence
Eloy
Arizona
Tucson
SAGUARO NP
ORGAN PIPE CACTUS NM
Lukeville
Sonoyta
Ajo
Why
Green Valley
Arivaca
Nogales
Heroica Nogales
Benson
Saint David
Tombstone
Sierra Vista
Bisbee
Douglas
Naco
Agua Prieta
Willcox
Safford
Thatcher
Clifton
Mt. Graham 3265 m
Mt. Turnbull 2524 m
Mt. Lemmon 2791 m
Rincon Pk. 2585 m
Chiricahua Pk. 2986 m
Deming
Columbus
Hachita
Animas
Silver City
Hurley
Santa Rita
San Juan
Pleasanton
GILA CLIFF DWELLINGS NM
Truth Or Consequences
V E R E
Ciudad Juár
Ensenada
Rodolfo Sánchez Toboada
El Sauzal
Cabo Punta Banda
Punta Santo Tomás
Santo Tomás
Héroes de la Independencia
PN CONSTITUCIÓN DE 1857
Guadalupe Victoria
Luis B. Sánchez
Coahuila
Golfo de Santa Clara
Cerro Pinacate 1390 m
Puerto Peñasco
Bahía de San Jorge
San Felipe
Punta Estrella
Cerro de la Encantada 3095 m
PN SIERRA DE SAN PEDRO MÁRTIR
Sa. San Pedro Mártir
San Vicente
Punta Colonet
Punta Colnett
Camalú
Vicente Guerrero
San Quintín
Lázaro Cárdenas
Cabo San Quintín
El Rosario de Arriba
Punta Baja
Punta San Antonio
BAJA CALIFORNIA
Golf von Kalifornien
Halbinsel Niederkalifornien
Cabo Tepoca
Caborca
Pitiquito
Altar
Atil
Santa Ana
Magdalena de Kino
Imuris
Cananea
Puerto de la Libertad
Benjamín Hill
Querobabi
Carbó
Rayón
Aconchi
Arizpe
Nacozari
Bacerac 2453 m
Villa Hidalgo
Esqueda
Cumpas
Moctezuma
Huásabas
Granados
Bacadéhuachi
Baviácora
Ures
SONORA
Sierra Madre
Hermosillo
Mazatán
Nácori Chico
Tepache
San Pedro
Sahuaripa
Arivechi
Miguel Alemán
I. Ángel de la Guarda
Cabo Tepopa
Isla Tiburón
Punta de las Animas
Bahía de los Angeles
Cerro dos Picachos 1554 m
Punta Blanca
Punta Santa Rosalía
Bahía Sebastián Vizcaíno
I. Cedros
Isla Cedros
Punta San Gabriel
Guerrero Negro
Punta Eugenia
Bahía de Tortugas
Sierra Vizcaíno
Laguna Ojo de Liebre
Gustavo Díaz Ordaz
San Ignacio
Cerro Encantado 1586 m
Santa Rosalía
San Bruno
Punta Chivato
Punta Concepción
Mulegé
Bahía Concepción
Bahía Asunción
Punta San Hipólito
La Bocana
Punta Abreojos
BAJA CALIFORNIA SUR
Punta Santo Domingo
San Juanico
Punta San Juanico
Loreto
I. Carmen
Sierra de la Giganta
Ciudad Insurgentes
Adolfo López Mateos
I. Santa Magdalena
Cabo San Lázaro
Ciudad Constitución
Puerto Magdalena
Pto. San Carlos
Puerto Cortés
I. Santa Margarita
I. San José
San Juan de la Costa
Bahía de La Paz
I. Espíritu Santo
I. Cerralvo
La Paz
Punta Arena de la Ventana
Los Planes
San Antonio
2164 m
Punta Arena
Todos Santos
Miraflores
San José Viejo
San José del Cabo
Cabo San Lucas
Cabo Falso
Nördlicher Wendekreis
PAZIFISCHER OZEAN
Suaquí Grande
Ortiz
Guaymas
Empalme
C. Haro
Presa Alvaro Obregón
Yécora
Rosario
Potam
Vicam
Esperanza
Francisco Javier Mina
Cd. Obregón
Yaqui
Marte R. Gómez
Villa Juárez
Navojoa
Bacobampo
Etchojoa
Álamos
Huatabampo
Masiaca
Punta Rosa
Yavaros
Agiabampo
Estero de Agiabampo
Gustavo Díaz Ordaz
Higuera de Zaragoza
Ahome
Los Mochis
Topolobampo
San Blas
Juan José Ríos
El Fuerte
Choix
Sinaloa
Leyva Solano
Guasave
Guamúchil
Angostura
Mocorito
Badiraguato
Bahía de Santa María
I. Altamura
La Reforma
Pericos
Navolato
Culiacán
Villa Juárez
Costa Rica
Quila
El Dorado
La Cruz
Dimas
El Quelit
Mazatlá
Janos
Ascensión
Nuevo Casas Grandes
CASAS GRANDES
Casas Grandes
Colonia Juárez
Benito Juárez
Buenaventura
Ignacio Zaragoza
Madera
Gómez Farías
PARQUE NACIONAL CUMBRES DE MAJALC
Bachíniva
Guerrero
La Junta
Cuauhtémoc
PN CASCADA DE BASSASEACHIC
San Juanito
Creel
PN BARRANCA DEL COBRE
Nonoava
Batopilas
Guachochi
Presa Miguel Hidalgo
SIN
116°
112°
108°

Maßstab 1 : 6 700 000

0 100 200 300 km

−6000 m 0 6000 m

D
E
F
104°
100°
CHIHUAHUA
NUEVO LEÓN
Texas
USA
Edinburg
McAllen
Reynosa
Pharr
Harlingen
Río Bravo
Brownsville
Matamoros
San Nicolás de los Garza
Guadalupe
MONTERREY
Santa Catarina
Saltillo
Garza García
COAHUILA
Torreón
Gómez Palacio
Ciudad Lerdo
Matamoros
Parras
PN CUMBRES DE MONTERREY
DURANGO
Tepehuanes
Santa María del Oro
Culiacán
Costa Rica
Cosalá
El Dorado
SINALOA
Sierra Madre Occidental
Sierra Madre Oriental
Sierra Madre del Sur
Durango
La Cruz
Dimas
Nördlicher Wendekreis
Mazatlán
Concordia
Villa Unión
Rosario
Escuinapa
Acaponeta
Tecuala
Tuxpan
Santiago Ixcuintla
NAYARIT
Tepic
Compostela
Las Varas
Islas Tres Marías
I. María Madre
I. María Magdalena
I. María Cleófas
PARQUE NACIONAL ISLA ISABELA
Puerto Vallarta
Cabo Corrientes
Punta de Mita
Mascota
Ameca
JALISCO
Guadalajara
Zapopan
Tlaquepaque
Tequila
Lago de Chapala
Ocotlán
La Piedad Cavadas
Zamora
Sahuayo
Jacona
Autlán
Cd. Guzmán
Tomatlán
Casimiro Castillo
La Huerta
Cihuatlán
Manzanillo
Colima
COLIMA
Armería
Tecomán
Coahuayana
Pta. San Juan de Lima
Punta San Telmo
Nevado de Colima
Pico de Tancítaro
Uruapan
Apatzingán
Los Reyes
Paracho
Nueva Italia
MICHOACÁN
Morelia
Zacapu
Pátzcuaro
Zitácuaro
Ciudad Hidalgo
Caleta de Campos
La Mira
Lázaro Cárdenas
Las Guacamayas
Zihuatanejo
Petatlán
Tecpan
Atoyac
Coyuca
Acapulco
San Marcos
Copala
Cuajinicuilapa
Pinotepa Nacional
Jamiltepec
Puerto Escondido
PN LAGUNAS DE CHACAHUA
GUERRERO
Chilpancingo
Iguala
Taxco
Arcelia
Ciudad Altamirano
Tlapa
Ometepec
ZACATECAS
Zacatecas
Fresnillo
Sombrerete
Jerez
MEXIKO
SAN LUIS POTOSÍ
San Luis Potosí
AGUAS.
Aguascalientes
León
Guanajuato
GUANAJUATO
Irapuato
Celaya
Salamanca
Querétaro
Dolores Hidalgo
San Miguel de Allende
Lagos de Moreno
HIDALGO
Pachuca
MEXIKO
Toluca
Ecatepec
Nezahualcóyotl
D.F.
TLAXCALA
Tlaxcala
Puebla
PUEBLA
Cuernavaca
MORELOS
Cuautla
Tehuacán
Huajuapan
TAMAULIPAS
Ciudad Victoria
Tampico
Ciudad Madero
Ciudad Mante
Ciudad Valles
Matehuala
Laguna Madre
Tuxpan
Poza Rica
Huejutla de Reyes
Huauchinango
Linares
Montemorelos
San Fernando
Soto la Marina
PAZIFISCHER OZEAN

Maßstab 1 : 6 700 000

0 100 200 300 km

GOLF VON MEXIKO
Golf von Campeche
Golf von Tehuantepec
Yucatánstraße
KARIBISCHES MEER
Nördlicher Wendekreis
Halbinsel Yucatán
YUCATÁN
QUINTANA ROO
CAMPECHE
TABASCO
CHIAPAS
GUATEMALA
BELIZE
HONDURAS
Isthmus von Tehuantepec
Mérida
Progreso
Cancún
Isla Mujeres
Cozumel
Isla del Cozumel
Cabo Catoche
Holbox
I. Contoy
Rio Lagartos
Valladolid
Tizimín
Playa del Carmen
Tulum
Chetumal
Felipe Carrillo Puerto
Campeche
Champotón
Ciudad del Carmen
Laguna de Términos
Escárcega
Villahermosa
Coatzacoalcos
Minatitlán
Veracruz
Boca del Río
San Andrés Tuxtla
Tuxtla Gutiérrez
San Cristóbal de las Casas
Comitán
Tapachula
Quezaltenango
Guatemala
Flores
PN TIKAL
Belize
Belmopan
Dangriga
Puerto Barrios
San Pedro Sula
Livingston
La Ceiba
Islas de la Bahía
Banco Chinchorro
Ambergris Cay
Turneffe Islands
Glovers Reef
Juchitán de Zaragoza
Salina Cruz
Tehuantepec
Puerto Ángel
Oaxaca de Juárez
CHICHÉN ITZÁ
UXMAL
PN PALENQUE
Palenque
Tenosique
Sierra Madre
Cobán
Huehuetenango
Chimaltenango
Mazatenango
Villa Nueva
Comayagua
Santa Bárbara
El Progreso
96°
92°
88°
G
H
J
© HAMMOND WORLD ATLAS CORPORATION

−6000 m 0 6000 m

Südamerika und Polargebiete

1 **größter Staat nach Fläche** Brasilien (8 547 404 km²)
2 **bevölkerungsreichster Staat** Brasilien (183,89 Mio. Einw.)
3 **bevölkerungsreichste Stadt** São Paulo (10,88 Mio. Einw.; Kernbereich, ohne Agglomeration)
4 **höchster Berg** Aconcagua (6 992 m)
5 **längster Fluss** Amazonas (6 800 km)
6 **Größter See nach Fläche** Maracaibosee (13 000 km²)

Südamerika, politisch

Maßstab 1 : 38 000 000

0 400 800 1200 1600 km

Brasilien. Tropischer Regenwald an den Mäandern des Amazonas im Amazonastiefland; der Fluss ist der längste der Welt und besitzt mit seinen zahlreichen Nebenflüssen das größte Stromgebiet der Erde.

Südamerika ist mit 17,6 Mio. km² (das entspricht rund 12 % der Landfläche der Erde) der viertgrößte Kontinent (inkl. Inseln). Das südamerikanische Festland hat eine Nord-Süd-Ausdehnung von über 7 600 km und die West-Ost-Erstreckung beträgt fast 5 000 Kilometer. Zu Südamerika werden auch zahlreiche, zum Teil weit entfernt liegende Inseln gerechnet wie die Galápagosinseln und die Falklandinseln.

Die Küste im Westen ist wenig gegliedert. Im Norden und Osten wird sie von den Mündungstrichtern der großen Flüsse tief eingeschnitten. Im Südwesten und Süden löst sich die kontinentale Landmasse in viele Tausend Inseln auf (Feuerland).

Berge und Tiefländer: Auf der Westseite des Kontinents wird das Relief von den Anden geprägt. Dieser zu den Kordilleren gehörende Hochgebirgszug erreicht im Aconcagua 6 962 Meter. Die Anden sind mit einer Länge von 7 500 km das längste Gebirge der Erde. Im Osten überwiegen Mittelgebirge und Tafelländer, zwischen denen sich ausgedehnte Tiefländer erstrecken.

Argentinien. Der Lago Argentino im Süden des Landes reicht weit in die Anden (Patagonische Kordillere) hinein; in den Canal de los Témpanos, einen Nebenarm des Sees, fließt der Gletscher Perito Moreno; das Gebiet ist Teil des Nationalparks Los Glaciares.

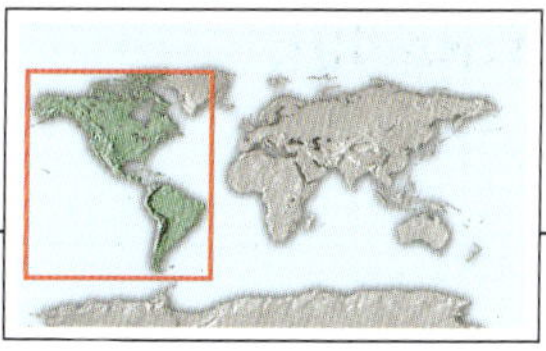

Bolivien. La Paz, die höchstgelegene Großstadt der Erde; sie liegt in einer Höhe von 3 100–4 100 Meter.

Klima und Vegetation: Das Klima ist in weiten Teilen tropisch. Der Süden hat Anteil am gemäßigten, Feuerland am subpolaren Klima. Im Bereich der Anden wird das Klima wesentlich stärker von der Höhenlage als vom Breitengrad bestimmt. Viele andine Regionen besitzen ein gemäßigtes bzw. kühl-gemäßigtes Klima mit geringen jährlichen Temperaturschwankungen.

An der Pazifikküste hat sich unter dem Einfluss des kalten Humboldtstroms eine Küstenwüste, die Atacama, gebildet. Sie gilt als trockenste Region der Erde und als lebensfeindlichster Ort neben der Antarktis; es gibt Orte, in denen seit Menschengedenken kein Tropfen Wasser gefallen ist.

Östlich der Anden dominieren im feuchtheißen äquatorialen Tiefland (Amazonien) tropische Regenwälder die Vegetation. Das Amazonastiefland ist mit seinen Regenwäldern trotz aller Rodungen der letzten Jahrzehnte nach wie vor die artenreichste Region der Erde. In den Tafel- und Bergländern sind Savannen, lichte Trockenwälder und Buschland, in den Tiefländern Steppen verbreitet.

Flüsse und Seen: Größter Strom des Kontinents ist der Amazonas, mit 6 800 km vor dem Nil der längste Fluss der Welt. Er vereint rund ein Fünftel des gesamten Flusswassers weltweit auf seinen Lauf. Die Hauptströme Südamerikas münden in den Atlantik (Magdalena, Orinoco, Amazonas, Paraguay-Paraná-La Plata). Die beiden längsten (Amazonas und Paraguay-Paraná-La Plata) haben in ihrem Lauf keine Stromschnellen und bilden daher trotz bedeutender jahreszeitlicher Wasserstandsschwankungen günstige Verkehrswege ins Landesinnere. In den Anden finden sich einige der größten Seen, darunter der Titicacasee und der Poopósee.

Staatliche Gliederung
Argentinien
Bolivien
Brasilien
Chile
Ecuador
Guyana
Kolumbien
Paraguay
Peru
Suriname
Uruguay
Venezuela
Nicht selbstständige Gebiete
zu Großbritannien:
Falklandinseln
zu Frankreich:
Französisch-Guayana

Mexiko. Kakteen auf der Halbinsel Niederkalifornien (Baja California).

Nordöstliches Südamerika

Südamerika

KARIBISCHES MEER
PAZIFISCHER OZEAN
PANAMA
KOLUMBIEN
VENEZUELA
ECUADOR
PERU
BOLIVIEN
Bogotá
Caracas
Quito
Lima
Panamá
Medellín
Cali
Barranquilla
Cartagena
Maracaibo
Valencia
Guayaquil
Iquitos

Maßstab 1 : 14 400 000
0
200
400
600 km
174–177
ATLANTISCHER
OZEAN
SAINT VINCENT UND DIE GRENADINEN
Kingstown
TRINIDAD UND TOBAGO
Galera Point
Trinidad
Orinocodelta
GUYANA
SURINAME
Französisch Guayana
BRASILIEN
Morawhanna
Queenstown
Georgetown
Mahaica
Bartica
Linden
Kamaria Falls
Kamarang
New Amsterdam
Roraima 2772 m
Tumatumari
Karasabai
Annai
Guayana
Kanuku Mountains
Isherton
Vista
Caracaraí
Serra Acaraí
Totness
Nieuw-Nickerie
Paramaribo
Nieuw-Amsterdam
Albina
Saint-Laurent-du-Maroni
Brokopondo
Juliana Top 1230 m
Wilhelminagebirge
Cottica
Alalapadu
Serra Tumucumaque
Îles du Salut
Île du Diable
Sinnamary
Kourou
Cayenne
Rémire
Pointe Béhague
Cabo Orange
Régina
Oiapoque
Saül
Ouaqui
PN DO CABO ORANGE
Sa. Lombarda
Calçoene
Amapá
Ilha de Maracá
Cabo do Norte
I. Janaucu
I. Caviana
I. Mexiana
Macapá
Mazagão
I. Queimada
Ilha Grande de Gurupá
Ilha de Marajó
B. de Marajó
Soure
Salinópolis
Vigia
Bragança
Capanema
Castanhal
Belém
Abaetetuba
Igarapé-Miri
Capitão Poço
Breves
Portel
Cametá
Mocajuba
Turiaçu
Ilhas de São João
Cururupu
B. de São Marcos
PN DOS LENÇÓIS MARANHENSES
São Luís
Parnaíba
Camocim
Granja
Serra Jauaru
Almeirim
Oriximiná
Óbidos
Alenquer
Monte Alegre
Santarém
Amazonas
Manaus
Itacoatiara
Maués
Parintins
Juruti
PN DA AMAZÔNIA (TAPAJÓS)
Itaituba
Nova Olinda do Norte
Borba
Aripuanã
Manicoré
Altamira
Tucuruí
Tucuruí-Stausee
Paragominas
Sa. do Gurupi
Marabá
Itupiranga
Imperatriz
Araguatins
Tocantinópolis
Sa. dos Carajás
São Félix do Xingu
Serra da Seringa
Gradaús
Araguaína
Conceição do Araguaia
Sa. do Estrondo
Guaraí
Miracema do Tocantins
Paraíso do Tocantins
Porto Nacional
Sa. do Cachimbo
Maloca
Alta Floresta
Sa. dos Apiacás
Sa. Formosa
Sinop
PARQUE NACIONAL DO XINGU
PN DO ARAGUAIA
Santa Teresinha
Ilha do Bananal
Sa. dos Xavantes
Gurupi
Sa. do Norte
Serra de Providência
Pinheiro
Penalva
Viana
Rosário
Itapecuru-Mirim
Santa Inês
Pindaré-Mirim
Santa Luzia
Bacabal
Pedreiras
Coroatá
Codó
Caxias
PN DE SETE CIDADES
Coelho Neto
Tianguá
Piripiri
Ipu
União
Campo Maior
Altos
Timon
Teresina
Crateús
Presidente Dutra
Barra do Corda
Grajaú
Sa. do Tiracambu
Serra das Alpercatas
Colinas
Água Branca
Regeneração
Floriano
Oeiras
Picos
Balsas
Sa. do Penitente
Serra do Uruçuí
Serra Bom Jesus da Gurguéia
São João do Piauí
PN DA SERRA DA CAPIVARA
Serra Dois Irmãos
Petrolina
Juazeiro
Sobradinho-Stausee
Chapada das Mangabeiras
Corrente
Sa. da Tabatinga
Barra
Xique-Xique
Campo Formoso
Irecê
Ibotirama
Morro do Chapéu
Äquator
Amazonas
© HAMMOND WORLD ATLAS CORPORATION
−6000 m
0
6000 m

VENEZUELA
KOLUMBIEN
ECUADOR
PERU
BRASIL
BOLIVIEN
CHILE
ARGENTINIEN
PARAGUAY
PAZIFISCHER
OZEAN
Amazonastiefland
Ostkordillere
Westkordillere
Altiplano
Serra Acaraí
Pico da Neblina 3014 m
PN SERRANIA DE LA NEBLINA
PN DO PICO DA NEBLINA
PN JAÚ
PN DO RIO JAU
PN AMACAYACU
PN MANÚ
PN ISIBORO SÉCURE
PN DOS PACAÁS NOVOS
PN LAUCA
PN SAJAMA
PN DEFENSORES DEL CHACO
PN TENIENTE ENCISO
PN PANTANAL MATOGROSSENSE
PN DA AMAZÔNIA (TAPAJÓS)
Mocoa
Puerto Asís
Miraflores
Mitú
Puerto Leguízamo
La Chorrera
Vila Bittencourt
Barcelos
Manaus
Itacoatiara
Parintins
Manacapuru
Maués
Tefé
Codajás
Coari
Fonte Boa
Nova Olinda do Norte
Borba
Juruti
Itaituba
Iquitos
Francisco de Orellana
Caballococha
Leticia
Benjamin Constant
São Paulo de Olivença
Nauta
Requena
Jutaí
Carauarí
Novo Aripuanã
Manicoré
Tapauá
Yurimaguas
Tarapoto
Saposoa
Juanjuí
Contamana
Cruzeiro do Sul
Eirunepé
Lábrea
Humaitá
Pucallpa
Tarauacá
Feijó
Bôca do Acre
Porto Velho
Tingo María
Llata
Huánuco
Puerto Bermúdez
Esperanza
Rio Branco
Ariquemes
Aripuanã
Alta Floresta
Cerro de Pasco
Atalaya
La Merced
Satipo
Junín
Tarma
La Oroya
Jauja
Concepción
Lima
Huancayo
Brasiléia
Cobija
Iñapari
Iberia
Guayaramerín
Guajará-Mirim
Riberalta
Ji-Paraná
Manú
Puerto Maldonado
San Lorenzo
Mala
Huancavelica
Quillabamba
Machu Picchu
Urubamba
Calca
Cuzco
Chincha Alta
Ayacucho
Lircay
Abancay
Quince Mil
Nevado Auzangate 6384 m
Pisco
Andahuaylas
Urcos
Macusani
Ica
Tambobamba
Sicuani
Sandia
Palpa
Nazca
Puquio
Santo Tomás
Azángaro
Coracora
Scharrbilder von Nazca
Marcona
Acarí
Nevado Coropuna 6425 m
Caravelí
Chuquibamba
Chivay
Ayaviri
Lampa
Juliaca
Puno
Huancané
Titicacasee
Sorata
Ancohuma 6427 m
Copacabana
Achacachi
Juli
Arequipa
Misti 5822 m
Aplao
Camaná
Mollendo
Omate
Torata
Moquegua
Ilo
Tacna
Arica
Tacora 5980 m
Nevado Parinacota 6342 m
Viacha
La Paz
Illimani 6438 m
Tiahuanaco
Caranavi
Araca
Corocoro
Colquiri
Quillacollo
Punata
Oruro
Cochabamba
Machacamarca
Huanuni
Llallagua
Challapata
Poopósee
Sucre
Potosí
Cerro Huanchaca 5950 m
Uyuni
Pulacayo
Atocha
Tupiza
Tarija
Villazón
La Quiaca
Iquique
Pica
Ollagüe 5869 m
San Pedro 6159 m
Tocopilla
Chuquicamata
Calama
Punta Angamos
Cerro Zapaleri 5648 m
Abra Pampa
Bermejo
San Ramón de la Nueva Orán
Embarcación
Pichanal
Tartagal
Yacuiba
Villa Montes
Camiri
Padilla
Villa Serrano
Vallegrande
Santa Cruz de la Sierra
Cerro Bravo 3201 m
Portachuelo
Montero
Reyes
Rurrenabaque
Llanos de Mojos
San Borja
San Ignacio
Trinidad
Santa Ana
San Joaquín
Magdalena
Ascención
Concepción
San José de Chiquitos
Roboré
San Ignacio
San Matías
Vila Bela da Santíssima Trindade
Pontes e Lacerda
Cáceres
Várzea Grande
Poconé
Vilhena
Tangará da Serra
Barra do Bugres
Puerto Suárez
Corumbá
Fuerte Olimpo
Mariscal Estigarribia
Filadelfia
Doctor Pedro P. Peña
Gran Chaco
Chaco Boreal
Pantanal
Serra dos Parecis
Serra de Providência
Sa. dos Pacaás Novos
Sa. do Norte
Sa. do Tombador
Sa. dos Apiacás
Sa. do Cachimbo
Sa. de São João
Sa. do Divisor
Cord. de Lípez
Cord. de los Frailes
Amazonas
Solimões (Amazonas)
Japurá
Rio Negro
Madeira
Purús
Juruá
Ucayali
Marañón
Putumayo
Caquetá
Napo
Beni
Mamoré
Guaporé
Paraguay
Pilcomayo
Bermejo
Pilaya
75°
70°
65°
60°
10°
15°
20°
Südlicher Wendekreis

Maßstab 1 : 14 400 000

0 200 400 600 km

174–177

ATLANTISCHER OZEAN
ATLANTISCHER OZEAN
Äquator
Südlicher Wendekreis
© HAMMOND WORLD ATLAS CORPORATION
Macapá
Mazagão
I. Janaucu
I. Caviana
I. Mexiana
I. Queimada
Ilha Grande de Gurupá
Ilha de Marajó
Serra Jauaru
Almeirim
Alenquer
Monte Alegre
Santarém
Amazonas
Xingu
Tocantins
Breves
Portel
Soure
Salinópolis
Vigia
Bragança
Capanema
Castanhal
Belém
Abaetetuba
Igarapé-Miri
Capitão Poço
Cametá
Mocajuba
Paragominas
Altamira
Tucuruí
Tucuruí-Stausee
Sa. do Gurupi
Marabá
Itupiranga
Imperatriz
Sa. dos Carajás
São Félix do Xingu
Araguatins
Tocantinópolis
Serra da Seringa
Araguaína
Gradaús
Conceição do Araguaia
Sa. do Estrondo
Guaraí
Miracema do Tocantins
PN DO ARAGUAIA
Santa Teresinha
Paraíso do Tocantins
Porto Nacional
Ilha do Bananal
Sa. dos Xavantes
Gurupi
PARQUE NACIONAL DO XINGU
Maloca
Sa. do Roncador
Porangatu
PN DA CHAPADA DOS VEADEIROS
Uruaçu
Morro Alto 1678 m
Nova Xavantina
Barra do Garças
Aragarças
Goiás
Ceres
PN DE BRASÍLIA
Brasília
Formosa
Luziânia
Anápolis
Goiânia
Planalto Central
Inhumas
Trindade
Iporá
Jataí
Rio Verde
Mineiros
PN DAS EMAS
Rondonópolis
Alto Garças
Alto Araguaia
Coxim
Rio Verde de Mato Grosso
Pires do Rio
Paracatu
Ipameri
Morrinhos
Goiatuba
Catalão
Itumbiara
Araguari
Uberlândia
Ituiutaba
Quirinópolis
Paranaíba
Uberaba
Frutal
Campo Grande
Três Lagoas
Andradina
Araçatuba
Birigui
Dracena
Presidente Epitácio
Presidente Venceslau
Presidente Prudente
Dourados
Tupã
Marília
Assis
Lins
Bauru
Jaú
Ourinhos
Avaré
Paranavaí
Maringá
Londrina
Naviraí
São José do Rio Prêto
Catanduva
Penápolis
Ribeirão Preto
Araraquara
São Carlos
Rio Claro
Limeira
Piracicaba
Campinas
Americana
Jundiaí
Sorocaba
Osasco
São Paulo
Santo André
Santos
São José dos Campos
Taubaté
Nova Iguaçu
Rio de Janeiro
Niterói
Petrópolis
Volta Redonda
Barra Mansa
Juiz de Fora
Nova Friburgo
Campos dos Goytacazes
Cabo de São Tomé
Macaé
Franca
Barretos
Bebedouro
Passos
Poços de Caldas
Pouso Alegre
Varginha
Lavras
Divinópolis
Belo Horizonte
Contagem
Sete Lagoas
Itabira
Ipatinga
Governador Valadares
Teófilo Otoni
Montes Claros
Januária
Pirapora
Patos de Minas
Araxá
Serra do Espinhaço
Pico de Itambé 2033 m
Pico da Bandeira 2890 m
Vitória
Vila Velha Argolas
Cachoeiro de Itapemirim
Linhares
Colatina
São Mateus
Nanuque
PN DE MONTE PASCOAL
Itamaraju
Ilhéus
Itabuna
Vitória da Conquista
Jequié
Feira de Santana
Salvador
Camaçari
Candeias
I. de Tinharé
PN CHAPADA DIAMANTINA
Chapada Diamantina
Bom Jesus da Lapa
Barreiras
Serra Geral de Goiás
Sa. do Ramalho
Barra
Xique-Xique
Sobradinho-Stausee
Juazeiro
Petrolina
Senhor do Bonfim
Aracaju
Estância
Propriá
Penedo
Arapiraca
Maceió
Recife
Olinda
Jaboatão
Caruaru
Garanhuns
Campina Grande
João Pessoa
Santa Rita
Bayeux
Natal
Parnamirim
Cabo de São Roque
Atol das Rocas
Mossoró
Açu
Fortaleza
Caucaia
Maranguape
Cascavel
Canindé
Baturité
Quixadá
Quixeramobim
Sobral
Crateús
Iguatu
Crato
Juazeiro do Norte
Icó
Planalto da Borborema
Serra Dois Irmãos
PN DE PAULO AFONSO
Paulo Afonso
PN DA SERRA DA CAPIVARA
Picos
Floriano
Teresina
Timon
Caxias
Codó
Parnaíba
Camocim
PN DE SETE CIDADES
PN DOS LENÇÓIS MARANHENSES
São Luís
B. de São Marcos
Ilhas de São João
Cururupu
Pinheiro
Turiaçu
Viana
Penalva
Santa Inês
Pindaré-Mirim
Bacabal
Pedreiras
Presidente Dutra
Barra do Corda
Grajaú
Balsas
Serra das Alpercatas
Sa. do Tiracambu
Colinas
Serra do Uruçuí
Sa. do Penitente
Serra Bom Jesus da Gurguéia
Chapada das Mangabeiras
Corrente
Sa. da Tabatinga
Campos

−6000 m 0 6000 m

Kolumbien, Venezuela

Südamerika

Maßstab 1 : 6 700 000

0 | 100 | 200 | 300 km

−6000 m | 0 | 6000 m

Ecuador, Nordperu

Südamerika

ECUADOR
PAZIFISCHER
OZEAN
Golf von
Guayaquil
Bucht von
Sechura
PAZIFISCHER
OZEAN
Äquator
80°
76°
4°
8°
ESMERALDAS
Esmeraldas
NARIÑO
Pasto
CAQUETÁ
PUTUMAYO
SUCUMBÍOS
KOL
Quito
Sto. Domingo de los Colorados
MANABÍ
Manta
Portoviejo
COTOPAXI
NAPO
PARQUE NACIONAL
YASUNÍ
ECUADOR
PASTAZA
Ambato
Riobamba
Guayaquil
GUAYAS
Cuenca
AZUAY
MORONA-
SANTIAGO
CAÑAR
Machala
Tumbes
TUMBES
EL ORO
Loja
LOJA
ZAMORA-
CHINCHIPE
AMAZONAS
LORETO
Iquitos
RESERVA NACIONAL
PACAYA
SAMIRIA
Piura
PIURA
Sullana
Talara
Sechurawüste
LAMBAYEQUE
Chiclayo
CAJAMARCA
Cajamarca
SAN MARTÍN
Tarapoto
Moyobamba
PERU
Trujillo
LA LIBERTAD
Chimbote
ANCASH
Huaraz
Huánuco
HUÁNUCO
Pucallpa
UCAYALI
PASCO
Cordillera Central
Cordillera Azul
Serra do Divisor
Westkordillere
Ostkordillere
Chimborazo 6310 m
Cotopaxi 5897 m
Nevado Huascarán 6768 m

Maßstab 1 : 6 700 000
0
100
200
300 km
D
E
F
1
2
3
4
68°
64°
0°
4°
8°
VAUPÉS
BIEN
ONAS
ACRE
Mitú
Pedro Chico
Enciso
Jibóia
Tariana
Lérida
Yaúna Moloca
La Pedrera
Vila Bittencourt
Pamar
Arica
Puerto Carranza
Tarapacá
KOLUMBIEN
PERU
KOLUMBIEN
BRASILIEN
PN AMACAYACU
Loreto
Caballococha
Leticia
Atalaia do Norte
Benjamin Constant
Vaupés
Apaporis
Mirití-paraná
Caquetá
Cahuinarí
Japurá
Puré
Puruê
Putumayo
Yaguas
Içá
Jutaí
Itaí
Itacuaí
El Carmen
PARQUE NACIONAL SERRANIA DE LA NEBLINA
VENEZUELA
Cucuí
Içana
Pico de la Neblina 3014 m
Ilha Pedro II
PARQUE NACIONAL DO PICO DA NEBLINA
Uaupés
Marié
Tea
Rio Negro
Aracá
RORAIMA
Barcelos
Cuiuni
Amazonastiefland
Maraã
Igarapé Água Preta
Unini
PARQUE NACIONAL DO RIO JAÚ
Solimões (Amazonas)
Fonte Boa
Japurá
L. Amanã
Santo Antônio do Içá
São Paulo de Olivença
Jutaí
Juruá
Piorini
L. Badajós
L. Piorini
L. Tefé
Tefé
BRASILIEN
Coari
Arauá
L. de Coari
Urucu
Biá
Riozinho
Juruá
Tefé
Carauari
Jutaí
AMAZONAS
Coari
Purús
Tapauá
Tapauá
Canutama
Ipixuna
Madeira
Pinhuã
Eirunepé
Juruá
Tarauacá
Envira
Gregório
Lábrea
Mucuim
Pauini
Pauini
Purús
Humaitá
Tarauacá
Feijó
Envira
Calama
Sa. de São João
Seruini
Ituxi
Bôca do Acre
Porto Velho
Purús
Jamari
Esperanza
Chandless
Iaco
Manoa
Abunã
Fortaleza
Puerto General Ovando
RONDÔNIA
Ariquemes
Rio Branco
Santos Mercado
PANDO
BOLIVIEN
Abunã
Madeira
Jaciparaná
Nuevo Mundo
Puerto Rapirrán
Plácido de Castro
Villa Bella
Cocama
Jaru
© HAMMOND WORLD ATLAS CORPORATION
–6000 m
0
6000 m

A
B
C
56°
52°
48°
16°
20°
24°
1
2
3
4
PARQUE NACIONAL DO XINGU
MATO GROSSO
Planalto do Mato Grosso
Sa. do Roncador
Serra Dourada
São Miguel do Araguaia
Porangatu
Minaçu
Santa Teresa
Formoso
PN DA CHAP. DOS VEADEI
Crixás
Uruaçu
Hidrolina
São João da Al
Morro Alto 1678
Mozarlândia
Nova Xavantina
Norteländia
Diamantino
Tangará da Serra
Nobres
Rosário Oeste
Barra do Bugres
Nova Brasilândia
Acorizal
Chapada dos Guimarães
Várzea Grande
Cuiabá
Dom Aquino
Santo Antônio do Leverger
Jaciara
Poxoréo
Cáceres
Poconé
Guiratinga
Rondonópolis
General Carneiro
Barra do Garças
Araguaiana
Britânia
Rubiataba
Ceres
Goianésia
Padre Bernardo
Itapuranga
GOIÁS
PN DE BRASÍLIA
Sobradin
Jaraguá
Pirenópolis
Brasília
Jucara
Goiás
Itaberaí
Fazenda Nova
Itauçu
Inhumas
Anápolis
Luziânia
Nerópolis
Silvânia
Anicuns
Goianira
Trindade
Goiânia
Bela Vista de Goiás
Orizona
Hidrolândia
Bom Jardim de Goiás
Piranhas
Iporá
São Luís de Montes Belos
Firminópolis
Palmeiras de Goiás
Paraúna
Amorinópolis
Caiapônia
Serra das Divisões
Alto Garças
Alto Araguaia
Serra Caiapó
Mineiros
Rio Verde
Jataí
Acreúna
Santa Helena de Goiás
Piracanjuba
Pires do Rio
Morrinhos
Caldas Novas
Maurilândia
Bom Jesus de Goiás
Goiatuba
Buriti Alegre
Goiandira
PARQUE NACIONAL DAS EMAS
Serranópolis
Itumbiara
Represa Itumbiara
Quirinópolis
Caçu
Capinópolis
Monte Alegre de Minas
Araguari
Represa de São Simão
Santa Vitória
São Simão
Ituiutaba
Uberlândia
Cassilândia
BRAS
Campina Verde
Paranaíba
Represa Ilha Solteira
Represa Água Vermelha
Campo Florido
Uberaba
Inocência
Conceição das Alagoas
Igarapava
PARQUE NACIONAL PANTANAL MATOGROSSENSE
Pantanal
Pedro Gomes
Puerto Isabel
BOLIVIEN
BOLIVIEN BRASILIEN
Coxim
Puerto Suárez
Ladário
Corumbá
Mutum
Rio Verde de Mato Grosso
Rio Negro
Camapuã
Bandeirantes
Aparecida do Taboado
Santa Fé do Sul
Jales
Indiaporã
Cardoso
Fernandópolis
Frutal
Miguelópolis
Guaíra
Votuporanga
Nova Granada
Barretos
Olímpia
Monte Agudo
Bebedouro
Puerto General Busch
Campo Grande
Miranda
Aquidauana
Ribas do Rio Pardo
Água Clara
Represa Jupiá
Pereira Barreto
Nhandeara
Auriflama
Mirassol
José Bonifácio
São José do Rio Prêto
Sertãozinho
Jaboticabal
Puerto Leda
MATO GROSSO DO SUL
Sidrolândia
Três Lagoas
Andradina
Buritama
Araçatuba
Catanduva
Mirandópolis
Guararapes
Birigui
Novo Horizonte
Monte Alto
Taquaritinga
Fuerte Olimpo
Bonito
Nioaque
Serra de Maracaju
Panorama
Tupi Paulista
Penápolis
Promissão
Itápolis
Ibitinga
Matão
Dracena
Adamantina
Lucélia
Lins
Araraquara
Jardim
Maracaju
Osvaldo Cruz
Tupã
Pongaí
Pirajuí
Iacanga
Barin
São Carlos
Puerto María
Porto Murtinho
Rio Brilhante
Presidente Epitácio
Presidente Venceslau
Bastos
SÃO PAULO
Itaporã
Dourados
Nova Andradina
Presidente Bernardes
Álvares Machado
Presidente Prudente
Pompéia
Marília
Garça
Bauru
Jaú
Brotas
Rio
Bela Vista
BRASILIEN
PARAGUAY
San Lázaro
Ivinheima
Fátima do Sul
Teodoro Sampaio
Paraguaçu Paulista
Assis
Pederneiras
Barra Bonita
Dois Corre
Lençóis Paulista
Pirac
Puerto Casado
Puerto Pinasco
CONCEPCIÓN
Ponta Porã
Charagua
Pedro Juan Caballero
Pôrto Rico
Nova Londrina
Paranavaí
Colorado
Porecatu
Centenário do Sul
Cândido Mota
Santa Cruz do Rio Pardo
Botucatu
Puerto Abente
Colonia Yby Yu
Amambai
Naviraí
Loanda
Andirá
Ourinhos
Bandeirantes
Cambará
Piraju
Avaré
Represa de Armando Laydner
Tatuí
Loreto
Colonia Pres. Stroessner
AMAMBAY
Serra de Amambai
Südlicher Wendekreis
Paraíso do Norte
Astorga
Maringá
Cambé
Rolândia
Londrina
Cornélio Procópio
Jacarèzinho
Fartura
Horqueta
Ilha Grande
Marialva
Mandaguari
Jandaia do Sul
Arapongas
Apucarana
Represa de Xavantes
Taquarituba
Itapetininga
Sor
Concepción
Rosalina
Cianorte
Siqueira Campos
Itaporanga
Buri
SAN PEDRO
Nueva Germania
Umuarama
Cruzeiro do Oeste
PARANÁ
Ibaiti
Venceslau Brás
Itapeva
Capão B
Celada Cué
Lima
Ypé Jhú
Mundo Novo
Altônia
Faxinal
Ygatimí
Salto del Guairá
Iporã
Goio-Erê
Campo Mourão
Itararé
Jaguariaíva
San Pedro
Itaipu-Stausee
Assis Chateaubriand
Ivaiporã
PARAGUAY
CANENDIYÚ
Telemaco Borba
Tibagi
Serra do Paranapiacaba
Itacurubí del Rosario
Curuguaty
Marechal Cândido Rondon
Campina da Lagoa
Piraí do Sul
Jacupiranga
Rosario
San Estanislao
Toledo
Pitanga
Cêrro Azul

Maßstab 1 : 6 700 000

0 100 200 300 km

-6000 m 0 6000 m

PERU
BOLIVIEN
CHILE
ARGENTINIEN
PAZIFISCHER OZEAN
PUNO
MOQUEGUA
TACNA
Tacna
Arica
LA PAZ
La Paz
COCHABAMBA
Cochabamba
Santa Cruz de la Sierra
ORURO
Oruro
Sucre
Potosí
POTOSÍ
CHUQUISACA
TARIJA
Tarija
TARAPACÁ
Iquique
ANTOFAGASTA
Antofagasta
Calama
Tocopilla
JUJUY
San Salvador de Jujuy
SALTA
Salta
TUCUMÁN
San Miguel de Tucumán
SANTIAGO DEL ESTERO
Santiago del Estero
CATAMARCA
ATACAMA
Copiapó
Chaco
Salar de Uyuni
Poopó See
Altiplano
Cordillera Domeyko
Puna de Atacama
Südlicher Wendekreis
Illimani 6438 m
Sajama 6520 m
Nev. Parinacota 6342 m
Licancabur
Socompa 6031 m
Llullaillaco 6723 m
Ojos del Salado 6880 m
Cerro Bonete
Yacuiba
Villazón
La Quiaca
Camiri
Montero
Uyuni
Tupiza
20°
24°
64°
68°
72°

Maßstab 1 : 6 700 000

0 100 200 300 km

−6000 m 0 6000 m

Zentrales Südamerika – östlicher Teil

Südamerika

Maßstab 1 : 6 700 000

0 100 200 300 km

G
H
J
52°
48°
44°
24°
28°
2
3
4
BRASILIEN
SÃO PAULO
PARANÁ
SANTA CATARINA
MINAS GERAIS
ATLANTISCHER OZEAN
Südlicher Wendekreis
SÃO PAULO
RIO DE JANEIRO
Curitiba
Florianópolis
Porto Alegre
Campinas
Guarulhos
Osasco
São Bernardo do Campo
Santo André
Santos
São Vicente
Nova Iguaçu
Duque do Caxias
Jundiaí
Sorocaba
São José dos Campos
Mogi das Cruzes
Taubaté
Piracicaba
Ribeirão Prêto
Londrina
Maringá
Ponta Grossa
Joinvile
Blumenau
Itajaí
Caxias do Sul
Canoas
Novo Hamburgo
Araçatuba
Presidente Prudente
Marília
Baurú
São Carlos
Araraquara
Rio Claro
Limeira
Americana
Petrópolis
Volta Redonda
Barra Mansa
Juiz de Fora
Barbacena
Poços de Caldas
Pouso Alegre
Lages
Passo Fundo
Criciúma
Tubarão
Laguna
Paranaguá
Guarapuava
Colombo
São José dos Pinhais
Campo Largo
Cascavel
Registro
Iguape
Peruíbe
Itanhaém
Cubatão
Ubatuba
Caraguatatuba
Ilhabela
Ilha de São Sebastião
Ilha Comprida
I. de São Francisco
I. de Sta. Catarina
Lagoa dos Patos
Rio Grande
São José do Norte
Mostardas
Camaquã
Guaíba
Cachoeirinha
Osório
Tôrres
Serra do Paranapiacaba
Serra do Mar
Serra Geral
PARQUE NACIONAL DE SÃO JOAQUIM
PN DE APARADOS DA SERRA
PN SERRA DA BOCAINA
PN DE ITATIAIA
PARQUE NAC'L DA TIJUCA
Morro da Igreja 1808 m
Morro do Capão Doce 1340 m
Pico Paraná 1889 m
2787 m
1555 m
1350 m
1250 m
Cabo de Santa Marta Grande
B. de Paranaguá
B. de Ilha Grande
Ponta de Juatinga
Rep. de Armando Laydner
© HAMMOND WORLD ATLAS CORPORATION

–6000 m 0 6000 m

Südchile, Südargentinien

Südamerika

Maßstab 1 : 6 700 000

0 100 200 300 km

URUGUAY
BRASILIEN
BUENOS AIRES
Montevideo
Rosario
Santa Fe
Paraná
La Plata
Morón
Avellaneda
Mar del Plata
Pelotas
Rio Grande
São José do Norte
Salto
Paysandú
Tacuarembó
Rivera
Bagé
Melo
Treinta y Tres
Mercedes
Colonia del Sacramento
San José de Mayo
Florida
Minas
Maldonado
Punta del Este
Rocha
Durazno
Trinidad
Fray Bentos
Concepción del Uruguay
Gualeguaychú
Gualeguay
Victoria
Villa Constitución
San Nicolás de los Arroyos
Pergamino
Junín
Mercedes
Chivilcoy
Zárate
Campana
Chascomús
Dolores
Olavarría
Azul
Tandil
Necochea
Tres Arroyos
Balcarce
Villa Gesell
Pinamar
ENTRE RÍOS
BUENOS AIRES
Río de la Plata
Bahía Samborombón
Laguna Mirim
Lagoa Mangueira
ATLANTISCHER OZEAN
Punta Norte
Cabo San Antonio
Punta Mogotes
Cabo Polonia
Punta del Diablo
PARQUE NACIONAL SANTA TERESA
FORTALEZA SANTA TERESA
JORGE NEWBERY
MINISTRO PISTARINI
56°
52°
60°
32°
36°
40°
© HAMMOND WORLD ATLAS CORPORATION

−6000 m 0 6000 m

Patagonien, Feuerland

Südamerika

Maßstab 1 : 6 700 000
0 100 200 300 km

A
B
C
D
76°
72°
68°
Cabo Primero
Canal Trinidad
G. Trinidad
Cabo Notch
I. Madre de Dios
Isla Duque de York
Cabo Santiago
Bahía Salvación
I. Hanover
I. Diego de Almagro
Cabo Jorge
Nelsonstraße
CHILE
Archipiélago Reina Adelaida
Magellanstraße
Cabo Deseado
I. Desolación
B. Otway
Punta Ragged
Isla Santa Inés
PAZIFISCHER
OZEAN
Cerro Bertrand 3270 m
PN BERNARDO O'HIGGINS
I. Chatham
PN LOS GLACIARES
L. Argentino
El Calafate
Charles Fuhr
Cerro Colorado 1235 m
Santa Cruz
Puerto Santa Cruz
Monte León
Cañadón de las Vacas
SANTA CRUZ
Cerro Añapi 349 m
El Cerrito
Patagonische Kordillere
ARGENTINIEN
CHILE
Cerro Pináculo 2160 m
Cerro Paine 2670 m
PN TORRES DEL PAINE
Cerro Castillo
Cerro Balmaceda 2035 m
Rio Turbio
Cerro Dorotea
Puerto Prat
Puerto Natales
ARGENTINIEN
Esperanza
Tapi Aike
Brazo Sur
Coy Aike
Coig
Puerto Coig
Punta Montes
Bahía Grande
Punta Bustamante
Güer Aike
Chico
Río Gallegos
Veintiocho de Noviembre
Gallegos
El Zurdo
Cerro Cono Grande 303 m
PARQUE NACIONAL PALI AIKE
El Cóndor
Punta Dungeness
ATLANTISCHER
OZEAN
MAGALLANES Y DE LA ANTÁRTICA CHILENA
Monte Burney 1750 m
G. Almirante Montt
Cerro La Silueta 1285 m
Seno Skyring
Río Verde
Entre Vientos
I. Riesco
PARQUE NACIONAL LOS PINGÜINOS
Monte Ladrillero
Seno Otway
Monte Muela 1189 m
Punta Arenas
Península Brunswick
Manantiales
Cerro Sombrero
Cullen
Caleta Clarencia
Porvenir
Puerto Nuevo
Bahía Inútil
Punta de Arenas
San Sebastián
Estancia La Sara
Feuerland
Río Grande
Cabo Peñas
Isla Dawson
Canal Whiteside
Pico Nariz 832 m
Puerto Yartou
Puerto Arturo
L. Blanco
TIERRA DEL FUEGO
CHILE
ARGENTINIEN
Monte Sarmiento 2300 m
2469 m
PN TIERRA DEL FUEGO
Darwinkordillere
Canal Cockburn
Beaglekanal
PN ALBERTO DE AGOSTINI
Lapataia
Ushuaia
Estancia Carmen
L. Fagnano
Cerro Cornú 1490 m
Puerto Harberton
Bahía Thetis
Cabo San Diego
Pen. Mitre
Cabo San Juan
I. de los Estados
Le-Maire-Straße
I. Londonderry
B. Cook
Isla Hoste
Puerto Williams
I. Navarino
Beaglekanal
Bahía Nassau
I. Lennox
I. Wollaston
Falsches Kap Hoorn
PN CABO DE HORNOS
Kap Hoorn
Drakestraße
52°
56°
3
4
Gleicher Maßstab wie Hauptkarte
© HAMMOND WORLD ATLAS CORPORATION

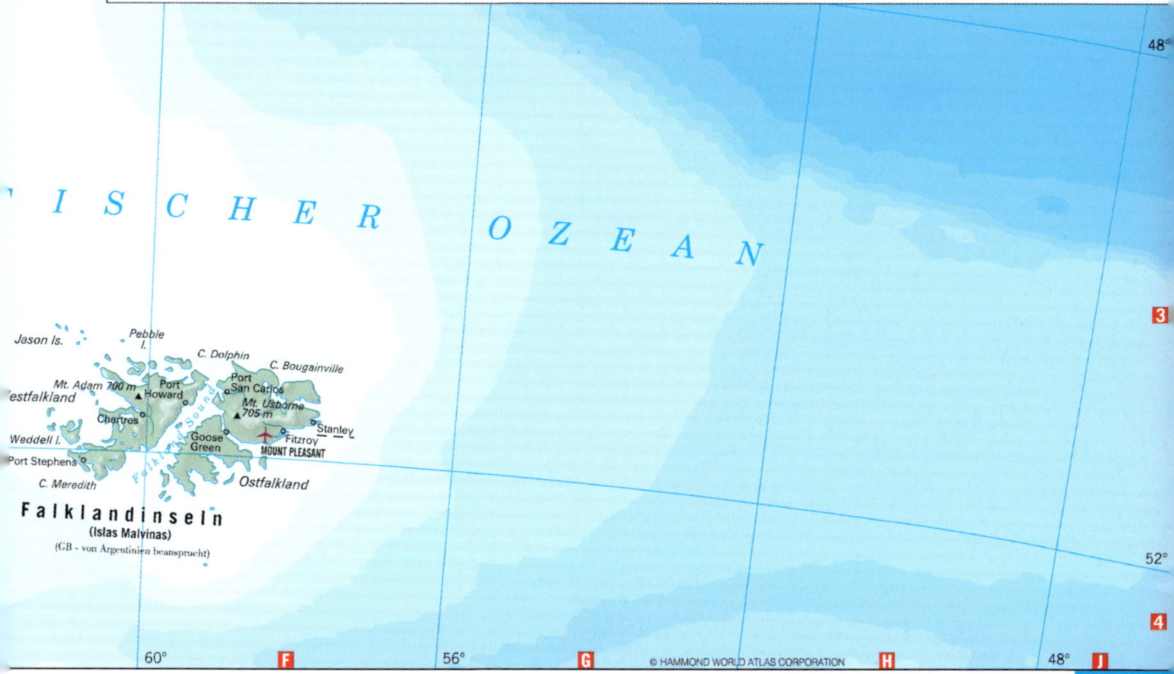

48°
52°
3
4
ISCHER OZEAN
Jason Is.
Pebble I.
C. Dolphin
C. Bougainville
Mt. Adam 700 m
Port Howard
Port San Carlos
Westfalkland
Mt. Usborne 705 m
Chartres
Falkland Sound
Stanley
Weddell I.
Goose Green
Fitzroy
MOUNT PLEASANT
Port Stephens
C. Meredith
Ostfalkland
Falklandinseln
(Islas Malvinas)
(GB - von Argentinien beansprucht)
60°
F
56°
G
© HAMMOND WORLD ATLAS CORPORATION
H
48°
J

−6000 m 0 6000 m

Polargebiete

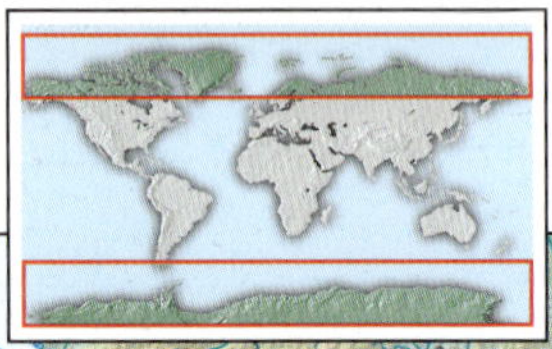

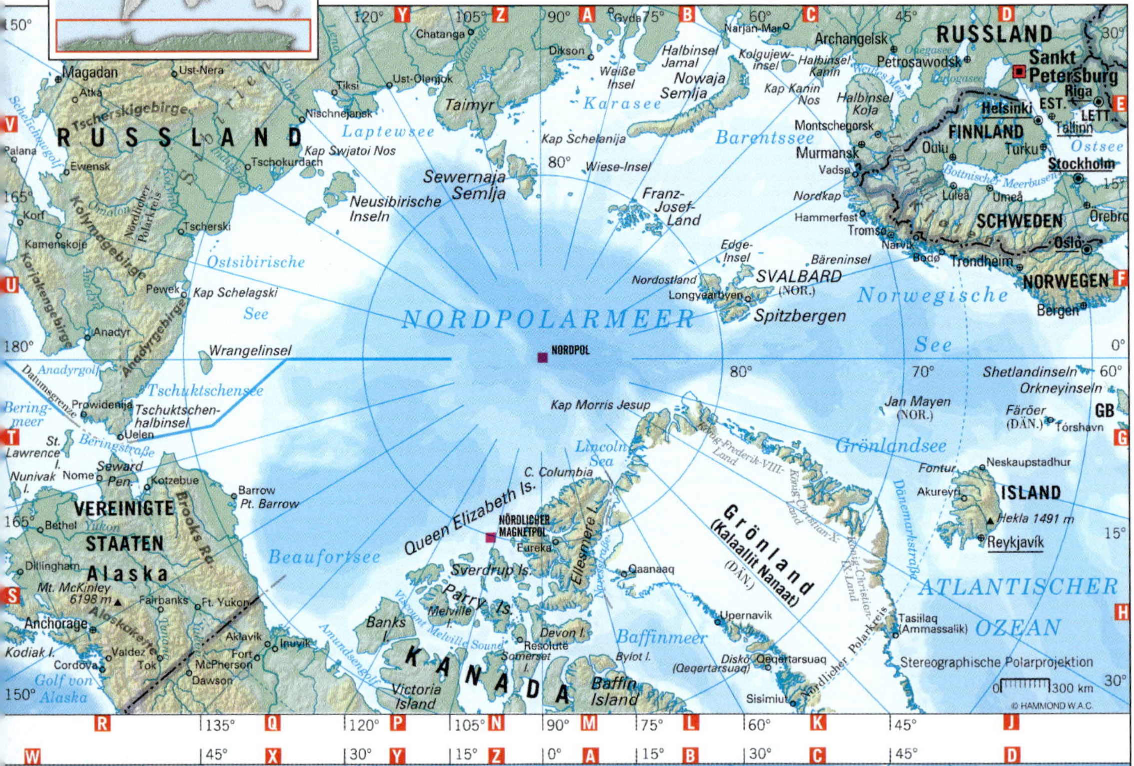

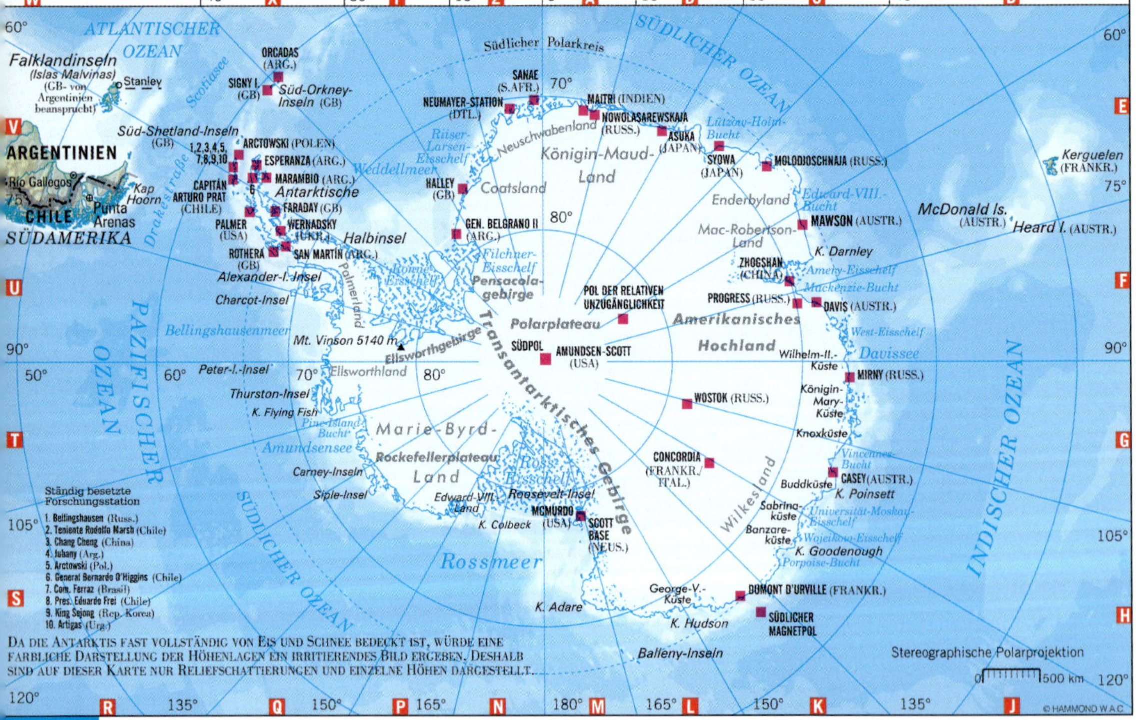

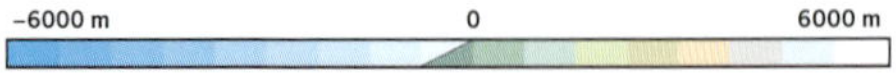

Register zum Kartenteil

Register zum Kartenteil

Das Register enthält die Namen aller Orte und geografischen Objekte, die im Kartenteil des Atlas aufgenommen wurden. Die Namen erscheinen in alphabetischer Reihenfolge, wobei Namen mit Bindestrichen und Wortzwischenräumen jeweils voran gestellt werden. Hinter jedem Namen ist das Land vermerkt. Außer bei Orten und Ländern ist bei den meisten Einträgen angegeben, worum es sich handelt – z. B. Provinz, Fluss, Insel usw. Rechts von jedem Eintrag stehen kräftig in blauer Farbe eine Seitenzahl und etwas schwächer daneben die Suchkoordinaten in alphanumerischer Form. Die Seitenzahl verweist auf die Karte mit dem größten Maßstab, in der das Objekt eingezeichnet ist. Die Suchkoordinaten verweisen auf den Flächenausschnitt der genannten Karte, in dem das Objekt zu finden ist. Das Netz für diese Felder wird durch die Koordinatenlinien der geografischen Länge und Breite gebildet. Auf dem Kartenrahmen stehen von links nach rechts rot unterlegte Buchstaben und von oben nach unten entsprechende Zahlen, die das Netz gliedern, wodurch das Quadrat mit dem Gesuchten rasch zu finden ist – Nebenkarten haben ein eigenes Suchnetz. Bei Namen, die in der Karte einen punktuellen Eintrag bezeichnen, ist das Feld angegeben, in dem sich das Symbol befindet; bei anderen Namen das Feld, in dem der erste Buchstabe des Namens steht. Zum Teil werden die auf den Karten verwendeten Abkürzungen beibehalten, z. B. NP und PN für Nationalpark in den verschiedenen Sprachen. Um möglichst viele Einträge aufnehmen zu können, werden im Register die meisten Ländernamen und viele Ortscharakteristika abgekürzt. Die Bedeutungen dieser Abkürzungen sind in der folgenden Liste verzeichnet. Zusätzliche Hinweise bietet die Zeichenerklärung auf den Seiten 2–5.

Länder-Abkürzungsverzeichnis

A	
Ab,Kan	Alberta
Abh. G.	Abhängiges Gebiet
Abor.	Aboriginal
Afg.	Afghanistan
Afr.	Afrika
Ak,USA	Alaska
Al,USA	Alabama
Alb.	Albanien
Alg.	Algerien
And.	Andorra
Ang.	Angola
Angu.	Anguilla
Ant.	Antarktis, Antarktika
AntB	Antigua und Barbuda
Äqu.	Äquatorialguinea
Ar,USA	Arkansas
Arch.	Archipel
Arg.	Argentinien
Arm.	Armenien
Aru.	Aruba
ASam.	Amerikanisch-Samoa
Aser.	Aserbaidschan
Äth.	Äthiopien
Austr.	Australien
Aut.	Autonom
Az,USA	Arizona
Azor.	Azoren
B	
B. St.	Bundesstaat
Baham.	Bahamas
Bahr.	Bahrain
Bang.	Bangladesh
Bar.	Barbados
BC,Kan	British Columbia
Bd.-Distr	Bundesdistrikt
Belg.	Belgien
Belz.	Belize
Ben.	Benin
Berm.	Bermuda
Bhu.	Bhutan
Bir.	Birma (Myanmar)
Bol.	Bolivien
Bosn.	Bosnien und Herzegowina
Bots.	Botswana
Br.	Brunnen
Bras.	Brasilien
Bru.	Brunei
BrVI	British Virgin Islands
Bul.	Bulgarien
Burk.	Burkina Faso
Buru.	Burundi
Bz.	Bezirk
C	
Cay.	Cayman Islands
CH	Schweiz
Co,USA	Colorado
CR	Costa Rica
Ct,USA	Connecticut
D	
D	Deutschland
Dän.	Dänemark
De,USA	Delaware
Denkm.	Denkmal
Djib.	Djibouti
Dom.	Dominica
Dom.Rep.	Dominikanische Republik
D.R.Kongo	Demokratische Republik von Kongo
D.V.Kor.	Demokratische Volksrepublik Korea
E	
Ecu.	Ecuador
Elf.	Elfenbeinküste
Eng,GB	England
Erh.	Erholungsgebiet
Erit.	Eritrea
ESal.	El Salvador
Est.	Estland
Eur.	Europa
F	
Falk.	Falklandinseln
Fär.	Färöer
Fin.	Finnland
Fl.	Fluss
Fl,USA	Florida
Fr.	Frankreich
FrAnt.	Französische Süd- und Antarktisgebiete
FrzG.	Französisch-Guayana
FrzPol.	Französisch Polynesien
G	
Ga,USA	Georgia
Galáp.	Galápagosinseln
Gam.	Gambia
Gaza	Gazastreifen
GB	Großbritannien und Nordirland
Geb.	Gebirge
Geor.	Georgien
Gha.	Ghana
Gib.	Gibraltar
Gren.	Grenada
Griech.	Griechenland
Grönl.	Grönland
Guad.	Guadeloupe
Guat.	Guatemala
Gui.	Guinea
GuiB	Guinea-Bissau
Guy.	Guyana
H	
H.-I.	Halbinsel
Hfn.	Hafen
Hi,USA	Hawaii
Hist.	Historisch
Hon.	Honduras
Hptst.	Hauptstadt
Hptst. Bz.	Hauptstadtbezirk
Hptst. Terr.	Hauptstadt Territorium
I	
Ia,USA	Iowa
Id,USA	Idaho
Il,USA	Illinois
In,USA	Indiana
In., Ins.	Insel, Inseln
Indo.	Indonesien
Int'l	International
Irl.	Irland
Isl., Isls.	Island, Islands
Isr.	Israel
Isthm.	Isthmus
It.	Italien
J	
Jam.	Jamaika
Jem.	Jemen
Jor.	Jordanien
K	
Ka,USA	Kalifornien
Kamb.	Kambodscha
Kamr.	Kamerun
Kan.	Kanada
Kan.	Kanal
Kan. I.	Kanarische Inseln
Kan. I.,GB	Kanalinseln
Kas.	Kasachstan
Kirg.	Kirgistan
Kiri.	Kiribati
Kol.	Kolumbien
Kom.	Komoren
Kongo	Kongo, Republik
Kont.	Kontinent
Kos.	Kosovo
KpV.	Kap Verde
Kr.	Kreis
Ks,USA	Kansas
Küstw.	Küstenwache
Kuw.	Kuwait
Ky,USA	Kentucky
L	
La,USA	Louisiana
Lag.	Lagune
Landepl.	Landeplatz
Lcht.	Liechtenstein
Ldsch.	Landschaft, Historisches Gebiet
Les.	Lesotho
Lett.	Lettland
Lib.	Libanon
Liber.	Liberia
Lit.	Litauen
Lux.	Luxemburg
LWSt.	Luftwaffenstützpunkt
M	
M.-Str.	Passage
Ma,USA	Massachusetts
Madg.	Madagaskar
Madr.	Madeira
Mak.	Makedonien
Malay.	Malaysia
Male.	Malediven
Malw.	Malawi
Man,GB	Isle of Man
Mar.	Marokko
Mart.	Martinique
Maurt.	Mauretanien
May.	Mayotte
Mb,Kan	Manitoba
Md,USA	Maryland
Me,USA	Maine
Mex.	Mexiko
Mi,USA	Michigan
Mikr.	Mikronesien, Föderierte Staaten von
Mn,USA	Minnesota
Mo,USA	Missouri
Moç.	Moçambique
Mold.	Moldawien
Mon.	Monument
Mona.	Monaco
Mong.	Mongolei
Monte.	Montenegro
Monts.	Montserrat
Mrsh.	Marshallinseln
Mrts.	Mauritius
Ms,USA	Mississippi
Mt.	Mount
Mt,USA	Montana
Mtn., Mtns.	Mountain, Mountains
N	
NAm.	Nordamerika
Namb.	Namibia
NAnt.	Niederländische Antillen
Nat'l	National
Nav.	Naval
NB,Kan	New Brunswick
NC,USA	North Carolina
ND,USA	North Dakota
Ne,USA	Nebraska
Neus.	Neuseeland
Nf,Kan.	Newfoundland
Nga.	Nigeria
NH,USA	New Hampshire
NI,GB	Nordirland
Nic.	Nicaragua
Nied.	Niederlande
NJ,USA	New Jersey
NKal.	Neukaledonien
NM,USA	New Mexico
NMar.	Nördliche Marianen
NNG	Nationales Naturschutzgebiet
Nor.	Norwegen
NP	Nationalpark
NS,Kan.	Nova Scotia
NSG	Naturschutzgebiet
Nun,Kan	Nunavut
Nv,USA	Nevada
NW,Kan	Northwest Territories
NY,USA	New York
O	
Obl.	Oblast
Oh,USA	Ohio
Ok,USA	Oklahoma
On,Kan	Ontario
Or,USA	Oregon
Österr.	Österreich
Otim.	Osttimor
P	
Pa,USA	Pennsylvania
Pak.	Pakistan
Pan.	Panama
Par.	Paraguay
Paz,USA	Pazifische Inseln der USA
PE,Kan	Prince Edward Island
Phil.	Philippinen
Pitc.	Pitcairn
Pl.	Plateau
PN	Nationalpark
PNG	Papua-Neuguinea
Pol.	Polen
Port.	Portugal
PR	Puerto Rico
Präf.	Präfektur
Prov.	Provinz
Q	
Qu,Kan	Quebec
R	
Reg.	Region
Rep.	Republik
Res.	Reservat
Resv.	Reservation
Reun.	Réunion
RI,USA	Rhode Island
R.Kor.	Republik Korea
Rsv.	Reservat
Rua.	Ruanda
Rum.	Rumänien
Russ.	Russland
S	
SAfr.	Südafrika, Republik
Sal.	Salomoninseln
Salzpf.	Salzpfanne
Sam.	Sambia
SAm.	Südamerika
SaoT.	São Tomé und Príncipe
SArab.	Saudi-Arabien
Sc,GB	Schottland
SC,USA	South Carolina
Schlachtf.	Schlachtfeld
Schutzgbt.	Schutzgebiet
Schwed.	Schweden
SD,USA	South Dakota
Sen.	Senegal
Serb.	Serbien
Sey.	Seychellen
SGeo.	Südgeorgien
Sim.	Simbabwe
Sing.	Singapur
Sk,Kan	Saskatchewan
SLeo.	Sierra Leone
Slow.	Slowenien
Slwk.	Slowakei
SMar.	San Marino
Som.	Somalia
Sp.	Spanien
SrL.	Sri Lanka
Sta.	Station
Staud.	Staudamm
StH.	Sankt Helena
StK.	Saint Kitts und Nevis
StL.	Saint Lucia
StP.	Saint Pierre et Miquelon
Str.	Straße
Stromschn.	Stromschnellen
StV.	Saint Vincent and the Grenadines
Sur.	Suriname
Swas.	Swasiland
T	
Tadsch.	Tadschikistan
Tah.	Tahiti
Taiw.	Taiwan
Tans.	Tansania
Ter.	Terrasse
Terr.	Territorium
Thai.	Thailand
Tiefl.	Tiefland
Tn,USA	Tennessee
Tok.	Tokelau
Tour.	Touristisches Objekt
Trin.	Trinidad und Tobago
Trkm.	Turkmenistan
Trks.	Turks- und Caicosinseln
Tsch.	Tschechien
Tun.	Tunesien
Türk.	Türkei
Tuv.	Tuvalu
Tx,USA	Texas
U	
Ugan.	Uganda
Ukr.	Ukraine
Ung.	Ungarn
Uru.	Uruguay
USA	Vereinigte Staaten von Amerika
Usb.	Usbekistan
USVI	Virgin Islands of the United States
Ut,USA	Utah
V	
Va,USA	Virginia
VAE	Vereinigte Arabische Emirate
Van.	Vanuatu
Vat.	Vatikanstadt
Ven.	Venezuela
Viet.	Vietnam
Vt,USA	Vermont
VwG	Verwaltungsgebiet
W	
Wa,USA	Washington
Wal,GB	Wales
Wall.	Wallis und Futuna
Weißr.	Weißrussland
Wf.	Wasserfall
Wi,USA	Wisconsin
Wildsch.	Wildschutzgebiet
WJor.	Westjordanland
WSah.	Westsahara
WV,USA	West Virginia
Wy,USA	Wyoming
Y	
Yk,Kan.	Yukon Territory
Z	
ZAR	Zentralafrikanische Republik
Zyp.	Zypern
→	siehe (Verweis)

A

C

D

G

I

J

K

L

M

O

R

S

U

V

Y

Z